JANE GOODALL
DOUGLAS ABRAMS

Das Buch der Hoffnung

GOLDMANN

Buch

In *Das Buch der Hoffnung* schöpft Jane Goodall aus der Weisheit ihres ganzen, unermüdlich der Natur gewidmeten Lebens, um uns zu lehren, wie wir auch im Angesicht von Pandemien, Kriegen und drohenden Umweltkatastrophen Zuversicht finden. Mit ihrem Co-Autor Douglas Abrams spricht Jane über ihre Reisen, ihre Forschungen und die Unabdingbarkeit des eigenen Handelns. So ermöglicht sie uns ein neues Verständnis der Krisen, mit denen wir aktuell konfrontiert sind. Gemeinsam skizzieren Jane und Doug den einzig möglichen Weg in die Zukunft – indem wir die Hoffnung wieder in unsere Leben einziehen lassen.

Autor*innen

Jane Goodall war eine bedeutende Pionierin der Natur- und Verhaltensforschung und über Jahrzehnte leidenschaftliche Botschafterin des Artenschutzes. In ihren Zwanzigern ging sie in die Gombe-Wälder Tansanias, um die dort lebenden Schimpansen zu studieren – am 1. Oktober 2025 verstarb sie als zur Ikone einer neuen, jungen Generation von Klimaaktivist:innen. Neben vielen wichtigen Werken auf dem Gebiet der Verhaltensforschung hat sie auch mehrere erfolgreiche Kinderbücher veröffentlicht.

Douglas Abrams ist Autor, Lektor und Literaturagent. Gemeinsam mit dem Dalai Lama und Desmond Tutu schrieb er *Das Buch der Freude*. Darüber hinaus hatte er die Ehre, nicht nur mit weiteren Nobelpreisträgern wie Nelson Mandela, Jody Williams und Elizabeth Blackburn zusammenzuarbeiten, sondern auch mit zahlreichen visionären Wissenschaftlern wie Professor Stephen Hawking.

Außerdem von Jane Goodall im Programm:

Grund zur Hoffnung – die Autobiografie

auch als E-Book erhältlich

JANE GOODALL
DOUGLAS ABRAMS
mit Gail Hudson

DAS BUCH DER HOFFNUNG

Ins Deutsche übertragen von Andrea O'Brien und Jan Schönherr

GOLDMANN

Die Namen und spezifische Eigenschaften von einigen Personen, die in diesem Buch genannt werden, wurden geändert, ebenso einige Daten, Orte und andere Details.

MIX
Papier | Fördert gute Waldnutzung
FSC® C014496
FSC www.fsc.org

Penguin Random House Verlagsgruppe FSC® N001967

4. Auflage
Vollständige Taschenbuchausgabe Januar 2024

in der Penguin Random House Verlagsgruppe GmbH,
Neumarkter Straße 28, 81673 München
produktsicherheit@penguinrandomhouse.de
(Vorstehende Angaben sind zugleich
Pflichtinformationen nach GPSR.)

Originalverlag: Celadon Books, a division of Macmillan Publishing, New York
Titel der englischen Originalausgabe: The Book of Hope
Umschlaggestaltung: UNO Werbeagentur München,
unter Verwendung eines Fotos von Jane Goodall (© Kristin Mosher)
und in Anlehnung an die amerikanische Originalausgabe
(© Donna Sinisgalli Noetzel)
Redaktion: Regina Carstensen
Satz: Buch-Werkstatt GmbH, Bad Aibling
Druck und Bindung: GGP Media GmbH, Pößneck
Printed in Germany
JS · CB
ISBN 978-3-442-14298-9

www.goldmann-verlag.de

Für Mum, Rusty, Louis Leakey und David Greybeard

Jane Goodall

Für meine Eltern und Hassan Edward Carroll
und alle, die Hoffnung suchen

Doug Abrams

Inhalt

Eine Einladung zur Hoffnung

Wir erleben finstere Zeiten.

Überall auf der Welt werden Menschen wegen ihrer Hautfarbe oder Religion diskriminiert, es geschehen Verbrechen aus Hass und terroristische Anschläge, rechtsextreme Hetze heizt Demonstrationen und Proteste so an, dass es viel zu oft zu gewalttätigen Ausschreitungen kommt. Die Schere zwischen Arm und Reich klafft weiter auseinander, was Wut und Unruhen auslöst. In vielen Ländern ist die Demokratie in Gefahr. Zu all dem kam nun noch die COVID-19-Pandemie mit viel Leid und unzähligen Toten, Jobverlust und wirtschaftlichem Chaos auf der ganzen Welt. Die Klimakrise, vorübergehend ins Abseits gedrängt, stellt eine noch größere Bedrohung dar, nicht nur für unsere Zukunft, sondern für alle Lebewesen auf unserem Planeten.

Der Klimawandel wird uns vermutlich nicht erst in der Zukunft betreffen, bereits jetzt sind wir mit Veränderungen im globalen Wettergeschehen konfrontiert, mit dem Abschmelzen von Gletschern und von Polareis, mit Hurrikanen, Tornados und Taifunen von katastrophaler Stärke. Mit drastischen Überflutungen, langen Dürreperioden und verheerenden Bränden auf der ganzen Welt. Zum ersten Mal wurden am Polarkreis Brände aufgezeichnet.

Jane Goodall ist fast neunzig Jahre alt, denken vielleicht einige jetzt. Wie kann es sein, dass sie über Hoffnung schreibt, obwohl sie doch selbst sieht, was in der Welt geschieht? Wahrscheinlich gibt sie sich einem Wunschdenken hin und stellt sich nicht den Tatsachen.

Ich stelle mich durchaus den Tatsachen. Und ich gebe zu, dass auch ich gelegentlich deprimiert bin, vor allem, wenn es mir scheint, dass die ganze Mühe, der Einsatz und die Opfer so vieler Menschen, die für soziale Gerechtigkeit und eine bessere Umwelt kämpfen, gegen Vorurteile und Rassismus und Gier, umsonst sind. Die Gewalten, gegen die wir antreten, Gier, Korruption, Hass, blinde Vorurteile, sind so beschaffen, dass man uns für töricht halten mag, weil wir glauben, wir könnten sie überwinden. Es ist verständlich, dass es Zeiten gibt, in denen wir uns dazu verdammt fühlen, tatenlos zuzusehen, wie die Welt untergeht, »nicht mit einem Knall, sondern mit einem Wimmern«, wie T. S. Eliot es so passend ausdrückte. In acht Jahrzehnten habe ich einige Katastrophen erlebt, den Anschlag vom elften September, Amokläufe an

Schulen, Selbstmordattentate, um nur einige zu nennen, und ich weiß, welches Leid daraus entsteht. Ich wuchs während des Zweiten Weltkriegs auf, damals stand zu befürchten, dass Hitler und die Nazis die Welt erobern. Erlebt habe ich auch das Wettrüsten während des Kalten Kriegs und die ständige Angst vor einem alles vernichtenden Atomkrieg, ich habe den Schrecken vieler Konflikte gesehen, die entsetzlichen Folgen, Folter und Tod für Millionen auf der ganzen Welt. Wie alle älteren Menschen habe ich dunkle Zeiten durchlebt und eine Menge Leid gesehen.

Doch jedes Mal, wenn mir der Mut sinkt, erinnere ich mich an die vielen erstaunlichen Geschichten von Personen, die sich mit Hoffnung, Unerschütterlichkeit und Entschlossenheit den »Mächten des Bösen« entgegenstellen. Ja, Sie haben richtig gelesen. Ich bin überzeugt, dass das Böse unter uns weilt. Aber viel machtvoller und ermutigender sind die Stimmen derjenigen, die sich dagegen erheben. Selbst wenn sie ihr Leben verlieren, hallen ihre

Stimmen noch lange nach, sie inspirieren uns und geben uns Hoffnung – Hoffnung, dass dieses seltsame, zerrissene menschliche Tier, das sich vor ungefähr sechs Millionen Jahren aus einem affenähnlichen Wesen entwickelt hat, im Grunde gut ist.

Seit ich 1986 begonnen habe, um die Welt zu reisen, um Bewusstsein zu schaffen für die von Menschen in ihrem sozialen Umfeld wie auch in der Umwelt angerichteten Schäden, habe ich viele Personen getroffen, die mir sagten, sie hätten jegliche Hoffnung für die Zukunft verloren. Besonders junge Menschen sind wütend, deprimiert oder entmutigt, weil wir ihre Zukunft gefährden und sie das Gefühl haben, nichts dagegen unternehmen zu können. Es stimmt, wir gefährden ihre Zukunft nicht nur, wie rauben sie ihnen sogar, denn wir plündern die endlichen Ressourcen unseres Planeten ohne Rücksicht auf zukünftige Generationen. Doch ich glaube auch, dass es nicht zu spät ist für eine Korrektur.

Die Frage, die mir am häufigsten gestellt wird, lautet: »Glauben Sie allen Ernstes, dass es noch Hoffnung gibt für unsere Welt? Für die Zukunft unserer Kinder und Enkel?«

Diese Frage kann ich ehrlich mit Ja beantworten. Ich glaube, es gibt noch ein Zeitfenster, innerhalb dessen wir die von uns verursachten Schäden an unserem Planeten wiedergutmachen könnten, aber dieses Fenster schließt sich bereits. Wenn wir uns um die Zukunft unserer Kinder und deren Kinder sorgen, wenn wir uns um die Gesundheit der Natur sorgen, dann müssen wir uns zusammenschließen und handeln. Jetzt! Bevor es zu spät ist.

Was genau ist diese »Hoffnung«, an die ich immer noch glaube, die mich zum Weitermachen motiviert, mich antreibt, für die gute Sache zu kämpfen? Was meine ich genau mit »Hoffnung«?

Hoffnung wird oft missverstanden. Viele verwechseln sie mit passivem Wunschdenken. Man hofft, dass etwas geschehen wird, legt aber die Hände in den Schoß. Tatsächlich ist eine solche passive

Haltung das genaue Gegenteil von echter Hoffnung, denn diese erfordert Handeln und Engagement. Nicht wenige haben begriffen, wie schlecht es um unseren Planeten bestellt ist, aber sie schreiten nicht zur Tat, denn sie fühlen sich hilflos, hoffnungslos. Deswegen halte ich dieses Buch für wichtig, denn es wird, das hoffe (!) ich zumindest, den Menschen zeigen, dass ihr Handeln, egal wie geringfügig, eine ausschlaggebende Wirkung hat. Die kumulative Wirkung unzähliger kleiner ethischer Handlungen kann unsere Welt retten und sie für zukünftige Generationen erhalten. Wozu handeln, wenn man keine Hoffnung hat, dass man damit etwas bewirkt?

Warum gerade ich Hoffnung empfinde in diesen finsteren Zeiten, werde ich in diesem Buch erklären. An dieser Stelle möchte ich nur so viel sagen: Ohne Hoffnung ist alles verloren. Hoffnung ist ein wichtiger Teil unserer Überlebensstrategie, die uns als Art seit der Steinzeit erhalten hat. Ohne Hoffnung hätte ich meine eigene unglaubliche Reise nie unternehmen können.

Diese Themen und vieles mehr habe ich mit meinem Co-Autor Doug Abrams besprochen und auf den Seiten dieses kleinen Buchs festgehalten. Doug schlug mir das Format des Dialogs vor, wie im *Buch der Freude*, das gemeinsam mit dem Dalai Lama und Erzbischof Desmond Tutu entstand. In den folgenden Kapiteln wird Doug in der Rolle des Erzählers auftreten, er berichtet von unseren Gesprächen in Afrika und Europa. Mit Dougs Hilfe kann ich Ihnen schildern, was ich während meines langen Lebens und durch die Erforschung der Natur über die Hoffnung gelernt habe.

Hoffnung ist ansteckend. Hoffnungsvolles Handeln ermutigt andere. Es ist mein aufrichtiger Wunsch, dass Ihnen dieses Buch Trost spendet in dieser sorgenreichen Zeit, Ihnen einen Weg aufzeigt in dieser unsicheren Zeit, Ihnen Mut gibt in dieser angstbesetzten Zeit.

Wir laden Sie ein, mitzukommen auf unsere Reise zur Hoffnung.

Jane Goodall, Ph. D., DBE, UN-Friedensbotschafterin

Die Überwindung einer vermeintlichen Grenze, von der wir immer glaubten, dass sie uns vom Rest der Tierwelt trennt.

I

WAS IST HOFFNUNG?

Whisky und Swahili-Bohnensoße

Am Abend vor Beginn unserer Gespräche war ich nervös, denn es stand viel auf dem Spiel. Die Welt brauchte Hoffnung, und zwar dringender als je zuvor, wie mir schien. Seit ich Jane vor Monaten gebeten hatte, mit mir für ein neues Buch über ihre Gründe für Hoffnung zu sprechen, war mir dieses Thema nicht mehr aus dem Kopf gegangen. Was ist Hoffnung eigentlich genau? Warum empfinden wir sie? Ist Hoffnung echt? Kann man Hoffnung nähren? Gibt es wirklich noch Hoffnung für unsere Art? Es war an mir, diese Fragen zu stellen, die uns alle umtreiben, wenn wir Not leiden und manchmal sogar daran zu verzweifeln drohen.

Jane Goodall ist ein Vorbild, eine international gefeierte Persönlichkeit, die seit Jahrzehnten als Botschafterin der Hoffnung durch die Welt reist. Ich wollte unbedingt wissen, warum sie mit Vertrauen in die Zukunft blickt, war aber genauso neugierig zu erfahren, wie sie es geschafft hatte, trotz der vielen Herausforderungen in ihrem Leben als Pionierin nie die Hoffnung zu verlieren.

Während ich nervös über meinen Fragen brütete, klingelte das Telefon.

»Möchtest du vorbeikommen, um mit mir und meiner Familie zu Abend zu essen?«, fragte Jane. Ich war gerade in Daressalam gelandet und willigte erfreut ein, gern würde ich mit ihr und ihrer Familie essen. Auf diese Weise würde ich nicht nur die Ikone Jane Goodall kennenlernen, sondern sie auch als Mutter und Großmutter erleben, mit ihr gemeinsam essen, also sozusagen »das Brot brechen«, und, wie ich vermutete, ein bisschen Whisky trinken.

Janes Haus ist nicht leicht zu finden, es gibt keine richtigen Hausnummern, es liegt am Ende einer verzweigten Staubpiste neben dem großen Anwesen von Julius Nyerere, dem ersten Präsidenten von Tansania. Ich fürchtete schon, mich zu verspäten, denn der Taxifahrer versuchte vergebens, in der mit Bäumen überwachsenen Gegend die richtige Zufahrt zu finden. Die rote Sonne stand bereits tief, und hier gab es keine Straßenbeleuchtung.

Als wir das Haus endlich entdeckten, begrüßte Jane mich mit einem herzlichen Lächeln und offenem, aufmerksamem Blick an der Tür. Ihr graues Haar hatte sie zu einem Pferdeschwanz zusammengebunden, in ihrem grünen Hemd mit Button-down-Kragen und Kakihose erinnerte sie ein wenig an einen Park Ranger. Auf ihrem Hemd prangte das Logo des Jane Goodall Institute (JGI) mit den dazugehörigen Symbolen, Janes Profil, ein Schimpanse auf allen vieren, ein Blatt für die Umwelt und eine Hand für die Menschen, die ebenfalls geschützt werden müssen, genau wie die Schimpansen.

Jane ist sechsundachtzig Jahre alt, aber auf unerklärliche Weise kaum gealtert seit ihrer Zeit in Gombe, damals, als sie das Titelbild des *National Geographic Magazin* zierte. Unwillkürlich fragte ich mich, ob Hoffnung und ein festes Lebensziel einen Menschen auf ewig jung halten können.

Was mich bei unserer Begegnung allerdings am meisten beeindruckte, war Janes Willensstärke. Sie strahlt einem aus ihren braunen Augen entgegen wie eine Naturgewalt. Mit diesem Willen war sie bereits damals um die halbe Welt gereist, um Tiere in Afrika zu erforschen, und er bleibt seit den letzten dreißig Jahren ungebrochen. Vor der Pandemie hielt Jane an mehr als dreihundert Tagen im Jahr Vorträge über die Risiken der Umweltzerstörung und den Verlust von Lebensräumen. Jetzt, endlich, beginnt die Welt, ihr zuzuhören.

Ich wusste, dass Jane am Abend gern Whisky trank, deswegen hatte ich ihr eine Flasche ihres Lieblingsgetränks mitgebracht, Green Label Johnnie Walker. Sie nahm das Geschenk höflich an, erklärte mir aber später, dass ich den günstigeren Red Label hätte kaufen und den Rest an ihre Organisation hätte spenden sollen.

In der Küche hatte Maria, ihre Schwiegertochter, bereits ein vegetarisches Gericht aus der tansanischen Küche vorbereitet: Kokosreis mit cremiger Swahili-Bohnensoße, Linsen und Erbsen mit einer Prise gemahlener Erdnüsse und mit Curry und Koriander gewürzt, dazu gab es blanchierten Spinat. Jane behauptet, Essen sei ihr egal, aber ich sehe das anders und kann versichern, dass mir bei diesem Gericht das Wasser im Munde zusammenlief.

Sie stellte meine kleine Aufmerksamkeit neben eine riesige Viereinhalbliterflasche Famous Grouse Whisky. Den hatten ihr die Enkelkinder geschenkt, in der großen Flasche sei er günstiger und werde sicher reichen, solange sie bei ihnen sei. Ihre Enkel wohnten ebenfalls in dem Haus in Daressalam, in das Jane nach der Hochzeit mit ihrem zweiten Mann gezogen war, obwohl sie sich damals noch überwiegend in Gombe und an ein, zwei anderen Orten in Tansania aufhielt.

Für sie gehört ein Gläschen Whisky zum Abendritual, bei dem sie entspannt und den sie, wenn möglich, mit Freunden genießt.

»Das hat alles angefangen«, erklärt sie, »weil Mum und ich abends immer ein ›Tröpfchen‹ zusammen getrunken haben, wenn ich zu Hause war. Dieses Ritual setzten wir fort. Auch später hoben wir um Punkt sieben das Glas, egal in welchem Erdteil ich mich gerade befand.« Außerdem, erklärte Jane, sei ihre Stimme vom langen Reden oft sehr strapaziert, und sie habe festgestellt, dass Whisky ihre Stimmbänder straffe und sie so leichter durch

Im Kreis meiner Familie in Daressalam. Von links nach rechts: Enkel Merlin und sein Halbbruder Kik, der Sohn von Maria; mein Enkel Nick, Merlins Halbbruder; Enkeltochter Angel; mein Sohn Grub.

den Vortrag komme. »Vier Opernsängerinnen und ein berühmter Rocksänger haben mir bestätigt, dass diese Methode auch bei ihnen funktioniert.«

Ich saß neben Jane an ihrem Tisch auf der Veranda, während ihre Familie um sie herum lachte und Geschichten erzählte. Im Kerzenlicht, umrankt von üppigen, dichten Bougainvilleen, kam ich mir fast vor wie unter einem Laubdach, mitten im Wald.

Merlin, ihr ältester Enkel, war bei diesem Treffen fünfundzwanzig Jahre alt. Jahre zuvor, mit achtzehn, war er nach einer wilden Party mit Freunden in einen leeren Pool gesprungen und hatte sich den Halswirbel gebrochen. Dieses Erlebnis hatte ihn dazu bewogen, sein Leben zu verändern. Wie seine Schwester Angel vor ihm, beschloss auch er, das Lebenswerk seiner Großmutter im Tier- und Umweltschutz fortzusetzen.

Angel arbeitet bei Roots & Shoots, Merlin unterstützt uns beim Aufbau eines Bildungszentrums im Restbestand eines jahrtausendealten Urwalds in der Nähe von Daressalam.

Jane, die sanfte Matriarchin der Familie, saß an jenem Abend mit unverhohlenem Stolz an der Spitze der Tafel. Als sie sich die Fußknöchel mit Insektenschutzmittel einrieb, scherzte ihre Familie über den Umstand, dass Moskitos offenbar keine Vegetarier seien. »Nur die Weibchen saugen Blut«, erklärte Jane. »Die Männchen ernähren sich von Blütennektar.« Aus Sicht der Naturforscherin waren blutsaugende Moskitoweibchen nichts anderes als Mütter auf der Suche nach einer Mahlzeit, die sie ihrem Nachwuchs füttern konnten. Diese Einsicht änderte allerdings wenig an meiner Abscheu für diese Plagegeister.

In einer Pause zwischen Unterhaltungen und Familiengeschichten ergriff ich die Gelegenheit, Jane die Fragen zu stellen, die mich umtrieben, seit wir beschlossen hatten, gemeinsam an einem Buch über die Hoffnung zu arbeiten.

Als gebürtiger New Yorker muss ich zugeben, dass ich der Hoffnung eher skeptisch gegenüberstand. Auf mich wirkte sie wie eine schwächliche Reaktion, ein passives Hinnehmen der Dinge im Sinne von »Hoffen wir das Beste«. Für mich gehörte sie ins Reich der Wunderheilung, der Fantasie. Eine aktive Leugnung der Tatsachen oder blinder Glaube an das Gute trotz der Faktenlage und bitteren Wirklichkeit des Lebens. Ich hatte Angst, der trügerischen falschen Hoffnung auf den Leim zu gehen. Die klar bessere Reaktion war für mich Angst oder sogar Zorn, die Bereitschaft, Alarm zu schlagen, besonders in Krisenzeiten wie jetzt.

Ich wollte wissen, wo der Unterschied lag zwischen Hoffnung und Optimismus, wollte erfahren, ob Jane je die Hoffnung verloren hatte und wie wir in finsteren Zeiten Hoffnung bewahren können. Doch das alles musste bis zum folgenden Morgen warten, denn es war bereits spät, und die Runde löste sich auf.

Ist Hoffnung real?

Als ich am folgenden Tag etwas weniger angespannt zurückkehrte, um mit unserer Unterhaltung über die Hoffnung zu beginnen, machten Jane und ich es uns auf ihren alten, stabilen Klappstühlen mit Holzgestell und Sitzen aus grünem Segeltuchstoff bequem, die schon auf ihrer Veranda auf uns warteten. Von dort aus blickten wir auf den grünen Garten, der dermaßen mit Bäumen überwachsen war, dass man den Indischen Ozean kaum sehen konnte. Tropische Vögel trällerten, kreischten, quäkten und riefen im Chor, zwei gerettete Hunde liefen herbei und rollten sich zu Janes Füßen zusammen, eine Katze miaute hinter der Fliegengittertür, als wollte sie sich an unserem Gespräch beteiligen. In diesem Moment erinnerte Jane mich an den heiligen Franz von Assisi, umgeben von Tieren, dessen Schutz sie sich verschrieben hatte.

»Was ist Hoffnung?«, fragte ich. »Wie würdest du sie definieren?«

»Hoffnung verleiht uns die Fähigkeit, trotz aller Widrigkeiten weiterzumachen. Sie ist der Wunsch, dass etwas geschehen mag, aber wir müssen hart kämpfen, damit dieser Wunsch in Erfüllung geht.« Jane grinste. »Zum Beispiel hoffen wir gerade, dass wir ein gutes Buch schreiben. Das wird aber nicht passieren, wenn wir uns nicht verdammt viel Mühe geben.«

Ich lächelte. »Ja, das ist sicherlich auch eine Hoffnung, die ich hege. Du hast gesagt, Hoffnung ist der Wunsch, dass etwas geschehen mag, aber wir müssen hart kämpfen. Also bedingt Hoffnung aktives Handeln?«

»Ich glaube nicht, dass es grundsätzlich so sein muss, denn manchmal ist man einfach nicht in der Lage, aktiv zu werden. Sitzt du beispielsweise schuldlos im Gefängnis, kannst du nicht viel tun, aber trotzdem hoffen, dass du wieder freikommst. Ich habe Kontakt zu einigen Naturschützern, denen man lange Strafen aufgebrummt hat, weil sie Kamerafallen aufgestellt hatten, um das Tiervorkommen in diesem Revier zu dokumentieren. Sie haben die Hoffnung, dass sie durch die Handlungen anderer ihre Freiheit zurückerlangen, aber selbst handeln können sie nicht.«

Wichtig für das Konzept der Hoffnung sind also offenbar das Handeln, aber auch die Handlungsfähigkeit. Bemerkenswert an diesem Beispiel: Hoffnung überlebt sogar in einer Gefängniszelle. Ein schwarzer Kater mit weißem Fleck auf der Brust schlenderte aus dem Haus und machte es sich auf Janes Schoß bequem, die Pfoten unter dem Körper.

»Ich frage mich gerade, ob Tiere Hoffnung empfinden.«

Jane lächelte. »Na, wenn Bugs hier die ganze Zeit im Haus sitzen müsste«, sagte sie, während sie den Kater streichelte, »kann ich mir vorstellen, dass er darauf hoffen würde, irgendwann rausgelassen zu werden. Wenn er Hunger hat, jammert er und streicht mir mit peitschendem Schweif zwischen den Beinen hindurch, weil das normalerweise die erwünschte Wirkung zeigt. Ich bin sicher, dass er sich erhofft, dadurch Futter zu erhalten. Denke an deinen Hund. Wenn der am Fenster sitzt und auf dich wartet, ist dabei doch sicher auch eine Form der Hoffnung im Spiel. Schimpansen bekommen häufig Wutanfälle, wenn sie nicht kriegen, was sie wollen. Die sind frustriert, weil sich ihre Hoffnung nicht erfüllt hat.«

Hoffnung war also nicht nur auf Menschen beschränkt. Allerdings wusste ich, dass Hoffnung im menschlichen Verstand eine einzigartige Rolle spielt, auf die wir später genauer eingehen würden. In diesem Moment ging es mir darum zu verstehen, wie sich Hoffnung von einem anderen Wort unterschied, mit dem sie oft verwechselt wurde. »In vielen Weltreligionen wird Hoffnung im selben Atemzug mit Glauben genannt«, sagte ich. »Sind ›hoffen‹ und ›glauben‹ dasselbe?«

»Hoffnung und Glauben unterscheiden sich doch sehr, wie ich finde«, erwiderte Jane. »Wenn man glaubt, geht man davon aus, dass hinter dem Universum eine intelligente Macht steckt, die man dann ›Gott‹, ›Allah‹ oder anders nennt. Man glaubt also an Gott den Schöpfer. Man glaubt an das Leben nach dem Tod oder andere religiöse Lehren. Das ist Glauben. Wir können *glauben*, dass diese Dinge zutreffen, aber *wissen* können wir es nicht. Hingegen wissen wir sehr genau, in welche Richtung wir gehen wollen, und hoffen, dass wir den richtigen Weg eingeschlagen haben. Die Hoffnung ist bescheidener als der Glauben, denn niemand kennt die Zukunft.«

»Du hast vorhin gesagt, dass Hoffnung harte Arbeit erfordert, damit das, was wir wollen, tatsächlich eintrifft.«

»Nun, in bestimmten Kontexten ist die Arbeit sogar unverzichtbar. Nehmen wir beispielsweise die verheerende Lage der Umwelt, in der wir uns heute befinden. Wir können sicherlich hoffen, dass es für eine Umkehr noch nicht zu spät ist, aber wir wissen auch, dass diese Umkehr garantiert nicht stattfinden wird, wenn wir tatenlos bleiben.«

»Also werden wir hoffnungsvoller, je mehr wir handeln?«

»Das trifft auf zweierlei Weise zu. Wenn man keine Hoffnung hat, dass das eigene Handeln etwas Positives bewirkt, wird man nicht handeln. Man braucht Hoffnung, um überhaupt in Aktion zu treten; aber hat man sich erst einmal zum Handeln entschlossen, entsteht dadurch auch mehr Hoffnung. Es ist also ein Kreislauf.«

»Und was ist Hoffnung genau? Ein Gefühl?«

»Nein, kein Gefühl.«

»Was dann?«

»Ein Aspekt des menschlichen Überlebens.«

»Eine Überlebensfertigkeit?«

»Hoffnung ist keine Fertigkeit. Sie ist angeboren, viel tiefer verwurzelt. Tatsächlich ist sie fast wie ein Geschenk. Überleg mal, dir fällt sicher eine andere Bezeichnung ein.«

»Werkzeug? Ressource? Kraft?«

»Kraft trifft es ganz gut. Kraft. Werkzeug.«

»Aber keinen Holzhammer.« Wir lachten.

»Ein Überlebensmechanismus?«

»Besser, aber das ist mir noch zu mechanisch. Ein Überlebens…« Jane überlegte.

»Impuls? Instinkt?«

»Eigentlich ist es ein Überlebensmerkmal«, sagte sie schließlich.

»Das ist es. Ein menschliches Überlebensmerkmal, ohne das wir aussterben würden.«

Fall es sich tatsächlich um ein Überlebensmerkmal handeln sollte, fragte ich mich, warum hatten dann manche Menschen mehr Hoffnung als andere? Entwickelte sich Hoffnung in besonderen Stresssituationen? Und hatte Jane die Hoffnung je verloren?

Hast du je die Hoffnung verloren?

Jane verfügt über eine Kombination von seltenen Eigenschaften: die unerschrockene Entschlossenheit der *Wissenschaftlerin*, harten Fakten ins Auge zu blicken, und die Neugier einer *Suchenden*, die von dem Wunsch getrieben ist, Antworten auf grundlegende Fragen des menschlichen Lebens zu finden.

»Als Wissenschaftlerin hast du ...«, setzte ich an.

»Ich betrachte mich als Naturforscherin«, korrigierte sie mich.

»Wo liegt der Unterschied?« Ich hatte immer gedacht, eine Naturforscherin sei eine Wissenschaftlerin, die Feldforschung betreibt.

»Die Naturforscherin sucht nach dem Wunderbaren in der Natur, sie lauscht ihrer Stimme, und während sie versucht, die Natur besser zu verstehen, lernt sie von ihr. Wissenschaftliche Arbeit konzentriert sich auf Fakten und möchte Dinge messen. Sie stellt sich Fragen wie: Inwiefern handelt es sich hier um Anpassung? Wie trägt es zum Überleben der Arten bei?

Als Naturforscherin braucht man Empathie und Intuition – und Liebe. Der Anblick der Flugformation von Staren kann eine Naturforscherin in Staunen versetzen, sie betrachtet dieses Phänomen mit Ehrfurcht vor der unglaublichen Geschicklichkeit dieser Vögel. Wie schaffen sie es, zu Tausenden in einer Schar zu fliegen, ohne einander je zu berühren, dabei aber diese dichten Formationen zu bilden, komplett synchron Sturzflüge und blitzschnelle Wendemanöver auszuführen? Und warum? Aus Spaß? Freude?« Jane sah in den Himmel, als könnte sie sie dort sehen, die Stare, und ihre Hände tanzten wie die Schar in ihrer Fantasie.

Ich sah die junge Jane vor mir, eine Forscherin, voller Ehrfurcht und Staunen. Als unsere Unterhaltung vom plötzlich lautstark losprasselnden Regen unterbrochen wurde, hing ich diesem Bild nach, stellte mir vor, wie Jane zu Beginn ihrer Karriere Hoffnungen und Träume hegte, die ihr schwer erfüllbar und unendlich weit entfernt erschienen sein mochten.

Bald war der Regen versiegt, und wir setzten unser Gespräch fort. Ich fragte Jane nach ihren Erinnerungen an ihre erste Reise nach Afrika, und sie schloss die Augen. »Das war wie im Märchen damals«, sagte sie. »In der Zeit gab es keine Passagierflüge nach Kenia, wir reden von 1957, also reiste ich mit einem Schiff an, der *Kenya Castle*. Für die Überfahrt waren eigentlich nur zwei Wochen eingeplant, doch in Wahrheit dauerte sie dann einen Monat, weil der Suezkanal wegen des Krieges zwischen Großbritannien und Ägypten geschlossen war. So mussten wir den gesamten afrikanischen Kontinent umschiffen, hinunter nach Kapstadt und an der Küste entlang nach Mombasa hinauf. Eine zauberhafte Reise!«

Jane folgte ihrem Traum, Tiere in freier Wildbahn zu beobachten. Der Wunsch war schon in ihrer Kindheit entstanden, als sie *Dr. Doolittle* und *Tarzan* gelesen hatte. »Tarzan hat leider die falsche Jane geheiratet«, scherzte sie. Die unglaubliche Lebensgeschichte der Jane Goodall hat viele Menschen inspiriert. Damals war es für eine junge Frau unerhört, allein um die halbe Welt zu reisen, um im Busch zu leben und Bücher über wilde Tiere zu schreiben. »So was haben nicht mal Männer gemacht!«, fügte sie hinzu.
Ich wollte mehr über diese Anfangstage wissen.

Mit Dr. Louis S. B. Leakey – der Mann, der mir meinen Traum erfüllt hat.

»In der Schule war ich sehr gut, aber als ich mit achtzehn meinen Abschluss hatte, fehlte das Geld für die Universität. Ich musste mir einen Job suchen. Also belegte ich einen Sekretärinnenkurs. Langweiliges Zeug. Mum sagte immer, ich müsste hart arbeiten, meine Chancen nutzen und niemals aufgeben.

›Wenn du was machst, dann mach's gründlich‹, lautete ihr Rat. Ich glaube, das wurde mein Lebensmotto. Du willst es nicht machen und so schnell wie möglich hinter dich bringen, aber wenn du damit anfängst, dann gib dein Bestes.«

Janes Chance eröffnete sich, als eine Schulfreundin sie einlud, mit ihr die Farm ihrer Familie in Kenia zu besuchen. Während dieses Besuchs hörte sie von Dr. Louis Leakey, dem berühmten Paläoanthropologen, der in Afrika nach den fossilisierten Überresten frühester menschlicher Vorfahren suchte. Damals war er Kurator am Coryndon Museum, dem heutigen Nairobi National Museum.

»Jemand hatte mir gesagt: ›Wenn du Interesse an Tieren hast, musst du Leakey kennenlernen.‹ Also habe ich mich um einen Gesprächstermin bei ihm bemüht. Ich glaube, er war beeindruckt von meinem fundierten Wissen über die afrikanische Tierwelt – tatsächlich hatte ich alles über sie gelesen, was ich in die Finger bekam. Und stell dir vor: Zwei Tage vor unserem Termin hatte seine Sekretärin aus heiterem Himmel gekündigt, und er suchte eine neue. Plötzlich erwies sich all das langweilige Zeug aus dem Sekretärinnenkurs als extrem nützlich.«

Jane wurde von Leakey eingeladen, mit ihm, seiner Frau Mary und mit Gillian, einer weiteren jungen Engländerin, an der jährlichen Grabung in der Olduvai-Schlucht in Tansania teilzunehmen, wo sie nach frühmenschlichen Überresten suchten.

»Gegen Ende der drei Monate sprach Leakey immer wieder von einer Gruppe Schimpansen, die in den Wäldern am östlichen Ufer des Tanganjikasees in Tansania lebten, dieses Gebiet stand damals noch unter britischer Kolonialherrschaft und hieß Tanganjika. Er erzählte mir, der Lebensraum der Schimpansen sei abgelegen und felsig, es gebe gefährliche Tiere, außerdem seien die Schimpansen dort erheblich stärker als Menschen.

Wie sehr wünschte ich mir ein solches Abenteuer! Leakey wollte für dieses Forschungsprojekt einen aufgeschlossenen Menschen mit großer Wissbegier, Tierliebe und unendlicher Geduld.«

Der Paläoanthropologe glaubte, aus dem Verhalten unserer nächsten Vorfahren in der Wildnis Erkenntnisse über die menschliche Evolution zu gewinnen. Er wollte diese Studie durchführen, weil er wusste, dass man zwar anhand des Skeletts Rückschlüsse auf das Aussehen eines Lebewesens ziehen konnte, genau wie die Abnutzung der Zähne Aufschluss über die Ernährung gab, aber das *Verhalten* von Lebewesen im Gegensatz dazu nicht fossilisierte. Er war überzeugt, dass es vor rund sechs Millionen Jahren einen gemeinsamen Vorfahren gegeben hatte, ein affenähnliches, menschenähnliches Wesen. Wenn moderne Schimpansen (mit denen wir genetisch zu 99 Prozent identisch sind) ähnliche oder sogar identische Verhaltensweisen zeigen würden wie moderne Menschen, waren sie vermutlich auch schon beim gemeinsamen Vorfahren vorhanden und im Verlauf unserer separaten Evolutionspfade Teil unseres Repertoires. Und das, so glaubte Leakey, würde ihm Anhaltspunkte für das Verhalten unserer Vorfahren aus der Steinzeit liefern.

»Ich hatte keine Ahnung, dass er dabei an mich dachte, und fiel aus allen Wolken, als er mich fragte, ob ich bereit sei für diese Arbeit.« Bei der Erinnerung an ihren Mentor lächelte sie. »Louis war ein ganz Großer, nicht nur in seiner Statur, sondern auch in seinem Scharfsinn und seiner Vision. Und er hatte einen wunderbaren Sinn für Humor. Es dauerte ein Jahr, bis er die Forschungs-

gelder zusammenhatte. Die britische Kolonialverwaltung verweigerte ihm zunächst die Erlaubnis, so schockiert war man von seinem Vorschlag, eine junge weiße Frau allein in den Busch zu schicken, aber Leakey gab nicht nach, und am Ende erhielt er ihre Zustimmung, allerdings müsse ich mir eine »europäische« Begleitperson suchen.

Leakey wollte jemanden, der mich im Hintergrund unterstützte, aber nicht mit mir konkurrierte, und so fiel seine Wahl auf meine Mutter. Ich glaube, ich musste keine große Überzeugungsarbeit leisten. Mum liebte Herausforderungen. Ohne sie wäre diese Expedition nicht möglich gewesen.

Bernard Verdcourt, Botaniker am Coryndon Museum, fuhr uns mit einem überladenen Land Rover nach Kigoma – die nächstgelegene Stadt vor Gombe, meist auf Pisten voller Spurrillen und Schlaglöcher. Als er uns absetzte, ging er davon aus, uns nicht mehr lebend wiederzusehen, wie er später gestand.«

Doch Jane sorgte sich nicht so sehr wegen der potenziellen Gefahren, sondern eher darum, ob sie ihre Aufgabe erfüllen könnte. »Als du in Gombe warst, hast du deiner Familie einen Brief geschrieben«, sagte ich. »Darin stand: ›Meine Zukunft ist ein Witz. Ich hocke hier auf meinem Felsen wie ein Schimpanse, zupfe mir Stacheln und Dornen aus der Haut und lache bei dem Gedanken an die mir völlig fremde *Miss Goodall*, von der es heißt, dass sie hier irgendwo wissenschaftliche Forschungsarbeit leistet.‹ Erzähl mir mehr von dieser Zeit zwischen Hoffnung und Hoffnungslosigkeit.« Ich wollte die Unsicherheit und Selbstzweifel verstehen, mit denen sie zu kämpfen hatte, vor allem in dieser für sie völlig neuen Situation.

Mum half mir dabei, die von mir gesammelten Blumen zu pressen, von denen sich Schimpansen ernährten, und sie unterstützte mich beim Trocknen von Schädeln und anderen von mir gefundenen Knochen. Die Aufnahme zeigt uns im Eingangsbereich unseres gebrauchten Militärzelts.

»Es gab unzählige Momente der Enttäuschung und Verzweiflung«, erklärte Jane. »Jeden Tag vor Sonnenaufgang kletterte ich die steilen Hügel des Gombe-Nationalparks hinauf, auf der Suche nach Schimpansen, und nur selten bekam ich sie vor mein Fernrohr, auch nur flüchtig. Auf allen vieren kroch ich durchs Unterholz, erschöpft, Arme, Beine und Gesicht völlig zerkratzt, doch eines Tages stieß ich auf eine Gruppe Schimpansen. Mir schlug das Herz bis zum Hals, die Schimpansen sahen mich an, doch bevor ich irgendwas beobachten konnte, waren sie auf und davon.

Die bereitgestellten Forschungsgelder reichten nur für sechs Monate, aber die Schimpansen nahmen ständig Reißaus, sobald ich auch nur in ihre Nähe kam. Aus Wochen wurden Monate. Ich wusste, dass sie mir irgendwann vertrauen würden, die Frage war nur, ob mir noch genug Zeit blieb. Wenn ich es nicht schaffte, würde ich Leakey enttäuschen, er hatte mir so viel zugetraut, und mein Traum wäre begraben. Für mich war allerdings viel schlimmer, dass ich diese faszinierenden Tiere dann nie verstehen würde und auch nie herausfände, was sie uns über die menschliche Evolution verraten könnten, denn genau dort lag ja Leakeys Interesse.«

Jane war keine akkreditierte Wissenschaftlerin, sie hatte nicht mal einen Universitätsabschluss. Leakey wollte eine Person, die ohne akademische Denkstrukturen und Vorurteile an das Vorhaben heranging. Janes bahnbrechende Entdeckungen, besonders ihre Beobachtungen im Bereich der Gefühle und Persönlichkeiten von Tieren, wären vermutlich nie gemacht worden, wenn Jane sie ihnen aufgrund ihrer Ausbildung von vornherein abgesprochen hätte, denn das war in der damaligen Lehre gang und gäbe.

Was für ein Glücksfall für Jane, dass Leakey Frauen für die besseren Feldforscherinnen hielt, weil er davon ausging, dass sie mehr Geduld und Empathie für die Tiere aufbrachten, die sie erforschen sollten. Nachdem er Jane in die Wildnis geschickt hatte,

Ich fixierte die Kamera in einem Baum und machte mit Selbstauslöser ein Foto von mir beim Warten auf die Schimpansen.

half Leakey zwei weiteren jungen Frauen dabei, ihren Traum zu verwirklichen: Er organisierte die Fördergelder für Dian Fosseys Forschung an Berggorillas und Biruté Galdikas Langzeitstudien über das Verhalten von Orang-Utans. Die drei Frauen wurden später als »Die Trimaten« bezeichnet.

»Als ich das schroffe, bergige Terrain des Parks zum ersten Mal sah, fragte ich mich, wie ich je die scheuen Schimpansen finden sollte, und ich kann dir sagen, es war nicht leicht! Mum spielte eine wichtige Rolle. Wenn ich am Ende eines Tages deprimiert aus dem Busch in unser Lager zurückkehrte, weil die Schimpansen mal wieder vor mir geflüchtet waren, wies sie mich darauf hin, dass ich trotz allem mehr über sie erfuhr, als ich dachte. Irgendwann hatte ich eine Anhöhe gefunden, die mir einen freien Blick auf zwei Täler bot. Durchs Fernrohr beobachtete ich die Tiere dabei, wie sie in den Bäumen ihre Schlafnester bauten und die Gegend in unterschiedlich großen Gruppen durchstreiften.

Ich fand heraus, wovon sie sich ernährten und mit welchen Rufen sie kommunizierten.«

Doch Jane wusste, dass Leakey mit diesen spärlichen Informationen nach Ablauf der sechs Monate keine zusätzlichen Fördergelder beantragen könnte.

»Nachdem die Schimpansen immer wieder vor mir flohen, schrieb ich Leakey einen Brief«, erinnerte sich Jane. »›Sie haben so an mich geglaubt, aber ich schaffe es nicht. Und er schrieb zurück: ›Ich weiß, dass du's kannst.‹«

»Leakeys Ermutigung hat dir sicher viel bedeutet.«

»Genau genommen hat er damit alles schlimmer gemacht. Jedes Mal, wenn er mir sein Vertrauen ausgesprochen hat, ging es mir schlechter, weil ich sicher war, ihn zu enttäuschen. Das hat mir richtig Sorgen bereitet. Er hatte sich für mich weit aus dem Fenster gelehnt, hatte für ein junges, unbekanntes Mädchen finanzielle Mittel organisiert. Wie wird es ihm gehen, wenn ich versage? Wie wird es mir gehen?« Sie schrieb ihm ständig neue Briefe, mit wachsender Verzweiflung. »›Es funktioniert nicht, Louis!‹, lautete meine Botschaft. Seine Antwort: ›Ich *weiß*, dass du's schaffst!‹« In seinem nächsten Brief hatte er *›weiß‹* in Großbuchstaben geschrieben und unterstrichen. Was mich erst recht verzagen ließ.«

»Sein fester Glauben an deine Fähigkeiten muss dich aber auch ermutigt haben, immer wieder da rauszugehen und es zu versuchen, oder?«

»Vermutlich hat es mich darin bestärkt, mich noch mehr anzustrengen, jeden Morgen um halb sechs aufzustehen und den ganzen Tag durch die Wälder zu robben oder mit dem Fernglas vorm Gesicht auf meiner Anhöhe sitzen, bis es fast dunkel war.«

Sprach Jane über diese ersten Wochen, klang es, als hätten überall Gefahren gelauert, als wäre sie immer wieder mit Herausforderungen und Hindernissen konfrontiert worden. Aber das hatte sie offenbar nicht eingeschüchtert. Einmal habe sie einer Giftschlange dabei zugesehen, wie sie über ihre Beine glitt. Sie sei überzeugt, dass kein Tier sie verletzen würde, denn es sei »ihre Bestimmung«, unter ihnen zu sein. Und auch die Tiere wüssten, dass Jane ihnen nichts tun würde. Leakey hatte sie in diesem Glauben bestärkt, und bis heute hat kein wildes Tier sie je verletzt.

Neben dieser Überzeugung war allerdings auch wichtig, dass Jane genau wusste, wie sie sich unter wilden Tieren verhalten musste. Vor allem war ihr klar, dass sie sich nie zwischen eine Mutter und ihr Kind drängen durfte, denn das war höchst gefährlich. Ebenso riskant war es, sich einem verletzten Tier zu nähern oder einem, das gelernt hatte, Menschen zu hassen. »Leakey fand es richtig, wie ich mit Tieren umging. Ich erinnere mich noch an einen besonderen Abend im Olduvai-Tal, als Gillian und ich nach einem harten Tag in der prallen Sonne ins Lager zurückkehrten und ich plötzlich merkte, dass wir verfolgt wurden: von einem neugierigen jungen Löwen, wie sich herausstellte.« Das Tier war bereits ausgewachsen, aber seine Mähne war noch nicht sehr lang. Sie wies Gillian an, gemächlich weiterzugehen und dann den Hang bis zur Anhöhe hochzuklettern.

»Louis erklärte uns, wie gut es war, dass wir nicht die Flucht ergriffen hatten, weil der Löwe uns dann vielleicht gejagt hätte. So ähnlich reagierte er auch nach einer anderen Begegnung, die ich auf ähnliche Weise entschärft hatte, diesmal trafen wir auf ein männliches Spitzmaulnashorn. Ich wies alle an, ganz ruhig stehen zu bleiben, denn ich wusste, dass Nashörner nur ein eingeschränktes Sehvermögen besitzen. Natürlich war auch ein bisschen Glück im Spiel, denn wir hatten Gegenwind, was bedeutete, dass der Bulle unseren Geruch nicht witterte. Dennoch ahnte er wohl, dass was nicht stimmte, denn er rannte hektisch und mit erhobenem Schwanz hin und her. Aber irgendwann trottete er da-

David Greybeard auf einem Termitenhügel mit Graswerkzeug im Maul, direkt nach dem Termitenangeln.

von. Ich glaube, meine damalige Reaktion und das Durchhaltevermögen, mit dem ich täglich acht Stunden nach Fossilien grub, bewegten Leakey dazu, mir mit seiner Schimpansenstudie zu vertrauen.«

Jane gab nicht auf, und irgendwann gewann sie auch das Vertrauen der Schimpansen in Gombe. Nachdem sie sie besser kennengelernt hatte, gab sie ihnen Namen, genau wie sie es mit jedem Tier tat, das sie betreute oder das sie beobachtete. Später wies man sie darauf hin, es sei »wissenschaftlicher«, Tiere anhand von Nummern zu identifizieren. Jane, die nicht studiert hatte, wusste damals noch nichts von derlei Konzepten, aber sie erklärte mir, dass sie die Schimpansen danach trotzdem weiterhin mit Namen benannt hätte.

»David Greybeard, ein sehr attraktiver Schimpanse mit ehrwürdigem weißem Kinnbart, fasste als Erster Zutrauen zu mir. Er war sehr ruhig, und ich glaube, dass sein Verhalten den anderen signalisierte, dass ich keine Gefahr für sie darstellte.«

David Greybeard war dann auch der Schimpanse, bei dem Jane beobachtete, dass er Grashalme als Werkzeuge benutzte, um Termiten aus ihrem Hügel zu angeln. Außerdem riss er Blätter von einem Zweig, um damit besser stochern zu können. In der westlichen Wissenschaft galt damals die Lehrmeinung, dass nur Menschen Werkzeuge herstellten und uns genau das von den Tieren unterscheide. Man sprach sogar vom »Werkzeugmacher Mensch«.

Janes Entdeckungen, die diese gängige Meinung widerlegten, erregten große Aufmerksamkeit auf der ganzen Welt. Leakeys berühmtes Telegramm an Jane lautete: »Aha! Jetzt müssen wir entweder das Werkzeug neu definieren oder den Menschen – oder wir müssen die Schimpansen zu den Menschen zählen!« David Greybeard wurde schließlich vom *Time Magazine* als eines der fünfzehn einflussreichsten Tiere genannt, die je gelebt haben.

»In dem Moment, als David Greybeard sein Werkzeug benutzte, änderte sich alles«, erinnerte sich Jane. »Als die zunächst bewilligten Forschungsgelder nach sechs Monaten ausliefen, übernahm *National Geographic* die Kosten für die nächste Phase, und sie schickten mir Hugo, der alles filmen sollte.« Der niederländische Filmproduzent Hugo van Lawick, der Janes Entdeckungen mit der Kamera festhielt, wurde später ihr erster Ehemann.

»Das hatte ich alles Louis zu verdanken, er schlug Hugo als idealen Kandidaten vor, und deswegen wurde er vom *National Geographic* hergeschickt«, sagte Jane mit Bezug auf die romantische Beziehung, die sich bald darauf entsponnen hatte.

»Also hat Louis euch verkuppelt?«

»Ja, genau. Ich war eigentlich nicht auf der Suche nach einem ›Männchen‹ gewesen, aber auf einmal tauchte Hugo auf, mitten in der Wildnis, und so nahm die Sache ihren Lauf. Wir waren beide

Hugo schleppt seine schwere Ausrüstung, eine alte 16-Millimeter-Bolex-Filmkamera. Am Strand von Gombe.

recht attraktive junge Menschen. Wir liebten Tiere. Wir liebten die Natur. Der Rest ergab sich praktisch von selbst.«

Jane erinnerte sich mit Gleichmut an ihre mittlerweile fast fünfzig Jahre zurückliegende Ehe, die 1974 geschieden wurde. Sie heiratete 1975 erneut, diesmal Derek Bryceson, der Leiter eines tansanischen Wildparks, der weniger als fünf Jahre später an Krebs starb. Mit sechsundvierzig war sie Witwe.

Aber damals, als sie mit ihren Hoffnungen und Träumen in die Wildnis aufbrach, hatte sie keine Ahnung, dass gerade Hoffnung zum zentralen Motiv ihres Lebens werden würde.

»Welche Rolle spielte Hoffnung ganz am Anfang?«

»Ohne Hoffnung auf Erfolg hätte ich aufgegeben. Es wäre mir

sinnlos erschienen. Ich war sicher, die Schimpansen würden mir irgendwann vertrauen, die Frage war nur, ob mir noch genug Zeit blieb.«

Jane hielt inne, senkte den Blick. »Natürlich quälten mich auch Zweifel. Es ist ein bisschen wie mit dem Klimawandel. Bleibt uns noch genug Zeit? Wir wissen, dass wir etwas dagegen tun können, aber wie effektiv werden wir dabei sein?«

Wir schwiegen, denn Janes Frage wog schwer. Lange bevor die Klimakrise so genannt wurde, war Jane aus Gombe aufgebrochen, getrieben von der Sorge um die Schimpansen und die Umwelt.

»In den ersten Monaten in Gombe habe ich in meiner eigenen Zauberwelt gelebt, habe jeden Tag neue Entdeckungen über die Schimpansen und ihre Wälder gemacht. Aber 1986 änderte sich alles. Mittlerweile existieren überall in Afrika Feldforschungsstandorte, und ich beteiligte mich an einer Konferenz, um die verschiedenen Wissenschaftler zusammenzubringen.«

Während dieser Konferenz erfuhr Jane, dass man bei allen beobachteten Schimpansen sinkende Populationszahlen feststellte. Ihr Lebensraum wurde zerstört. Sie wurden für ihr Wildfleisch gejagt, verendeten in Fallen und starben, weil sie sich an Menschen infizierten. Muttertiere wurden erschossen, die Affenbabys an Zoos und Tierhandlungen verkauft oder für Tierversuche benutzt.

Jane erhielt Fördergelder für eine Reise in sechs afrikanische Länder, in denen Schimpansen beheimatet waren. »Auf diese Weise erfuhr ich, mit welchen Problemen die Schimpansen konfrontiert waren. Aber nicht nur das: Ich fand auch heraus, mit welchen Problemen die Menschen kämpfen mussten, die in diesen Gebieten lebten oder rund um die Wälder angesiedelt waren: extreme Armut, mangelnde Bildung, schlechte medizinische Versorgung, Auslaugung der Böden durch die steigende Bevölkerungsdichte.

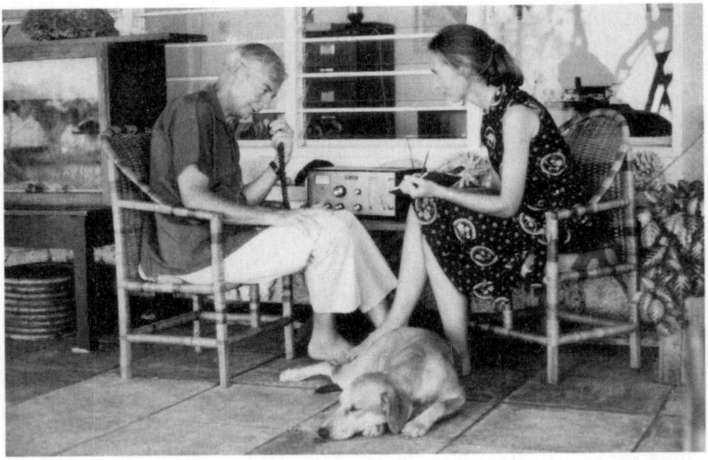

Als wir in Daressalam lebten, hielten Derek und ich mithilfe eines Funktelefons täglich Kontakt mit Gombe. Der adoptierte Straßenhund hieß Wagga.

»Als ich 1960 nach Gombe kam, war das alles noch Teil eines riesigen Äquatorialwalds, der sich über den gesamten afrikanischen Kontinent zog. 1990 war davon nur noch eine winzige grüne Insel übrig, eine Oase in einer komplett kahlen Hügellandschaft. Es lebten mehr Menschen dort, als der Boden ernähren konnte, und sie waren zu arm, um Lebensmittel zu kaufen. Sie kämpften ums nackte Überleben. Die Bäume hatten sie abgeholzt, um den Boden zu beackern und Holzkohle herzustellen.

»Eines war klar: Wenn wir diesen Menschen kein Auskommen ermöglichten, ohne dabei die Umwelt zu zerstören, gäbe es für die Schimpansen keine Rettung.«

Ich wusste, dass Jane seit dreißig Jahren kämpfte, für die Tiere, für die Menschen, für die Umwelt. Doch ihre Aussage ernüchterte mich: »Jetzt können wir nicht mehr abstreiten, welchen Schaden wir angerichtet haben.«

Irgendwann fasste ich mir ein Herz und stellte ihr einige persönlichere Fragen. »Hast du je die Hoffnung verloren?« Würde die internationale Botschafterin der Hoffnung es offen zugeben, wenn es so wäre?

Jane dachte nach.

So wie ich Jane kannte, engagiert und unverwüstlich, konnte ich es mir kaum vorstellen, aber ich wusste auch, dass sie in ihrem Leben einige Krisen und einiges an Leid durchlebt hatte. Schließlich seufzte sie. »Vielleicht, einmal. Als Derek starb. Trauer kann einem die Hoffnung rauben.«

Ich ließ ihr Zeit, diese schwierige Erfahrung mit eigenen Worten zu schildern.

»Seine letzten Worte werde ich nie vergessen. ›Ich hatte keine Ahnung, dass es solche Schmerzen gibt.‹ Sosehr ich es auch versucht habe, dieser Satz will mir einfach nicht aus dem Kopf. Klar, es gab auch schmerzfreie Phasen, in denen er nicht leiden musste, aber dieser letzte Ausdruck seiner Qual blieb bei mir hängen. Es war so grausam.«

»Wie hast du das ertragen?«

»Nach seinem Tod haben mir viele Menschen geholfen. Ich zog mich zurück nach England, in mein Refugium The Birches. Eine unserer Hündinnen half mir sehr, sie schlief auf meinem Bett, spendete mir Trost – das empfinde ich übrigens oft so bei Hunden. Dann kehrte ich zurück nach Afrika, nach Gombe. Die Wälder dort waren meine größte Hilfe.«

»Wie das?«

»Sie haben mir ein Gefühl von Frieden und Zeitlosigkeit vermittelt und mich an den Kreislauf des Lebens und des Todes erinnert, den wir alle durchlaufen … Ich habe mich beschäftigt, das hilft.«

»Ich kann mir kaum vorstellen, wie schwer diese Zeit gewesen sein muss«, sagte ich. Einen nahestehenden Menschen wie einen

Elternteil oder Partner hatte ich noch nicht verloren, aber der Schmerz in Janes Stimme, den sie offenbar noch Jahrzehnte später spürte, berührte mich.

Bugs gähnte und sprang von Janes Schoß, er hatte sein Nickerchen beendet, jetzt ging es ums Fressen oder das nächste Abenteuer.

»Hast du je die Hoffnung für die Zukunft der Menschheit verloren?«

»Manchmal fragte ich mich, wie ich dazu komme, überhaupt Hoffnung zu empfinden, obwohl wir doch vor riesigen globalen Problemen stehen. Und wenn ich sie mir genauer ansehe, scheinen sie tatsächlich völlig unlösbar zu sein. Wieso hoffe ich dann? Teils, weil ich dickköpfig bin. Ich gebe einfach nicht auf. Aber auch, weil wir nie genau voraussagen können, was die Zukunft bringt. Ist einfach nicht möglich. Niemand kann wissen, wie sich alles entwickelt.«

Als ich hörte, dass Jane ihre Hoffnung geprüft und hinterfragt hatte, empfand ich sie auf seltsame Weise glaubwürdiger.

Ich überlegte allerdings auch, warum sich manche Leute schneller von Trauer und Leid erholen als andere. Gab es eine Wissenschaft, die Hoffnung erklärte und erforscht hatte, warum einige Menschen viel Hoffnung hatten und andere weniger? Könnten wir sie vielleicht alle empfinden, wenn wir sie brauchten?

Kann die Wissenschaft Hoffnung erklären?

Als Jane und ich beschlossen, ein Buch über Hoffnung zu schreiben, recherchierte ich alles, was über das Gebiet der Hoffnungsforschung existierte, ein noch recht neuer Wissenschaftszweig. Überrascht stellte ich fest, dass Hoffnung sich klar vom Wunschdenken oder der Fantasie unterscheidet. Hoffnung führt zu Erfolgen, Wunschdenken nicht. Gemeinsam ist beiden eine zukunftsgerichtete Vorstellungskraft, aber nur die Hoffnung spornt uns zu Leistungen an, die uns ans erhoffte Ziel führen – diesen Aspekt hat Jane in unseren späteren Gesprächen immer wieder betont.

Wenn wir uns auf die Zukunft konzentrieren, tun wir eines von drei Dingen: Wir *fantasieren*, will heißen, wir malen uns große Träume aus, meist zum Spaß oder zur Unterhaltung. Wir *grübeln,* will heißen, wir konzentrieren uns auf all die schlimmen Dinge, die passieren könnten – in meiner Heimatstadt war das übrigens die Lieblingsbeschäftigung der Einwohner. Oder wir *hoffen,* will heißen, wir stellen uns eine Zukunft vor, sind uns aber der Widrigkeiten bewusst. Interessanterweise erwarten hoffnungsvollere Menschen von vornherein Rückschläge und bemühen sich, sie zu überwinden. Im Zuge meiner Recherche erfuhr ich, dass Hoffnung keine naive Schönfärberei der Probleme war, sondern vielmehr eine aktive Auseinandersetzung damit. Trotzdem hatte ich immer gedacht, dass manche Menschen schon hoffnungsvoll und optimistisch auf die Welt kommen. Ich wollte wissen, wie Jane darüber dachte.

»Ist es nicht so, dass einige Menschen hoffnungsvoller und optimistischer sind als andere?«

»Kann sein, aber in Wahrheit liegt die Antwort auf deine Frage dort, wo sich Hoffnung und Optimismus deutlich unterscheiden.«

»Worin besteht der Unterschied?«

»Ich habe keinen blassen Schimmer«, gestand Jane lachend.

Doch ich wusste, wie gern die Wissenschaftlerin Jane Dinge erforschte, und auch, wie gern sie diskutierte. Daher wartete ich. Sie dachte nach.

»Na, ich glaube, entweder ist ein Mensch Optimist oder eben nicht. Es ist eine Disposition, eine Lebensphilosophie. Als Optimist kann man seinem Gefühl vertrauen, dass alles gut wird. Das Gegenteil ist der Pessimist, der glaubt, dass nichts gut wird. Hoffnung ist hingegen eine sture Entschlossenheit, alles dafür *zu tun*, dass es gut wird. Und Hoffnung können wir nähren. Sie kann sich im Laufe unseres Lebens verändern. Natürlich ist jemand mit einer optimistischen Grundhaltung eher in der Lage, ein hoffnungsvoller Mensch zu sein, weil der das Glas als halb voll sieht und nicht als halb leer.«

»Ist es genetisch festgelegt, ob wir Optimisten oder Pessimisten sind?«

»Soweit ich gelesen habe, gibt es Hinweise darauf, dass eine optimistische Persönlichkeit Teil unseres Erbguts ist, aber das kann sicher durch andere Einflüsse verändert werden, genau wie sich diejenigen, die ohne diesen angeborenen Hang zum Optimismus geboren werden, sich eine zuversichtlichere, selbstsichere Haltung aneignen können. Es hat ganz sicher viel mit dem Umfeld zu tun, in dem man aufwächst, mit frühkindlicher Erziehung. Familiärer Rückhalt kann eine große Wirkung haben – ich weiß, dass ich da viel Glück hatte, besonders bei meiner Mutter. Aber woher wollen wir wissen, ob ich ohne diesen Rückhalt nicht trotzdem optimistisch wäre? Ich habe mal irgendwo einen Bericht über eineiige Zwillinge gelesen, die in unterschiedlichen Familien aufwuchsen, deren Persönlichkeiten sich aber trotzdem nicht wesentlich unterschieden. Aber wie bereits gesagt, das Umfeld kann den Ausdruck der genetischen Veranlagung beeinflussen.«

»Kennst du den Witz vom Optimisten, der meint, unsere Welt ist die beste, die es gibt? Der Pessimist fürchtet, dass er damit recht haben könnte.«

Jane lachte. »Wir wissen eben tatsächlich nicht, wie sich alles wenden wird. Aber eines steht fest: Wir können nicht tatenlos bleiben, und alles wird gut.«

Janes pragmatische Art erinnerte mich an ein Gespräch mit Desmond Tutu, der in seinem Kampf gegen die Apartheid in Südafrika so viele tragische Rückschläge und Leid hinnehmen musste.

»Erzbischof Tutu hat einmal gesagt, dass Optimismus rasch in Pessimismus umschlagen könne, wenn sich die Bedingungen ändern. Hoffnung sei eine viel tiefere Kraftquelle, denn sie sei praktisch unerschöpflich. Auf die Frage eines Journalisten, ob er Optimist sei, antwortete Tutu dann auch, er sei nicht optimistisch, sondern ein ›Gefangener der Hoffnung‹, und zitierte damit den Propheten Sacharja. Er sagte, Hoffnung sei die Gabe, trotz der Dunkelheit das Licht zu sehen.«

»Ja«, stimmte Jane zu. »Hoffnung erkennt die Schwierigkeiten und Gefahren an, aber sie lässt sich davon nicht aufhalten. Es gibt viel Finsternis, aber unser Handeln erzeugt Licht.«

»Wenn wir also nur unsere Perspektive wechseln, erkennen wir das Licht und auch die Anstrengungen, die nötig sind, um das Licht heller strahlen zu lassen.«

Jane nickte. »Handeln ist wichtig, denn wenn wir handeln, erleben wir nicht nur, dass wir etwas bewirken können, sondern ermutigen auch andere dazu. Dann werden wir merken, dass wir nicht allein sind und unser gemeinsames Handeln, die Summe aller kleinen Aktionen, noch viel Größeres bewirkt. So verteilen wir das Licht. Und natürlich macht uns das am Ende hoffnungsvoller.«

»Ich bin immer ein bisschen skeptisch«, sagte ich, »wenn es darum geht, etwas so Abstraktes wie Hoffnung zu messen. Aber es gibt tatsächlich interessante Erkenntnisse, die offenbar belegen, dass Hoffnung signifikante Auswirkungen hat auf unseren Erfolg, unsere Zufriedenheit und sogar unsere Gesundheit. Eine Metaanalyse Hunderter dieser Studien hat gezeigt, dass Hoffnung die akademische Leistung um zwölf Prozent, den beruflichen Erfolg und die Zufriedenheit sogar um 14 Prozent steigert. Was hältst du von diesen Erkenntnissen?«

»Ich bin sicher, dass Hoffnung unser Leben in vielerlei Hinsicht verändert. Sie wirkt sich auf unser Verhalten aus und verbessert unsere Erfolgschancen. Aber wir dürfen nicht vergessen, dass Statistiken, so hilfreich sie sind, die Menschen nicht dazu ermutigen, in Aktion zu treten. Es sind Geschichten, die die Leute zum Handeln animieren. Mir wird immer wieder dafür gedankt, dass ich in meinen Vorträgen auf statistische Zahlen verzichte.«

»Aber wollen wir unserer Leserschaft die Fakten vorenthalten?«

»Wie wäre es, wenn wir die Zahlen im Anhang veröffentlichen?«

»Gute Idee! Diejenigen, die sich näher mit den wissenschaftlichen Themen auseinandersetzen wollen, die wir in unseren Gesprächen erwähnen, finden im Anhang eine Liste mit weiterführender Literatur.«

Ich wollte von Jane wissen, inwieweit Hoffnung ein gemeinschaftliches Gefühl sein könne. »Welcher Zusammenhang besteht zwischen privater Hoffnung und globaler Hoffnung?«

»Okay, hier ist ein Beispiel«, sagte Jane, »stell dir vor, du bist eine Mutter. Du hoffst, dass dein Kind eine gute Bildung erhält, einen guten Job bekommt, ein guter Mensch wird. Du hoffst, dass du selbst einen guten Job bekommst, damit du deine Familie ernähren kannst. Das ist deine private Hoffnung. Aber natürlich hegst du auch Hoffnung für die Gesellschaft und das Land, in dem du lebst. Du hoffst, dass deine Gesellschaft gegen Luftverschmutzung kämpft, die die Gesundheit deines Kindes gefährdet, und dass die richtigen Politiker gewählt werden, die diese Hoffnung erfüllbarer machen.«

Für Jane war klar, dass wir alle Hoffnungen und Träume für unser eigenes Leben hegen, aber ebenso für die Welt. Die Hoffnungswissenschaft hat vier essenzielle Komponenten erkannt, die ein nachhaltiges Gefühl der Hoffnung erzeugen, in unserem Leben – und vielleicht auch für unsere Welt. Wir brauchen realistische *Ziele* und realistische *Wege*, diese umzusetzen. Außerdem benötigen wir *Vertrauen* in unsere Fähigkeit, die Ziele zu erreichen, und *Unterstützung*, die uns hilft, etwaige Hindernisse zu überwinden, denen wir auf unserem Weg begegnen. Manche Forscher bezeichnen diese vier Komponenten als den »Zyklus der Hoffnung«, denn je mehr wir von einer Komponente besitzen, desto größer werden dadurch auch die anderen Komponenten, sie erzeugen also mehr Hoffnung in unserem Leben.

Die wissenschaftliche Annäherung an das Konzept der Hoffnung war interessant, aber ich wollte erfahren, was Jane darüber dachte, besonders, wie wir es schaffen könnten, auch in schwierigen Zeiten Hoffnung zu bewahren. Doch bevor wir uns diesen Fragen widmen konnten, kam Janes Kollege Dr. Anthony Collins vorbei, um uns mitzuteilen, dass das Filmteam von *National Geographic* schon auf Jane wartete. Wir verabredeten uns für den folgenden Morgen, um uns über das Thema »Hoffnung in Krisenzeiten« zu unterhalten. Zu diesem Zeitpunkt hatte ich keine Ahnung, dass ich ebenjene Hoffnung plötzlich sehr dringend brauchen würde, denn nur wenig später wurde ich mit einer eigenen, ganz persönlichen Krise konfrontiert.

Wie können wir in schweren Zeiten Hoffnung schöpfen?

In der schwülen Hitze des tansanischen Sommers weckte mich in den frühen Morgenstunden der Gebetsruf des Muezzins. Im rosigen Morgenlicht, als die Dämmerung das Blau des Meeres und das Blau des Himmels erhellte, beobachtete ich, wie ein Fischer auf seinem kleinen Gefährt, mehr Einbaum als Holzboot, sein feines Netz auswarf. Wieder und wieder warf er es aus, holte es ein, zupfte Zweige und Laub heraus, manchmal auch eine Plastiktüte oder -flasche, aber keinen einzigen Fisch. Sicher war es die Hoffnung – und Hunger –, die ihn dazu trieb, jeden Morgen aufzustehen, um für seine Familie zu sorgen.

Später am Vormittag begrüßte mich Jane im Garten ihres Hauses und zeigte auf einen dunklen Fleck auf ihrem Hosenbein.

»Das ist Blut«, sagte sie. Wir spazierten durch den Garten bis zu der Stelle, wo sie am Abend zuvor ausgerutscht war und sich das Knie aufgeschlagen hatte.

»Ich habe die Kerzen extra hochgehalten«, erklärte sie mit erhobenen Händen, »um zu erkennen, was vor mir war, aber den Boden habe ich natürlich nicht gesehen. Jemand sagte noch: ›Pass auf!‹, aber da lag ich schon auf der Nase.«

Ihre Verletzung nahm Jane gelassen hin.

»Mein Körper heilt schnell wieder.«

»Du hast sicher schon Schlimmeres erlebt«, sagte ich, beeindruckt von ihrer stoischen Haltung.

»O ja. Schau dir das mal an.« Sie zeigte auf ihre Wange und schien fast stolz zu sein auf die sichtbare Delle, die vermutlich durch einen Knochenbruch entstanden war.

»Wie ist das passiert?«

»Ich hatte in Gombe eine Begegnung mit einem Felsen.«

»Erzähl!«

»Da müsste ich wohl etwas weiter ausholen, denn das Ganze war ziemlich dramatisch …«

Doch dann kamen die Hunde angerannt und sprangen begeistert an uns hoch: Marley war ein kleiner Mischling aus Corgi und West Highland Terrier, weiß, mit kurzen Beinen und aufgestellten Pinselohren, Mica war größer und braunschwarz, ebenfalls Mischling, aber mit Schlappohren wie ein Labrador.

»Die haben wir adoptiert«, erklärte Jane. »Mica kommt aus dem Tierheim einer Freundin. Merlin hat Marley von der Straße gerettet. Wie ihr Leben vorher ausgesehen hat, wissen wir nicht.« Sie streichelte den Hund und begann mit ihrer Geschichte.

»Das ist vor zwölf Jahren passiert, als ich vierundsiebzig war. Damals bin ich einen Abhang hinaufgeklettert, der eigentlich zu steil war. Dumm von mir, aber eine Schimpansin, der ich folgte, war irgendwo da oben verschwunden. Es war rutschig, in der Trockenperiode, daher gab's nicht viel zum Festhalten, nur ein paar trockene Grashalme, die in meiner Hand zerbröselten. Ich schaffte es allerdings trotzdem fast bis nach oben, aber kurz vor dem Gipfel war da über mir dieser große Felsbrocken. Gut, dachte ich, an dem ziehe ich mich hoch und klettere von dort weiter auf den nächsten Felsen, der darüber lag und den ich schon sehen konnte. Danach wäre ich oben gewesen. Also suchte ich mit den Händen Halt und zog mich hoch, nur um zu meinem Entsetzen zu spüren, wie der ganze Brocken sich aus der Erde löste. Er war so groß« – Jane zeigte ungefähr zwei Meter – »sehr hart und schwer. Er landete auf meiner Brust, und wir stürzten gemeinsam in die Tiefe. Irgendwann kam ich auf der Seite zum Liegen. Der Abhang war wie gesagt steil, es ging ungefähr dreißig Meter runter. Wenn mich nicht irgendwas zur Seite gestoßen hätte, in irgendein Dickicht, wäre ich jetzt nicht mehr hier. Ich blieb dort liegen, aber der Felsbrocken rollte bis ganz nach unten. Zwei Männer haben ihn auf einer Trage geborgen, ich konnte ihn nicht allein schleppen. Er steht jetzt vor meinem Haus in Gombe. Wir lassen die Leute schätzen, wie schwer er ist.«

»Wie viel wiegt er denn?«

»Neunundfünfzig Kilo.«

»Aber wenn du die Aufprallgeschwindigkeit dazurechnest, lag das Gewicht um einiges höher.«

»Wem sagst du das!«

»Aber was hat dich zur Seite gestoßen?«

Jane sah mich an. »Jemand oder irgendwas, der da oben auf mich aufgepasst hat. Ist mir nicht zum ersten Mal passiert, so was.«

»Jemand?«, fragte ich, aber Jane erzählte bereits weiter. Wir hatten keine Gelegenheit mehr, darüber zu spekulieren, wer oder was sie geschützt hat, aber ich war sicher, dass wir zu einem späteren Zeitpunkt noch mal darauf zu sprechen kommen würden.

»Zwei Tage später zeigte sich auf dem Röntgengerät, dass ich mir die Schulter ausgerenkt hatte. Und viel später, als die blauen Flecken in meinem Gesicht lange verblasst waren, kam ich zu dem Schluss, dass da was nicht stimmte. Ich bat meinen Zahnarzt, mein Gesicht zu röntgen.«

»Deinen Zahnarzt?«

»Ja. Ich war sowieso zu einer Untersuchung dort und wollte mir den Aufwand sparen, einen Termin bei einem anderen Arzt zu machen. Er meinte, er könnte zwar kein Gesicht röntgen, aber so, wie es sich ihm darstelle, hätte ich einen gebrochenen Wangenknochen. Man könne eine Metallplatte einsetzen, sagte er, aber ich war sicher, dass ich so ein Ding nicht in meiner Wange haben wollte, man denke nur an die Sicherheitskontrollen auf den Flughäfen! Außerdem hatte ich keine Zeit für Schmerzen und Zipperlein, ich hatte eine Aufgabe zu erledigen! Habe ich immer noch.«

Viele ältere Menschen kreisen um Krankheiten und Leiden, aber gesünder und glücklicher waren offenbar diejenigen, die sich auf andere Dinge konzentrierten, über ihren Tellerrand hinausblickten. Jane erwies sich hier als perfektes Beispiel für ebenjene Widerstandsfähigkeit und Beharrlichkeit, die von den Wissenschaftlern als essenziell für die Hoffnung gehalten wurden. Niemand würde sie daran hindern, ihr Ziel zu erreichen.

»Warst du immer schon so tough?«, fragte ich.

Jane lachte. »Nein. Als Kind war ich dauernd krank. Mein Onkel Eric war Arzt, und der hat mir tatsächlich den Spitznamen Weary Willy gegeben, weil ich ständig müde und erschöpft war. Ich habe früher ernsthaft geglaubt, dass mein Hirn bei jeder Bewegung gegen meine Schädeldecke kracht, woher ich das hatte, weiß ich nicht. Aber dass ich fürchterliche Migräneanfälle hatte, daran kann ich mich noch gut erinnern.«

»Migräne hatte ich früher auch. Schrecklich!«

Es schien, als hätte sie sich durch ihre beachtliche Willensstärke abgehärtet. Das erinnerte mich an eine sehr bewegende Geschichte über Willensstärke, die ich einst gehört hatte.

»Kennst du die Psychologin Edith Eger?«, fragte ich, denn ich wusste von Janes regem Interesse am Holocaust und an dem, was er uns über die Natur des Menschen verrät.

»Nein. Wer war sie?«

»Dr. Eger wurde mit sechzehn Jahren zusammen mit ihrer Familie in einem Viehtransport nach Auschwitz gebracht. Ihre Mutter sagte zu ihr: ›Wir wissen nicht, wohin die Reise geht. Wir wissen nicht, was geschehen wird. Denk immer daran: Was in deinem Kopf ist, kann dir keiner nehmen.‹ Die Worte ihrer Mutter hatte Eger noch im Ohr, als man ihre Eltern schon lange verbrannt hatte.

Jeder, das Wachpersonal und die Mitgefangenen, versicherten ihr, dass sie das Lager nicht lebend verlassen würde, doch sie verlor nie die Hoffnung. Sie sagte sich: Das alles geht vorüber. Wenn ich heute überlebe, bin ich morgen frei. Eine Mitgefangene, ein kleines Mädchen, wurde sehr krank. Jeden Morgen erwartete Edith, es tot auf ihrer Pritsche zu finden. Doch jeden Tag raffte sich das Mädchen auf und schuftete. Stand es in der Schlange, riss es sich so sehr zusammen, dass es gesund wirkte, gesund genug, um nicht in der Gaskammer zu landen. Jeden Abend, wenn es auf seine Pritsche sank, keuchte und japste es wie eine Erstickende.

Edith fragte ihre Mitgefangene, wie sie es schaffte, einfach weiterzumachen. Das Mädchen sagte: ›Ich habe gehört, dass sie uns bis Weihnachten befreien.‹ Sie zählte jeden Tag, jede Stunde, bis Weihnachten kam. Aber die Befreiung blieb aus. Am nächsten Tag starb sie. Ihre Hoffnung, sagte Dr. Eger, habe das Mädchen am Leben erhalten, doch als sie die Hoffnung verlor, verschwand auch ihr Lebenswille.

Wenn Menschen sich fragen, wie man in hoffnungslosen Situationen wie im Todeslager Hoffnung hegen kann, verwechseln sie laut Eger Hoffnung mit Idealismus. Letzteres geht mit der Erwartung einher, dass alles fair oder leicht oder gut ist. Für Eger ist der Idealismus ein Abwehrmechanismus, ähnlich wie das Leugnen von Tatsachen oder die Illusion. Hoffnung aber leugnet nicht das Böse, sondern reagiert darauf.«

Durch das Erzählen der Geschichte verstand ich noch besser, dass Hoffnung nicht einfach Wunschdenken war, sondern vorhandene Fakten und die Hindernisse anerkannte, sich aber nicht von ihnen überwältigen oder aufhalten ließ. Letzteres traf auf jeden Fall auf viele hoffnungslose Situationen zu.

»Ich weiß«, erwiderte Jane nachdenklich. »Hoffnung ist nicht immer logisch. Tatsächlich ist sie oft regelrecht unlogisch.«

Jane empfand Hoffnung, obwohl die momentane Situation auf der Erde alles andere als hoffnungsfroh stimmte und unser Verstand uns sagte, dass zur Hoffnung nun wirklich kein Anlass bestand. Hoffnung, das begriff ich nun, ist vielleicht nicht nur eine Reaktion auf Fakten, denn mit ihrer Hilfe schaffen wir neue Fakten.

Es gab also vier zentrale Gründe dafür, dass Jane trotz der düsteren globalen Realitäten Hoffnung für unsere Welt empfand: das Wunder des menschlichen Intellekts, die Widerstandskraft der Natur, die Kraft der Jugend, der unbeugsame Kampfgeist des Menschen. Auf ihren Reisen wies Jane immer wieder auf diese Punkte hin und regte die Menschen dazu an, ebenfalls Hoffnung zu empfinden. Ich wollte diese Gründe genauer mit ihr besprechen. Warum glaubte sie, dass unser menschlicher Intellekt Anlass zur Hoffnung gab, obwohl er sich doch so viel Böses ausgedacht hatte? Hatte unsere Intelligenz uns nicht an den Rand der Zerstörung gebracht? Warum Jane in der Widerstandskraft der Natur Hoffnung fand, konnte ich mir vorstellen, aber war die Natur wirklich so zäh, dass sie die von uns angerichtete Zerstörung überstehen würde? Warum gab ihr die Jugend Hoffnung? Warum sollte sie die Probleme lösen, die frühere Generationen nicht in den Griff bekommen hatten? Außerdem war die nächste Generation noch in keinem Land der Erde an der Macht, hatte also auch (noch) keine Entscheidungsgewalt. Und schließlich: Was genau meinte Jane mit dem »unbeugsamen Kampfgeist des Menschen«? Wie sollte der uns retten? Viele Fragen, mit denen ich jedoch auf den nächsten Tag warten müsste. Am nächsten Morgen wollten wir uns wieder zum Gespräch zusammenfinden.

Aber leider hatten wir die Rechnung ohne den Wirt gemacht.

Am späteren Abend klingelte mein Handy. Es war meine Frau Rachel. Man hatte meinen Vater ins Krankenhaus eingeliefert, die Lage sei ernst. Nachdem ich den nächsten Flug nach New York gebucht hatte, rief ich Jane an, um unsere Gespräche bis auf Weiteres zu vertagen. Ich würde erst zurückkehren, wenn mein Vater stabil sei. Für mich waren Hoffnung und Hoffnungslosigkeit plötzlich keine intellektuellen Konzepte mehr, sondern alles, was mich in diesem Moment umtrieb.

II

JANES VIER GRÜNDE FÜR HOFFNUNG

Zu dem Zeitpunkt, als diese Aufnahme entstand, war Freud das Alphamännchen seines Rudels. Intelligent, mit exzellenten Führungsqualitäten. Werden wir je erfahren, was die beiden gerade dachten?

Grund 1:
Das Wunder des menschlichen Intellekts

»Das mit deinem Vater tut mir sehr leid«, sagte Jane, als wir uns vier Monate später in den Niederlanden wiedersahen.

Was bei meinem Vater ursprünglich als Alterserscheinung und voranschreitende Gebrechlichkeit diagnostiziert wurde, entpuppte sich als aggressive Form eines T-Zell-Lymphoms des zentralen Nervensystems, das zuerst sein Rückenmark, dann sein Gehirn angegriffen hatte. Nach meiner Rückkehr aus Daressalam besuchte ich ihn täglich in der New Yorker Klinik, wo er sich mit heldenhaftem Willen an die Hoffnung und sein Bewusstsein klammerte, bis er schließlich dem Krebs erlag. Nie werde ich vergessen, wie er unerschrocken und gleichmütig auf die Nachricht reagierte, dass der Krebs unheilbar sei und er nur noch Wochen, höchstens Monate zu leben hätte. »Tja, es ist wohl Zeit für das Unausweichliche«, hatte er gesagt.

Als er von fürchterlichen Schmerzen geplagt wurde und auch, als er kurz vor dem Tod stand, fragte ich ihn, wie lange er noch am Leben festhalten wolle. »Nur so lange, bis ich den Landebefehl erhalte oder in die Unendlichkeit springen darf.«

Ich hatte erlebt, dass Hoffnung auch Grenzen hatte und war bei unserem Treffen noch in tiefer Trauer. Janes Güte und Verständnis bedeuteten mir in den entsetzlichen Monaten der Krankheit und nach dem Tod meines Vaters sehr viel.

Wir saßen in einer renovierten Försterhütte mitten in einem Wald, der zu einem Naturschutzgebiet in der Nähe von Utrecht gehörte. Es war gemütlich hier, die Hütte bestens isoliert gegen die klirrende Kälte und den stürmischen Wind, der im Winter oft über die Niederlande hinwegfegte. Die Sonne stand schon tief, das Feuer prasselte im Kamin.

Jane war zuvor vier Tage in ihrem Elternhaus in England gewesen, wo sie nach ihrer langen Reise von Peking nach Chengdu, Kuala Lumpur, Penang und Singapur einen Zwischenstopp eingelegt hatte. Obwohl sie eigentlich ständig um die Welt reiste, wirkte sie überhaupt nicht müde und wollte sofort anfangen. Sie trug einen blauen Rollkragenpullover und eine grüne Jacke und hatte die Hände über ihrer grauen Wolldecke gefaltet.

»Danke für deine Beileidswünsche«, sagte ich. Jane hatte mir geschrieben, nachdem mein Vater gestorben war. »Tut mir leid, dass ich so plötzlich abreisen musste.«

»Aus einem traurigen Anlass.«

Richard Abrams, Dougs Vater, mehrere Jahre vor der Krebserkrankung.

»Ja, die letzten Monate waren schwer.«

»Man kommt nie richtig darüber hinweg. Es ist ein Riesenverlust«, sagte Jane. »Wahrscheinlich ist unsere Trauer um einen Menschen so tief wie unsere Liebe für ihn.«

Ich lächelte. Ihre Worte bewegten mich. »Er war ein wunderbarer Vater.«

Als er im Sterben lag, schienen ihm seine Gefühle und seine Liebe wichtiger zu sein als sein Verstand, daher fragte ich mich, warum Jane den menschlichen Intellekt für ihre besondere Liste der Hoffnung so wichtig fand. Eines war mir nämlich klargeworden, als mein Vater langsam ins Delirium versank: Unser Bewusstsein ist sehr zerbrechlich. Unser Hirn fragil und fehlbar.

Eine Weile schwiegen wir, gedachten meines Vaters und aller Menschen, die wir verloren hatten. Doch dann ging es weiter.

»Warum ist der menschliche Intellekt für dich ein Grund zur Hoffnung?«, fragte ich.

Vom prähistorischen Affen zum Herrscher der Welt

»Unser Intellekt ist der wichtigste Unterschied zwischen uns und Schimpansen und anderen Tieren«, sagte Jane. »Oder genauer: die geradezu explosive Entwicklung unseres Intellekts.«

»Was genau meinst du mit *Intellekt*?«

»Den Teil unseres Hirns, der für logisches Denken und Problemlösung verantwortlich ist.«

Früher meinte die Wissenschaft, diese Merkmale seien nur auf Menschen beschränkt, doch dann hatten Forscher und Forscherinnen wie Jane gezeigt, dass Intelligenz als Kontinuum aufgefasst werden muss und bei allen Lebewesen vorhanden ist, so auch beim Menschen.

»Heute wissen wir, dass Tiere sehr viel intelligenter sind, als wir früher angenommen hatten«, sagte Jane. »Schimpansen und andere Menschenaffen können über vierhundert Wörter der amerikanischen Gebärdensprache erlernen und am Computer komplexe Aufgaben lösen. Andere Tiere, Schweine zum Beispiel, malen gern. Krähen sind hochintelligent, genau wie Papageien oder Ratten.«

»Oktopoden auch, hast du mir doch in Tansania erzählt. Sie können komplexe Aufgaben lösen, obwohl ihr Hirn sich strukturell völlig von dem der Säugetiere unterscheidet.«

»Die haben tatsächlich in jedem ihrer acht Arme ein Hirn«, sagte Jane lachend. »Hier ist noch was, das gefällt dir bestimmt: Mit einem Tropfen Nektar als Belohnung kann man Hummeln beibringen, einen kleinen Ball in ein Loch zu rollen. Noch erstaunlicher ist, dass andere Bienen diese Aufgabe durch einfache Beobachtung ihrer Artgenossinnen ebenfalls lösen, und zwar ohne, dass man es ihnen antrainiert. Wir lernen täglich dazu. Ich sage meinen Studenten und Studentinnen immer, dass wir gerade einen günstigen Moment erwischt haben, um Tierintelligenz zu erforschen.«

»Aber wie genau unterscheiden wir uns durch unsere besondere Intelligenz von allen anderen Tieren?«

»Obwohl Schimpansen, unsere nächsten noch lebenden Vorfahren, bei sämtlichen Intelligenztests hervorragende Ergebnisse erzielen, könnte doch keiner von ihnen ein Raumschiff bauen, aus dem ein Roboter steigt, der sich über die Marsoberfläche bewegt und Bilder an Wissenschaftler auf die Erde sendet. Menschen haben Unglaubliches geschaffen, man denke nur an Galileo oder Leonardo da Vinci, Linné, Darwin, Newton und sein Apfel, denk mal an die Pyramiden, großartige Architektur, unsere Kunst, unsere Musik …«

Ich könnte Janes Liste um einige Namen ergänzen, Menschen,

Viele Tiere drücken ihre Intelligenz durch Kunst aus. Pigcasso war schon auf dem Weg zum Schlachthof, als Joanne Lefson die Sau rettete und ihr das Malen beibrachte. Sie malt gern mit einer guten Aussicht (hier vor dem Tafelberg). Ihre Bilder verkaufen sich für mehrere tausend Dollar (www.pigcasso.org).

die eindrucksvolle Bauten erschaffen hatten – und zwar ohne die komplexen Werkzeuge und das über Jahrhunderte angesammelte Wissen, auf die wir heute zurückgreifen können.

»Weißt du, Doug«, sagte Jane, »immer, wenn ich den Vollmond betrachte, erfasst mich dasselbe Staunen, dieselbe Ehrfurcht, wie damals an jenem historischen Tag, als Neil Armstrong als erster Mensch den Mond betrat, dicht gefolgt von Buzz Aldrin. Dann denke ich: Da oben sind tatsächlich Menschen herumgelaufen! Wahnsinn! Bei meinen Vorträgen rate ich den Leuten, den Mond vielleicht auch ein wenig mit dieser Ehrfurcht zu betrachten und nicht jede unserer Errungenschaften als selbstverständlich hinzunehmen.

Aber zurück zu deiner Frage. Ja, ich glaube tatsächlich, dass der menschliche Intellekt sozusagen ›explodiert‹ ist und dadurch eine eher schwache, wenig bemerkenswerte Spezies prähistorischer Affen innerhalb kurzer Zeit zum selbst ernannten Weltenherrscher machte.«

»Aber wenn wir so viel intelligenter sind als andere Lebewesen, warum machen wir dann so dumme Sachen?«

»Ah! Darum sage ich ›intellektuell‹ und nicht ›intelligent‹. Ein *intelligentes* Lebewesen würde die einzige Umwelt, die es hat, nicht zerstören, also genau das nicht tun, was wir schon seit sehr langer Zeit machen. Natürlich gibt es Menschen, die hochintelligent sind, aber so viele sind es eben nicht. Wir haben uns den Titel Homo sapiens gegeben, aber mit der Weisheit ist es heutzutage nicht so weit her.«

»Aber wir sind schlau und kreativ?«

»Ja, sehr schlau, sehr kreativ. Und wie alle Primaten und viele andere Tiere sind wie sehr neugierig. In Verbindung mit unserem Intellekt hat diese Neugier auf vielen Gebieten große Entdeckungen hervorgebracht. Wir möchten wissen, wie die Dinge funktionieren und warum, und wir verschieben ständig die Grenzen unseres Wissenshorizonts.«

»Was war der große Unterschied? Warum hat sich das menschliche Hirn so viel schneller entwickelt als das vom Schimp…«

»Sprache«, sagte Jane. »An irgendeinem Punkt unserer Evolutionsgeschichte haben wir die Fähigkeit entwickelt, mit Worten zu kommunizieren. Diese Sprachkompetenz erlaubte es uns, über Dinge zu reden, die nicht gegenwärtig waren. Wir konnten Erkenntnisse aus Fehlern und Erfolgen der Vergangenheit weitervermitteln an zukünftige Generationen. Wir konnten Pläne für die Zukunft entwickeln. Und besonders wichtig: Wir konnten Menschen zusammenbringen, um über Probleme zu diskutieren, Menschen aus verschiedenen Kulturen, mit einem unterschiedlichen Erkenntnisschatz.«

Diesen von Jane aufgeworfenen Zusammenhang zwischen der rasanten evolutionären Entwicklung des menschlichen Hirns und der Sprache fand ich faszinierend, denn bei meiner Recherche zur Hoffnungsforschung hatte ich herausgefunden, dass Sprache, Zielsetzung und *Hoffnung* offenbar in derselben Hirnregion verortet sind. Bei Menschen ist diese Region größer als bei Menschenaffen.

Wir unterhielten uns noch eine Weile über verschiedene Errungenschaften der Menschheit: Wir können uns sowohl in der Luft bewegen als auch unter Wasser, wir haben Technologien erschaffen, durch die wir praktisch sofort und überall auf der Welt mit anderen Menschen kommunizieren können.

»Es ist doch wirklich perfide, dass unser tolles Hirn uns genau in diese Misere geführt hat, in der wir jetzt stecken, findest du nicht?«, fragte ich. »Ebenjener Intellekt hat unseren Planeten aus dem Gleichgewicht gebracht. Man könnte sogar behaupten, dass der menschliche Intellekt der größte Fehler der Evolution war – ein Fehler, der nun alles Leben auf der Erde bedroht.«

»Ja, wir haben ein ziemliches Schlamassel angerichtet«, stimmte Jane zu. »Aber das Problem ist nicht der Intellekt an sich, sondern die Art, wie wir ihn benutzen. Eine Mischung aus Gier, Hass, Angst und Machtstreben hat zu diesem unglücklichen Einsatz unseres Intellekts geführt. Aber die gute Nachricht lautet, dass ein Intellekt, der Dinge wie Nuklearwaffen und künstliche Intelligenz entwickeln kann, sicher Möglichkeiten findet, den Schaden wiedergutzumachen, den wir auf diesem armen alten Planeten angerichtet haben. Tatsächlich setzen wir jetzt, da wir merken, was wir angerichtet haben, unsere Kreativität und unseren Erfindungsgeist ein, um die Schäden wieder auszugleichen. Bereits heute existieren innovative Lösungen wie regenerative Energie, regenerative Landwirtschaft und Permakultur, der Trend zur pflanzenbasierten

Ernährung und viele andere Wege des Umdenkens. Weil wir gemerkt haben, dass wir als Einzelne einen kleineren ökologischen Fußabdruck hinterlassen müssen, überlegen wir uns schon länger Lösungen, wie dies umzusetzen wäre.«

»Also ist unser Intellekt an sich weder gut noch schlecht, es kommt darauf an, wie wir ihn einsetzen: Wollen wir damit die Welt retten oder zerstören?«

»Ja. Genau dadurch unterscheiden wir sprechenden Menschen uns von den Tieren. Wir sind gleichzeitig besser und schlechter, weil wir die Wahl haben.« Mit einem Lächeln fügte Jane hinzu: »Wir sind halb Sünder, halb Heilige.«

Halb Sünder, halb Heilige

»Was macht am Ende das Rennen? Gut oder Böse?«, fragte ich. »Sind wir mehr gut oder mehr böse?«

»Tja, in dieser Debatte gibt es für jede Seite einschlägige Argumente. Ich glaube, wir sind beides, und zwar zu gleichen Teilen. Menschen sind unglaublich anpassungsfähig, und sie werden tun, was zum Überleben in ihrem Umfeld nötig ist. Die Umwelt, die wir gestalten, wird entscheiden, wer oder was überlebt. Mit anderen Worten: Was wir pflegen und begünstigen, wird gewinnen.«

Es ist ein seltsames, schwindelerregendes Gefühl, wenn auf einmal alles auf den Kopf gestellt wird. Plötzlich betrachtete ich die Welt in einem anderen Licht.

Was ich als »gut« oder »böse« benannt hatte, waren einfach Ausprägungen von Güte und Grausamkeit, Großzügigkeit und Egoismus, Zärtlichkeit und Aggression, die wir im Zuge der Evolution entwickelt hatten, um unter wechselnden Bedingungen und veränderten Umständen zu überleben. Wie Jane bereits gesagt hatte:

Wir tun, was wir können, um auf der Welt zu überleben. In einer Gesellschaft mit relativ hohem Lebensstandard und einem gewissen Maß an sozialer Gerechtigkeit werden tendenziell unsere großzügigen und friedlichen Aspekte überwiegen, während eine Gesellschaft, in der Diskriminierung, Rassismus und wirtschaftliche Ungerechtigkeit herrschen, einen idealen Nährboden für Gewalt bietet.

»Ja, ich glaube, dass das weitestgehend zutrifft«, bemerkte Jane, nachdem ich ihren Gedanken zugestimmt hatte. »Denk nur an den Genozid in Ruanda und Burundi, wo Hutu und Tutsi ungefähr den gleichen Bevölkerungsanteil ausmachen. Nach dem Genozid in Ruanda gab es nach dem Besuch von Bill Clinton in Kigali einen massiven Anstieg der internationalen Hilfsleistungen. Burundi wurde jedoch vorwiegend ignoriert. Das hatte zur Folge, dass Ruanda seine Straßen und Krankenhäuser wiederaufbauen konnte, internationale Konzerne siedelten sich an, und Hutus und Tutsis leben heute relativ friedlich miteinander. In Burundi hingegen ist nichts dergleichen passiert, und bis heute kommt es zu blutigen Auseinandersetzungen zwischen den beiden Bevölkerungsgruppen.

Wir dürfen aber nicht vergessen, dass eine Gesellschaft aus Individuen besteht und dass es immer welche gibt, die etwas verändern wollen. So viele Bürger Burundis möchten eine gewaltfreie Gemeinschaft schaffen. Doch Gesellschaften, die von Autokraten kontrolliert werden, sind nur scheinbar stabil. Man denke nur an die ethnischen Konflikte, die nach dem Zusammenbruch der Sowjetunion aufgeflammt sind.«

»Glaubst du, es gelingt uns irgendwann eine Gesellschaft, in der es ein friedliches Miteinander gibt? Oder ist das eine Utopie?«

Jane schüttelte den Kopf. »Aggressives Verhalten steckt uns in den Genen, es wurde uns von unseren frühen Hominiden, unseren menschlichen Vorfahren vererbt. Leakey hat mich nach Gombe geschickt, weil er glaubte, dass Menschen und Schimpansen vor fünf bis sieben Millionen Jahren einen gemeinsamen Vorfahren hatten. Würde ich im Verhalten der modernen Schimpansen und der modernen Menschen Ähnlichkeiten oder sogar Übereinstimmungen finden, hätte diese vermutlich in ebenjenem affenartigen Vorfahren ihren Ursprung. Auf diese Weise hoffte Leakey, eine bessere Vorstellung vom frühen Menschen zu bekommen, deren fossilisierte Überreste er bei verschiedenen Grabungen in Afrika gefunden hatte. Es ging ihm dabei um Verhaltensmuster wie Küssen, Umarmungen, Familienbande und – hier kommen wir zu deiner Frage – ähnliche Aggressionsmuster bis hin zu primitiven Kriegshandlungen zwischen benachbarten Rudeln.«

Jane hatte mir erzählt, dass man ihr damals geraten hatte, Aggressionshandlungen zwischen Schimpansen herunterzuspielen, weil viele Wissenschaftler in den Siebzigerjahren gern kolportierten, aggressives Verhalten sei nicht angeboren, sondern erlernt – die Kontroverse Natur versus Erziehung.

»Dank unseres hervorragenden Intellekts und unserer Fähigkeit zu sprechen haben wir uns über die rein emotionalen, aggressiven Reaktionen anderer Tiere hinaus entwickelt und sind eben in der Lage, bewusste Entscheidungen zu treffen. Diese Entscheidungen speisen sich natürlich zum Teil aus dem, was wir in der Kindheit gelernt haben – und das hängt wiederum davon ab, in welchem Land und ich welcher Kultur wir aufgewachsen sind.

Ich gehe davon aus, dass kleine Kinder auf der ganzen Welt auf das einschlagen, was sie wütend macht. Meine Schwester Judy und ich haben gelernt, dass man andere Kinder nicht verhauen oder treten oder beißen darf. So haben wir ein Verständnis für die moralischen Wertvorstellungen unserer Gesellschaft entwickelt, wir lernten also, was in unserer Gesellschaft ›gut‹ war und was

›böse‹, was ›richtig‹ und was ›falsch‹. Böses und Falsches wurde bestraft, Gutes und Richtiges belohnt.«

»Kinder erlernen also die moralischen Werte ihrer Gesellschaft«, fasste ich zusammen.

»Genau. Und deswegen ist Aggression von Menschen schlimmer als die von Tieren, weil wir genau wissen, dass es moralisch falsch ist – oder es zumindest glauben. Deswegen bin ich überzeugt, dass nur Menschen zu abgrundtief bösen Handlungen fähig sind. Nur wir sind in der Lage, uns kaltblütig zu überlegen, wie wir andere foltern und ihnen Schmerzen zufügen könnten. Allein wir sind dazu fähig, entsetzliche Grausamkeiten sorgfältig zu planen.«

Mir war bewusst, dass Jane dieses Thema besonders naheging. Sie war während der Zeit des Holocaust in England aufgewachsen und hatte später von dem mörderischen Ausmaß dieses Wahnsinns erfahren. Zum Zeitpunkt des Genozids in Ruanda und Burundi hielt sie sich in Gombe auf, nur wenige Kilometer nördlich von Burundi. Menschen, die an der Grenze zwischen Tansania und Burundi lebten, berichteten, das Wasser des Sees habe sich vom Blut der Opfer rot gefärbt, viele seien vor den Gewaltexzessen in die Hügel von Gombe geflohen. Jane hatte fürchterlichste Geschichten gehört, barbarische Grausamkeiten waren ihr zu Ohren gekommen.

Sie war auch in Gombe gewesen, als eine bewaffnete Miliz der Demokratischen Republik Kongo mitten in der Nacht vier ihrer Studenten entführt hatte, und sie wurde später bei Aufständen in Kinshasa Zeugin, wie direkt unter dem Fenster des Hauses, in dem sie sich aufhielt, ein Soldat ermordet wurde. Und sie war in New York gewesen, als Terroristen Flugzeuge ins World Trade Center steuerten.

Jane Goodall hatte das Böse gesehen und verstand die dunkle Seite unserer menschlichen Natur nur zu gut. Doch sie wäre nicht

Jane Goodall, würde sie diese Erlebnisse nicht sofort in einen größeren Kontext setzen.

»Trotzdem«, sagte sie, mehr zu sich selbst, ihren eigenen Gedanken nachsinnend, »obwohl es auf der Welt viel Gewalt und Böses gibt, können wir aus historischer Perspektive erkennen, dass sich vieles zum Besseren gewendet hat. Sieh, wir können uns hier in den Niederlanden treffen, ein Land, das im Zweiten Weltkrieg im Blut versank, als die Engländer auf diesem Boden gegen die Deutschen kämpften. Vor Kurzem saß ich mit deutschen Freunden zusammen. ›Ist es nicht erstaunlich, dass wir hier als gute Freunde beieinandersitzen, obwohl unsere Väter gegeneinander gekämpft haben?‹, fragte ich sie. Jetzt haben wir die Europäische Union. All die Länder, die über Jahrhunderte gegeneinander Krieg geführt haben, haben sich zum gemeinsamen Wohl zusammengeschlossen. Das ist für mich ein Zeichen der Hoffnung. Ja, wir hatten den Brexit, ein Rückschritt, aber es ist unwahrscheinlich, dass wir in nächster Zeit gegen die EU Krieg führen werden.«

»Macht es dir denn keine Sorgen, dass überall auf der Welt autoritäre Politiker die Wahlen gewinnen und die Macht ergreifen?«, fragte ich. »Dazu die vielen internen Konflikte, das Erstarken des Nationalismus? Sogar der Faschismus ist auf dem Vormarsch – in den USA werden die Neonazis immer stärker, und sogar in Deutschland, ausgerechnet! Es gibt so viel Gewalt auf der Welt, Amokläufe an Schulen, Bandenkriege, häusliche Gewalt, Rassismus, Sexismus. Wie kannst du der Zukunft hoffnungsvoll entgegensehen?«

»Wenn ich die vielen Millionen Jahre betrachte, die es uns Menschen schon gibt, kann ich dennoch eine Tendenz hin zu mehr Solidarität und Mitgefühl erkennen. Natürlich gibt es auch weiterhin Grausamkeit und Ungerechtigkeit auf der Welt, aber immerhin ist man sich einig, dass beides falsch ist. Die Medien informieren darüber, das ist ebenfalls ein Fortschritt, denn so weiß jeder, was geschieht. Unterm Strich betrachtet glaube ich tatsächlich, der weitaus höhere Anteil der Menschen ist gut und anständig.

Es gibt nämlich zwei Seiten, Doug: Wir sind zwar zu abgrundtiefer Grausamkeit fähig, aber eben auch zu wahrer Selbstlosigkeit.«

Ein neuer universeller Moralkodex

»Schimpansen helfen einander in Notlagen«, erklärte Jane, »aber ich bin der Ansicht, nur die Menschen sind imstande, sich altruistisch zu verhalten, und zwar sogar dann, wenn es ihnen schaden könnte. Echter Altruismus liegt vor, wenn man anderen hilft, obwohl der Verstand einem sagt, dass man sich damit in Gefahr begibt. Man denke nur an die Deutschen, die Juden zur Flucht vor den Nazis verholfen haben, sie haben sie sogar in ihren Häusern versteckt. Hätte man sie erwischt, wäre das ihr Todesurteil gewesen – und häufig genug ist es ja passiert.«

»In den Siebzigerjahren erfreute sich unter Soziobiologen eine Theorie großer Beliebtheit, die besagte, dass Altruismus nur eine Strategie sei, um das Überleben der eigenen Gene zu sichern«, warf ich ein. »Half man seinen Familienmitgliedern und starb dabei, war das nicht so schlimm, weil die Gene in zukünftigen Generationen weiterleben würden. Ich meine mich aber zu erinnern, dass du schon damals eine andere Meinung vertreten hast.«

»Also, die Theorie trifft zwar grundsätzlich zu, aber die dazu herangezogene Studie bezog sich auf Altruismus bei sozialen Insekten. Wir Menschen helfen nicht nur unseren Familien, sondern auch anderen in unserer Gruppe. Wir helfen also auch solchen, mit denen wir nicht verwandt sind.

Als man feststellte, dass andere Tiere ihren Artgenossen ebenfalls helfen, selbst wenn diese nicht zu ihrer Familie gehören, stellte man die nächste Theorie auf, die vom *reziproken Altruismus*: Man hilft jemandem, weil man hofft, dass der einem als Gegenleistung dann ebenso hilft. Diese Theorie erklärt zwar die evolutionären Ursprünge altruistischen Verhaltens, aber wie es aussieht, erlaubt uns der Verstand und das Vorstellungsvermögen eine umfassendere Form des Altruismus. Wir Menschen helfen einander auch, wenn uns dadurch kein erkennbarer Vorteil entsteht. Wenn wir Bilder von hungernden Kindern sehen, können wir uns vorstellen, wie sehr sie leiden, und wir wollen ihnen helfen. Die Bilder lösen Mitleid aus. Die meisten Menschen empfinden so, selbst wenn diejenigen, die ihre Hilfe benötigen, aus einer ganz anderen Kultur stammen. Fotos oder Schilderungen von Kriegsflüchtlingen, die im Winter in dünnen Zelten zusammengepfercht leben, oder

Aufnahmen von hungernden, obdachlosen Erdbebenopfern rufen dieses instinktive Gefühl aus, ihr Leid schmerzt uns. Dabei ist es egal, ob die Opfer europäisch sind, afrikanisch, asiatisch, jung oder alt. Ich kann mich gut erinnern, dass ich bei *Onkel Toms Hütte* heftig weinen musste, wie sehr ich die Grausamkeit des Sklavenbesitzers verabscheute, wie ich die verachtete, die anderen Menschen so viel Leid zufügten. Genau wie ich im Krieg die Nazis verabscheute.«

Jane ließ ihre Worte kurz wirken. Sie verstehe auf einmal, dass Mitgefühl für die Opfer zugleich Hass auf die Unterdrücker auslösen könne, erklärte sie, und hier hätten wir die Ursache für Vergeltungsgewalt und gegenseitigen Vernichtungskrieg wie in Ruanda und Burundi.

»Willst du damit sagen, dass wir lernen müssen, unseren Unterdrückern zu verzeihen?«, fragte ich ein wenig skeptisch.

»Ja, auf gewisse Weise schon. Wir sollten überdenken, wie wir erzogen wurden, welchen ethischen Kodex man uns in der Kindheit vermittelt hat.«

Ich erwähnte Erzbischof Tutu, der in Südafrika den Vorsitz der Wahrheits- und Versöhnungskommission übernommen hatte, um sein Land vor dem Bürgerkrieg zu bewahren. Er hatte erklärt, dass wir uns durch Vergebung von den Ketten unserer Vergangenheit befreien. Statt für den Kreislauf der Rache entscheiden wir uns für einen Kreislauf der Vergebung.

»Aber Doug«, sagte Jane aufgeregt, »all das zeigt doch nur, wie wichtig Sprache ist. Wir können all dies diskutieren und unseren Kindern beibringen, ein Problem aus verschiedenen Perspektiven zu betrachten. Den Dingen aufgeschlossen zu begegnen. Die Vergebung zu wählen, nicht den Hass.«

Es dämmerte bereits, sodass ich Janes Gesichtsausdruck nicht genau erkennen konnte. Ich hatte das Gefühl, dass sie mir langsam ein Verständnis vermittelte für einen neuen, besseren Weg in die Zukunft. Aber ich war skeptisch, denn es gab garantiert keine einfache Lösung.

»Was muss also passieren?«, fragte ich. »Wie entwickeln wir uns zu besseren, empathischeren, friedlicheren Wesen?«

Jane schenkte uns erst mal Whisky ein.

»Wir brauchen einen neuen *universellen* Moralkodex«, erklärte sie schließlich und lachte. »Ich dachte gerade, klar, jede große Religion bekennt sich zu dieser goldenen Regel: ›Was du nicht willst, dass man dir tu, das füg auch keinem andern zu. Also, *der* Teil ist einfach. Wir müssen die Menschen nur noch dazu bringen, sich daran zu halten.« Sie seufzte. »Das scheint so gut wie unmöglich, wenn man die Schwachstellen der Menschen betrachtet: Gier, Egoismus, dieses ganze Streben nach Macht und Reichtum.«

»Tja, wir sind eben auch nur Menschen«, scherzte ich.

Jane lachte. »Trotzdem glaube ich, dass wir uns in die richtige Richtung bewegen.«

»Du bist also tatsächlich der Meinung, dass die Menschen sich mehr umeinander und ihre Welt kümmern?«

»Ja, Doug, ich denke tatsächlich, dass die meisten das tun. Leider gilt die Aufmerksamkeit der Medien den schlechten, grausamen Dingen auf der Welt. Vom Guten wird nicht berichtet. Betrachte es mal aus historischer Perspektive: Es ist noch nicht lange her, dass Frauen und Kinder in England unter entsetzlichen Bedingungen in Minen gearbeitet haben. Kinder sind barfuß im Schnee gelaufen. Sklaverei wurde in vielen Teilen der USA und in Großbritannien akzeptiert.

Zugegeben, viele Kinder leben immer noch in Armut, und in vielen Teilen der Welt existieren Sklaverei, Diskriminierung aufgrund von Hautfarbe oder Geschlecht, Ausbeutung und viele andere soziale Ungerechtigkeiten – aber immer mehr Menschen betrachten diese Missstände als moralisch falsch, viele organisieren sich dagegen, kämpfen darum, dass sich was ändert. Das Apartheid-Regime in Südafrika ist vorbei. Britischer Kolonialismus und die damit verbundene Unterdrückung endeten mit dem Zusammenbruch des Empires. In vielen Ländern verbessert sich die gesellschaftliche Stellung von Frauen. Es ist doch erstaunlich, wie viele Frauen heute in hohen Ämtern zu finden sind. So viele Anwälte kämpfen gegen Ungerechtigkeit, engagieren sich für Menschenrechte, in vielen Ländern setzen sich Organisationen für mehr Tierrechte ein.«

Ich dachte darüber nach. Jane hatte recht, es gab Hinweise auf eine globale Verbesserung, eine Entwicklung hin zu ethischerem Handeln. Doch da waren auch die vielen Rückschritte, die wir in den letzten Jahren gemacht hatten. Wir hatten noch einen langen Weg vor uns. Ich erzählte ihr von den entsetzlichen Zuständen im

Grenzgebiet zwischen den USA und Mexiko, wo Kinder von ihren Eltern getrennt, praktisch in Käfige gesperrt und dann in »Schulen« interniert wurden, irgendwo in der Wüste. Von der Obdachlosigkeit, den vielen Menschen, die jeden Abend hungrig ins Bett gingen. »Und das besorgniserregende Erstarken des Nationalismus«, fügte ich hinzu, »haben wir dabei noch gar nicht erwähnt.«

»Ja, ich weiß«, sagte sie. »In Großbritannien und vielen anderen Ländern ist das zu beobachten. Es ist wirklich deprimierend.«

»Ich glaube, darauf wollte Barack Obama hinaus, als er sagte, Geschichte verlaufe nicht geradlinig, sondern im Zickzack.«

»Es ist leicht davon auszugehen, dass wir gerade einen Riesenrückschritt machen, aber ich finde es wichtig, uns an die Proteste zu erinnern, die Erfolge erzielt, Kampagnen, die ihr Ziel erreicht haben. Durch das Internet …«

Ich wollte sie gerade unterbrechen, doch sie lachte auf. »Ja, ich weiß alles über die schlechten Seiten des Internets, auch die Sache mit den Fake News. Aber wie unser Intellekt sind soziale Medien an sich weder gut noch schlecht, es kommt darauf an, was wir daraus machen.«

Erzbischof Tutu hatte durch seinen Widerstand gegen das Apartheid-Regime ein gerechteres Südafrika geschaffen. Ich hatte ihn einst gefragt, was er über den menschlichen Fortschritt dachte. Das war kurz nach dem Attentat in Paris. Viele Menschen waren verzweifelt. Tutu sagte damals, dass die Geschichte zwei Schritte vorwärtsgeht, dann einen Schritt zurück. Fast genau einen Monat später wurde in Paris das Klimaabkommen ratifiziert. Einen Satz von ihm hatte ich nie vergessen: »Wir brauchen Zeit, um als Menschen menschlich zu werden.« Vielleicht meinte er damit unsere moralische Entwicklung.

Ich zitierte die Worte von Erzbischof Tutu, und Jane dachte darüber nach. »Ich glaube, in unserer Evolution muss sehr viel Zeit vergehen, bis wir verstehen, dass wir unser menschliches Potenzial nie ausschöpfen werden, wenn wir nicht mit *Herz* und *Verstand* arbeiten. Der geniale Linné hat uns ja als Homo sapiens benannt, als einen weisen Menschen …«

»Eine offensichtliche Fehlbezeichnung«, unterbrach ich sie. »Wie du selbst gesagt hast: Wir haben intellektuelle Fähigkeiten, aber weise sind wir nicht. Wie würdest du Weisheit definieren?«

Der weise? Affe

Jane überlegte eine Weile, bevor sie antwortete: »Ich glaube, weise wäre es, wenn wir unseren eindrucksvollen Intellekt einsetzen, um die Konsequenzen unseres Handelns zu verstehen und an das Wohlergehen des Ganzen zu denken. Leider haben wir langfristiges Denken verlernt, stattdessen erliegen wir dem absurden und extrem *unweisen* Fehlglauben, dass es auf einem Planeten mit endlichen Ressourcen unendliches Wachstum geben kann. Statt langfristig zu planen, konzentrieren wir uns auf kurzfristige Erfolge und Profite. Wenn wir so weitermachen … nein, das möchte ich mir gar nicht ausmalen. Jedenfalls ist das alles definitiv nicht das Verhalten eines ›weisen Affen‹.

Wenn Menschen Entscheidungen treffen, fragen sie oft: ›Hilft mir oder meiner Familie das *jetzt*? Hilft es den Aktionären *sofort*? Bekomme ich damit Stimmen bei der nächsten Wahl?‹ Zu den Merkmalen der Weisheit aber gehört es zu fragen: ›Welche Auswirkungen hat meine heutige Entscheidung auf zukünftige Generationen, auf die Gesundheit des Planeten?‹

Genau dieser Mangel an Weisheit zeigt sich bei den Regierenden, die beschließen, bestimmte Teile der Bevölkerung zu unterdrücken. Es ist eine Schande, dass in den USA und in Großbritannien bestimmte Bevölkerungsschichten keinen Zugang zu Bildung haben oder zu anderen Bereichen. Irgendwann kommt der Zeitpunkt, da reicht es ihnen, sie begehren auf, verlangen eine Veränderung. Sie wollen eine gerechtere Bezahlung, eine bessere Gesundheitsversorgung, bessere Schulen. Die Folgen sind oft Gewalt und Blutvergießen. Denk nur an die Französische Revolution. An den Kampf gegen die Sklaverei, der schließlich zum Amerikanischen Bürgerkrieg führte. Wir beide kennen unzählige solcher Beispiele, wütende Menschen, die sich gewaltsam gegen politische oder gesellschaftliche Strukturen erheben.«

Ich dachte über die Kosten für unseren Mangel an Weisheit nach. Was taten wir, um den Schaden wiedergutzumachen? »Glaubst du, dass wir unseren Verstand je *richtig* nutzen werden?«, fragte ich.

»Also, es wird wohl nie so sein, dass *alle* ihren Verstand auf richtige Weise einsetzen. Unter uns wird es immer Sünder geben. Aber wie ich stets betone, immer mehr Menschen kämpfen für Gerechtigkeit, und was gerecht ist, darüber sind sich die meisten weitestgehend einig.«

Es war mittlerweile stockdunkel draußen, auch die Glut im Kamin war langsam verloschen. Wir schalteten das Licht an. Unsere Whiskygläser waren leer, doch eine Frage stand noch im Raum. »Wie gelingt es uns, unseren wunderbaren Intellekt weise einzusetzen?«, fragte ich.

»Wenn das je möglich sein sollte – und ich habe ja bereits gesagt, dass wir dazu Herz und Verstand einsetzen müssen –, wäre jetzt der Zeitpunkt, um zu beweisen, dass wir es können. Denn wenn wir uns *jetzt* nicht weise verhalten, um die Erderwärmung zu stoppen und das Artensterben aufzuhalten, ist es vielleicht zu spät. Wir müssen uns zusammentun und diese existenzielle Bedrohung allen Lebens auf der Erde abwenden. Damit das gelingt, müssen wir vier große Herausforderungen meistern. Ich kenne sie auswendig, denn sie sind ein wichtiger Bestandteil meiner Vorträge.

Erstens müssen wir die Armut lindern. Wer in bitterer Armut lebt, wird auch den letzten Baum roden, um Obst, Gemüse oder Getreide anzubauen. Oder den letzten Fisch fangen, um seine Familie satt zu bekommen. Wer in den Städten wohnt, wird die billigsten Nahrungsmittel kaufen, denn wer in Armut lebt, kann sich den Luxus nicht erlauben, nur ethisch einwandfreie Produkte zu kaufen.

Zweitens müssen wir den Lebensstil der Wohlhabenden nachhaltiger gestalten. Seien wir ehrlich: Viele Menschen haben mehr, als sie brauchen – oder sogar wollen.

Drittens müssen wir Korruption eliminieren, denn nur mit verantwortungsbewussten, ehrlichen Regierungen ist echte Zusammenarbeit möglich – und die benötigen wir, um uns den massiven sozialen Herausforderungen zu stellen und Fragen des Umweltschutzes zu beantworten.

Schließlich müssen wir das Problem unserer stetig wachsenden Weltbevölkerung und deren Viehbestand angehen. Gegenwärtig leben über sieben Milliarden Menschen auf der Erde. An vielen Orten werden die endlichen Ressourcen bereits schneller verbraucht, als die Natur sie nachliefern kann. 2050 wird sich die Erdbevölkerung auf die Zehn-Milliarden-Marke zubewegen. Setzen wir unseren Kurs unverändert fort, bedeutet dies das sichere Ende des Lebens auf der Erde, wie wir es kennen.

»Das sind riesige Aufgaben«, sagte ich.

»Ja, stimmt, aber wir können sie bewältigen, wenn wir unser wunderbares Hirn richtig benutzen und mit unserem guten alten gesunden Menschenverstand vorgehen. Natürlich ist unser Raubbau an Mutter Natur nicht immer nur ein Zeichen mangelnder Intelligenz, sondern auch fehlender Fürsorge für zukünftige Generationen und unseren Planeten: Egoistische Gier nach größerem

Reichtum und mehr Macht für Einzelne, Großunternehmen und Regierungen steckt dahinter. Der Rest wird durch Gedankenlosigkeit verursacht, mangelnde Bildung und Armut. Unser schlauer Verstand hat sich offenbar von unserem empathischen Herzen entkoppelt. Wahre Weisheit erfordert aber beides: Denken mit dem Hirn, Verstehen mit dem Herzen.«

»Verschwindet ein Teil unserer Weisheit, wenn wir die Verbindung zur Natur verlieren?«

»Das glaube ich tatsächlich. Indigene Kulturen haben stets in enger Verbindung mit der Natur existiert. Bei diesen indigenen Völkern gibt es viele weise Schamanen und Heiler, sie wissen, wie wichtig es ist, in Harmonie mit der Natur zu leben.«

»Was haben wir vergessen – oder beschlossen zu ignorieren?«

»Dass alles Leben intelligent ist«, sagte Jane. »Die indigenen Völker spüren das instinktiv, wenn sie Tiere und Pflanzen als ihre Brüder und Schwestern bezeichnen. Ich stelle mir gern vor, dass unser menschlicher Intellekt Teil der Intelligenz ist, die das Universum geschaffen hat. Schau dir allein die Bäume an! Wir wissen mittlerweile, dass sie miteinander kommunizieren können, sie tauschen sich durch unterirdische Wurzelnetzwerke und mithilfe von elektrischen Signalen über ein Geflecht von feinen weißen Pilzfäden (Myzelien) Informationen aus.«

Ich kannte die Arbeit von Suzanne Simard, Professorin für Waldökologie am Department of Forest and Conservation Sciences der University of British Columbia, aus der hervorgeht, dass Douglasie und Papierbirke Myzel-Netzwerke verwenden, um Kohlenstoff untereinander zu übertragen. Sie nannte diese Netzwerke »Wood Wide Web«, weil sie die Bäume eines Waldes unterirdisch miteinander verbinden. Sie ermöglichen ihnen sogar, Informationen über ihre Verwandtschaft, Gesundheit und Bedürfnisse auszutauschen.

Wir lernen erstaunliche Dinge über Bäume, wie sie unterirdisch kommunizieren und einander helfen.

Jane und ich sprachen eine ganze Weile über diese spannenden Erkenntnisse, und Jane erzählte mir von Peter Wohlleben, der die Menschen auf der ganzen Welt in die Geheimnisse der Bäume einweiht.

»Ich finde es interessant«, sagte sie, »dass sowohl Peter als auch Suzanne vorher in der Forstwirtschaft gearbeitet hatten, ihre Aufgabe war es also, den Wald profitabel zu machen und die Bäume als Holzlieferanten zu nutzen. Peter kündigte seinen Job nach fünfzehn Jahren, denn er fand heraus, dass der Wald, den er liebte, fast komplett ohne ihn und seine Betreuung klarkam. So beschloss er, sich nicht mehr für die Nutzung, sondern für den Schutz und ein besseres Verständnis für Wälder einzusetzen. Er schrieb ein Buch mit dem Titel *Das geheime Leben der Bäume*, das, wie ich finde, in Sachen Bäume ungefähr so bahnbrechend war wie *Wilde Schimpansen* für die Schimpansenforschung.«

»Ja, und Suzanne Simards Buch *Finding the Mother Tree* hat eine ähnliche Wirkung«, sagte ich.

Jane betrachtete einen Ast direkt vor ihrem Fenster, er wurde schwach durch den Schein unserer Lampe erleuchtet. Ich fragte sie, woran sie gerade dachte.

»Ich empfinde Ehrfurcht und Faszination für diese Welt, in der wir leben. Aber wir zerstören sie, bevor wir sie ganz verstanden haben. Wir halten uns für intelligenter als die Natur, aber das sind wir nicht. Der menschliche Verstand ist ein Wunder, ja, aber wir sollten demütig sein und anerkennen, dass die Natur erheblich intelligenter ist als wir.«

»Hast du noch Hoffnung, dass wir je den Weg zur Natur zurückfinden?«

»Ja, die habe ich, aber auch auf die Gefahr hin, dass ich mich wiederhole: Wenn der Verstand nicht mit dem Herzen arbeitet, wenn Intelligenz nicht mit Empathie gepaart wird, steht uns eine schreckliche Zukunft bevor. Hoffnung ist unverzichtbar, ohne sie sind wir gleichgültig und werden die Zukunft unserer Kinder einfach weiter zerstören.«

»Können wir den Schaden überhaupt wiedergutmachen?«

»Das müssen wir!«, sagte Jane bestimmt. »Wir haben bereits einen Anfang gemacht, die Natur wartet schon auf ihren Einsatz, sie kann sich selbst helfen. Sie hat eine eindrucksvolle Widerstandskraft. Und vergiss nicht, dass sie erheblich intelligenter ist als wir!«

Das war die perfekte Überleitung zu Janes zweitem Hoffnungsgrund.

Grund 2:
Die Widerstandskraft der Natur

»Komm, wir machen einen Spaziergang«, sagte Jane am nächsten Morgen. Wir zogen unsere Jacken an und gingen hinaus. Es war kühl, ein steifer Nordwind begrüßte uns, zerrte an den Bäumen des Naturschutzgebiets. »Wir können uns aufwärmen, wenn wir zurück sind«, sagte Jane, als wir die Tür hinter uns zuzogen. »Es tut gut, wenigstens einmal am Tag rauszugehen. Obwohl ich lieber einen Hund dabeihätte.«

»Wieso?«

»Mit einem Hund ergibt ein Spaziergang viel mehr Sinn.«

»Das verstehe ich nicht so ganz.«

»Na, man bereitet damit einem anderen Lebewesen große Freude.« Ich dachte an die geretteten Hunde in Janes Haus in Tansania, und mir fiel auf, dass sie nur in Gesellschaft von Tieren, egal, ob groß oder klein, glücklich war.

Wir machten einen herrlichen Rundgang um einen kleinen See, Jane übernahm die Rolle der Naturführerin und zeigte mir die Dinge, die ihr tags zuvor aufgefallen waren. Die Bäume waren fast kahl, das Land lag im Winterschlaf.

Nach ungefähr einer halben Stunde brach die Sonne hinter den Wolken hervor und beleuchtete einen größeren Baum in der Ferne.

»Lass uns bis zu dem angestrahlten Baum dahinten gehen, dann kehren wir um«, schlug Jane vor.

Nur zu gern hielt ich mich dort auf, wo ein bisschen Wärme

zu finden war. Infolge der regelmäßigen starken Winde war der Baum schief gewachsen.

Jane berührte den moosbewachsenen Stamm der prächtigen immergrünen Eiche.

»Hier ist der Baum, dem ich einen Besuch abstatten wollte. Hallo Baum!«, sagte sie. Hinter dem mächtigen Stamm fanden wir Schutz vor dem Wind, während die Sonne uns die Gesichter wärmte.

»Er ist wunderschön«, sagte ich und berührte das weiche Moos, das Jane zuvor liebevoll gestreichelt hatte. Sie erzählte, dass sie als Kind einen Lieblingsbaum hatte, eine heiß geliebte Buche im familiären Garten, auf die sie immer kletterte, um oben im Geäst *Dr. Doolittle* und *Tarzan* zu lesen, stundenlang saß sie in ihrem laubgrünen Versteck, wo sie sich den Vögeln und dem Himmel näher fühlte.

»Hattest du einen Namen für den Baum?«, fragte ich.

»Er hieß einfach ›Buche‹. Ich liebte Buche so sehr, dass ich meine Großmutter – wir nannten sie Danny – überredete, sie mir zum vierzehnten Geburtstag zu schenken. Ich habe sogar eine Art Testament aufgesetzt, in dem sie mir Buche offiziell vermachte, mit ihrer Unterschrift. Meine Bücher zog ich mit einem Korb hoch, manchmal machte ich sogar meine Hausaufgaben dort oben – und träumte davon, mit Tieren in der Wildnis zu leben.«

»Du hast zwar überwiegend Tiere erforscht, aber für dein Buch *Seeds of Hope* hast du auch intensiv in der Pflanzenwelt recherchiert.«

»Ja! Und es hat mir große Freude bereitet. Die Welt der Pflanzen ist ungeheuer faszinierend. Wenn man es genau bedenkt, gäbe es ohne die Flora keine Fauna – und auch keine Menschen! Wir alle hängen von den Pflanzen ab. Im Grunde genommen ist das Leben wie ein bunter Teppich, alles ist miteinander verwoben, jeder

Oben: Der Birnbaum, der *Survivor Tree,* den man einige Wochen nach Ground Zero schwer beschädigt entdeckte. Die Frau mit dem Schutzhelm ist Rebecca Clough, die herausfand, dass der Baum noch lebte. Sie gehörte zu einer Gruppe Menschen, die sich für die Rettung des Baums engagierte. Unten: Heute gedeiht die Chinesische Birne vor dem 9/11 Memorial and Museum.

kleine Stich wird von den anderen zusammengehalten. Unser Wissen über die Natur steckt noch in den Kinderschuhen, wir sind völlig ahnungslos. Allein bei unserem Versuch, das Leben unter unseren Füßen zu verstehen, stehen wir noch ganz am Anfang. Denk nur, dieser Baum ist tief unten in der Erde verwurzelt, wo er seine Geheimnisse sammelt und sie bis in die Wipfel nach oben trägt.«

Als ich Jane vor dem Baum stehen sah, den Blick nach oben gerichtet, konnte ich sie mir lebhaft vorstellen, damals als junges Mädchen, hoch oben in der geliebten Buche, vom Wind gewiegt. Und ich sah sie wieder vor mir, wie sie damals in Tansania die Flugformation der Stare mit den Händen beschrieb, während sie mir erklärte, dass Naturforschung nur mit Empathie, Intuition und Liebe funktioniere. Ich wollte wissen, was sie in den tiefen Mysterien der Natur gefunden hatte, und warum das, was sie dort entdeckte, ihr den Frieden und die Hoffnung für die Zukunft vermittelt hatte, nach denen ich mich so sehnte.

»Jane, du hast gesagt, die Widerstandskraft der Natur gibt dir Hoffnung. Warum?«

Jane betrachtete den mächtigen Baum, die Hand immer noch auf seiner moosweichen, knorrigen, uralten Rinde.

»Das kann ich dir am besten mit einer Geschichte beantworten.«

Sie griff häufig zu Geschichten, um Dinge zu erklären. Ich wollte den Grund dafür wissen.

»Geschichten gehen ans Herz, viel unmittelbarer als Zahlen und Fakten. Verpackt man eine Botschaft in eine gut erzählte Geschichte, bleibt sie den Menschen im Gedächtnis, auch wenn sie die Einzelheiten vergessen. Also möchte ich dir als Antwort auf deine Frage nun eine Geschichte erzählen, die an jenem schrecklichen Tag im Jahr 2001 begann, dem elften September, als das World Trade Center einstürzte. Ich war gerade in New York und erinnere mich noch an die Fassungslosigkeit, an die Angst und Verstörung; die Stadt war verstummt, nur die Sirenen der Einsatzkräfte schallten durch die leer gefegten Straßen.«

Auch ich erinnerte mich an den Tag, als die Zwillingstürme einstürzten. Als gebürtiger New Yorker fühlte ich mich durch dieses Ereignis persönlich getroffen, es hat tiefe Narben hinterlassen, denn damals, als der Anschlag stattfand, befanden sich viele Freunde und Bekannte in den Türmen oder in deren unmittelbaren Nähe. Ich dachte an den Riesenkrater, Ground Zero, die Zerstörung, den ganzen Schrecken.

»Zehn Jahre später«, fuhr Jane fort, »machte ich Bekanntschaft mit dem Überlebensbaum, jener Chinesischen Birne, die eine Mitarbeiterin des Aufräumkommandos einen Monat nach dem Einsturz der Türme entdeckte. Der Baum war unter zwei Zementblöcken begraben, nur die Hälfte seines verkohlten Stamms war übrig, die Wurzeln zerstört, einzig ein Ast zeigte noch Leben.

»Man wollte die Birne schon entsorgen, aber die junge Frau, die sie aufgespürt hatte, Rebecca Clough, bat darum, der Birne noch eine Chance zu geben. Also transportierte man sie in eine Baumschule in der Bronx. Einen schwer beschädigten Baum wieder aufzupäppeln, ist keine leichte Aufgabe, und das Überleben der Chinesischen Birne stand lange auf der Kippe. Doch am Ende schaffte sie es. Kaum war sie stark genug, pflanzte man sie wieder ein. Dort steht sie nun, vor dem 9/11 Memorial and Museum. Im Frühling trägt sie Blüten. Die Menschen kennen ihre Geschichte, ich habe gesehen, wie manchen bei ihrem Anblick die Tränen kamen. Sie ist ein Symbol für die Widerstandskraft der Natur – und erinnert uns an das, was wir an jenem schrecklichen Tag vor zwanzig Jahren verloren haben.«

Jane und ich blieben noch eine Weile unter dem Baum stehen.

»Ich kann dir noch eine Geschichte erzählen, auch diese handelt von einem Baum, der überlebte, und sie ist auf ihre Weise sogar dramatischer. 1990 war ich zu Gast in Nagasaki, die Stadt, auf die am Ende des Zweiten Weltkriegs eine Atombombe abgeworfen wurde. Meine Gastgeber zeigten mir Fotos von der absoluten, entsetzlichen Zerstörung. Die Temperaturen des nach der Explosion erzeugten Feuerballs entsprachen denen der Sonne, 6000 Grad Celsius. Die Stadt wurde in Schutt und Asche gelegt, sah aus wie eine Mondlandschaft, so stellte ich mir Dantes *Inferno* vor. Wissenschaftler sagten voraus, dass dort jahrzehntelang nichts mehr wachsen werde. Doch wie durch ein Wunder überlebten zwei fünfhundert Jahre alte Kampferbäume. Nur die unteren Hälften ihrer Stämme waren noch vorhanden, die meisten Äste abgerissen. Die Bäume trugen kein einziges Blatt mehr. Doch sie lebten.

Man hat mir einen dieser überlebenden Kampferbäumen gezeigt. Er ist mittlerweile sehr hoch, aber sein Stamm ist von Rissen und Spalten gezeichnet, dahinter ist es schwarz. Doch jedes Frühjahr wachsen neue Blätter. Viele Japaner verehren diese beiden Bäume als Heiligtum, als ein Symbol für Frieden und Überlebenswillen. Gebete, in winzigen Kanji-Schriftzeichen verfasst, hängen von den Zweigen, als Andenken an die Opfer. Ich war ergriffen vom Ausmaß der Vernichtung, die wir Menschen angerichtet hatten, aber auch von der unglaublichen Widerstandskraft der Natur.«

Janes Stimme klang ehrfürchtig, ich konnte deutlich spüren, dass sie in Gedanken weit weg war.

Diese beiden Geschichten hatten auch mich gerührt, aber ich war noch immer nicht ganz sicher, wieso Jane das Schicksal dieser Bäume mit Hoffnung für den gesamten Planeten erfüllte.

»Was lehren uns diese Überlebensbäume über die allgemeine Widerstandsfähigkeit der Natur?«, fragte ich daher.

»In Gombe hatten wir mal einen ziemlich schlimmen Waldbrand, der nichts als verkohlte, schwarze Landschaft zurückließ. Doch ein paar Tage später war die ganze Landschaft nach einem kurzen Regenschauer mit einem zartgrünen Teppich bedeckt, das erste Gras wuchs schon wieder aus der schwarzen Erde. Und als die Regensaison dann kurz darauf richtig einsetzte, bekamen die Bäume, die ich für eindeutig zerstört gehalten hatte, erste Blätter. Das ganze Tal, es war auferstanden von den Toten. Und diese Widerstandsfähigkeit beobachten wir auf der ganzen Welt, nicht nur in der Flora, auch die Fauna kann sich regenerieren. Denk nur an die Skinke.«

»Skinke?«

»Eine Echsenart, die ihren Schwanz abwirft, um Raubtiere zu verwirren. Während die noch mit dem zuckenden Schwanz

Einer von zwei Kampferbäumen, die den Atombombenangriff auf Nagasaki überlebten. Sie gelten bei vielen Japanern als heilig.

kämpfen, hat sich der Skink schon längst aus dem Staub gemacht. Kurz darauf wächst dem Tier aus dem blutigen Stumpf ein neuer Schwanz. Sogar das Rückenmark wächst erneut nach. Bei Salamandern geschieht das auch, genau wie Oktopoden und Seesterne die Arme nachwachsen. Seesterne können im abgeworfenen Arm Nährstoffe speichern, mit denen sie sich am Leben erhalten, während ihre Körper und die Mundöffnung nachwachsen.«

»Aber ist unsere Zerstörung der Natur nicht schon viel zu weit fortgeschritten? Gibt es einen kritischen Punkt, nach dem auch diese Widerstandskraft nicht mehr hilft, weil der Schaden so groß ist, dass er nicht zu reparieren ist?«, fragte ich. Dabei dachte ich an die von uns ausgestoßenen Treibhausgase, die die Sonnenhitze einschließen und bereits zu einer Erderwärmung von 1,5 Grad Celsius geführt hatten. Durch diese Erwärmung und die Zerstörung vieler Lebensräume haben wir erschreckend viel Biodiversität verloren. Einer 2019 veröffentlichten UN-Studie war zu entnehmen, dass Arten zehn- bis hundertmal schneller aussterben, als es durch natürliche Prozesse geschieht, und dass durch menschliches Verschulden innerhalb der nächsten zehn Jahre eine Million Tier- und Pflanzenarten aussterben könnten. Schon heute haben wir 60 Prozent aller Säugetiere, Vögel, Fische und Reptilien ausgelöscht. Forscher bezeichnen dies als »sechstes Massenaussterben«.

Ich erzählte Jane von meinen Befürchtungen.

»Das ist richtig«, sagte sie. »Es gibt tatsächlich Situationen, in denen die Natur sich scheinbar nicht mehr von unserem Raubbau erholen konnte.«

»Und trotzdem setzt du Hoffnung in ihre Widerstandskraft? Die Studien und Prognosen für die Zukunft unseres Planeten sind so ernüchternd. Ist es überhaupt realistisch, dass die Natur ihre verheerende Vernichtung durch den Menschen überlebt?«

»Genau deshalb ist es so entscheidend, dass wir dieses Buch

schreiben, Doug! Ich treffe so viele Menschen, die die Hoffnung verloren haben, selbst solche, die sich für den Schutz der Natur engagiert haben. Sie erlebten die Zerstörung von Landschaften, an denen ihr Herz hing, das Scheitern ihrer Projekte, die Vernichtung ihrer Arbeit, als sie sich für den Erhalt von Wildgebieten einsetzten, nur weil Regierungen und Unternehmen kurzfristige Profite wichtiger waren als der Schutz der Umwelt für zukünftige Generationen. Deswegen machen sich immer mehr Menschen aller Altersgruppen große Sorgen, werden sogar depressiv, weil sie wissen, was geschieht.«

»Es gibt sogar einen Namen dafür«, sagte ich. »*Ecological grief*, die Trauer um den Verlust unserer Umwelt.«

Ecological Grief – Umwelttrauer

»Ich habe vor Kurzem in einem Bericht der American Psychological Association gelesen, dass die Klimakrise bei den Menschen eine ganze Reihe von negativen Gefühlen auslösen kann, unter anderem Hilflosigkeit, Depression, Angst, Fatalismus. Sie nennen das *eco-grief* oder *eco-anxiety*, Trauer um den Verlust unserer Umwelt oder Angst vor einem solchen.«

»Angst, Traurigkeit oder Zorn sind ziemlich natürliche Reaktionen auf die Realität, wir wie sie gegenwärtig erleben«, sagte Jane. »Und jegliche Diskussion über Hoffnung wäre unvollständig, wenn wir dabei nicht auch anerkennen, dass wir schreckliche Schäden angerichtet haben und uns nicht mit dem sehr realen Leid derjenigen auseinandersetzen, die Zeugen dieses enormen Verlusts sind.«

»Erlebst du auch Umwelttrauer?«

»Sehr oft sogar, manchmal sogar intensiver als andere. Ich weiß noch, als ich an einem Frühlingstag vor ungefähr zehn Jahren in Grönland mit den Ältesten der Inuit am Rand des großen Eiskliffs stand und zusah, wie Wassermassen hinabströmten und Gletscher kalbten. Die Ältesten sagten, als sie jung waren, sei das Eis nie geschmolzen, nicht mal im Sommer. Wir hatten jedoch tiefen Winter. Die Ältesten weinten. In diesem Moment traf mich die Realität des Klimawandels wie ein Schlag. Der Anblick von treibenden Eisschollen, wo sich eine dichte, feste Eisdecke hätte erstrecken sollen, tat mir körperlich weh, denn ich musste dabei an das Leid der Eisbären denken.«

Janes Miene hatte sich verfinstert. »Ich war aus Panama gekommen, wo ich indigene Menschen traf, die ihre Inseln bereits verlassen hatten, weil der Meeresspiegel aufgrund der Eisschmelze sowie der Ozeanerwärmung anstieg. Sie mussten gehen, weil ihre Häuser bei Hochwasser gefährdet waren. Diese beiden Erlebnisse, in dichter Folge, hinterließen bei mir tiefe Spuren.«

»Die drastische Veränderung, die Zerstörung von Landschaften, die uns etwas bedeuten, kann einen geradezu körperlichen Schmerz auslösen«, sagte ich.

»Wir haben bereits riesige Waldbrände erlebt, in Australien, im Amazonasgebiet, selbst am Polarkreis. Es ist mir unmöglich, die von uns angerichtete Verwüstung nicht zu betrauern, das Leid für Mensch und Tier.«

Neun Monate nach dieser Unterhaltung erlebten wir in Kalifornien und anderen Teilen der Erde die heftigsten Waldbrände der modernen Geschichte. Über zehntausend Brände vernichteten mehr als anderthalb Millionen Hektar Fläche, vier Prozent des gesamten Staatsgebiets von Kalifornien. Ein Brand kam sehr nah an Santa Cruz heran, wo ich gegenwärtig wohne. Allein in unserer Gegend verloren fast tausend Familien ihre Häuser. Noch Wochen später bekam man im Freien Atemprobleme, an einem besonders apokalyptischen Tag blieb der Himmel schwarz, weil die Sonne es nicht durch die dichte, partikelverschmutzte Dunstglocke schaffte. Nach dem verheerenden Brand sahen die Wälder aus wie aschebedeckte Mondlandschaften.

»Ich habe mit jemandem gesprochen, die viel darüber weiß, wie wir mit dieser Trauer umgehen und wir sie bewältigen können«, sagte ich.

Ashlee Cunsolo arbeitet mit den Labrador-Inuit-Gemeinschaften im kanadischen Nunatsiavut, die direkt vom Klimawandel betroffen sind. Sie hat die Menschen dort interviewt, wollte von ihnen wissen, was sie verloren hatten, und alles über die schmelzenden Gletscher, die steigenden Temperaturen, den Wandel der Tier- und Pflanzenwelt in Erfahrung bringen. Im Grunde wollte sie das Verschwinden einer ganzen Lebenskultur dokumentieren.

»Cunsolo hörte viele verzweifelte Geschichten, die sie in ihrer Dissertation festhielt. Irgendwann bekam sie Schmerzen in den Armen und Händen, die in ihren ganzen Körper ausstrahlten. Es wurde so schlimm, dass sie nicht mehr weiterarbeiten konnte.

Sie suchte verschiedene Ärzte auf, aber die konnten nichts finden. Schließlich erzählte sie einem Inuit-Ältesten davon. »Du lässt deine Trauer nicht los«, sagte der. »Dein Körper hindert dich daran, diese Geschichten aufzuschreiben, weil du sie rein intellektuell verarbeitest, nicht mit Gefühl. Solange du die Trauer nicht aus deinem Körper lässt, wird er nicht funktionieren.« Er riet ihr, ihrer Trauer Raum zu geben, sie auszusprechen. Und jeden Tag etwas zu finden, das sie in Staunen versetze und ihr Freude bereite.«

»Was hat sie gemacht?«, fragte Jane.

»Sie ist in den Wald gegangen, hat die Hände in einen eiskalten Fluss getaucht und das Wasser gebeten, ihr den Schmerz zu nehmen. Sie entschuldigte sich bei dem Land für den Schaden, den sie und andere ihm zugefügt hatten. Es war ein Akt der Sühne.

Cunsolo hat mir erzählt, dass sie im Wald tatsächlich Dinge gefunden hat, die sie zum Staunen brachten und ihr Freude bereiteten. Schönheit sei überall zu finden, sagte sie, selbst dort, wo Schmerz und Leid herrschen. Sie habe gelernt, sich nicht vor der Dunkelheit zu verstecken, sich aber auch nicht darin zu verirren.«

»Hat es geholfen?«

»Zwei Wochen lang ließ sie der Trauer ihren Lauf, ließ sie sozusagen aus ihrem Körper fließen. Danach waren ihre Schmerzen verschwunden.«

»Was für eine bemerkenswerte, inspirierende Geschichte. Sie ergreift mich, denn ich kenne diese Gefühle. Ich weiß von vielen Menschen, die Hilfe fanden bei indigenen Heilern, Schamanen oder Medizinmännern. Ich selbst habe erlebt, welche Kraft von ihnen ausgeht.«

»Erzähl mir mehr davon«, bat ich.

»Terrance Brown war der erste Native American, mit dem ich
Freundschaft schloss. Ich kenne ihn unter dem Namen Chitcus. Wir nennen einander ›Spirit Brother‹ und ›Spirit Sister‹. Chitcus übernahm von seiner Mutter die Aufgabe des Medizinmannes, er gehört zu den Karuk in Kalifornien. Als ich ihn einmal besuchte, war ich gerade von einer Krankheit genesen, fühlte mich aber noch schwach und ein bisschen deprimiert, weil ich fürchtete, meine vielen Termine nicht einhalten zu können. Chitcus zog seine Decke hervor, in die er seine Trommel, eine Muschelkette, ein Büschel Adlerfedern und die Wurzel einer heiligen Pflanze gewickelt hatte, die er Kish'wuf nannte. Diese Wurzel zündete er an und fächelte den aufsteigenden Rauch mit dem Büschel Adlerfedern über meinen Körper, während ich mit geschlossenen Augen vor ihm stand. Danach war meine Erschöpfung verschwunden.

Seitdem zündet er jeden Morgen vor Sonnenaufgang die Wurzel an und betet für mich. Wenn der Rauch gerade aufsteigt, wisse er, dass es mir gut geht. Mac Hall und Forrest Kutch sind ebenfalls Native Americans, mit denen ich befreundet bin. Auch sie beten jeden Morgen für mich. Kein Wunder, dass ich noch so gesund bin!«

»Wunderbar«, sagte ich. »Das zeigt mal wieder, wie eng wir alle miteinander verbunden sind. Die Qualität unserer Freundschaften und zwischenmenschlichen Beziehungen ist sicherlich ein Aspekt der Heilung. Der Rückhalt, den wir durch Gemeinschaft erfahren.«

Auch Studien belegen, dass sozialer Rückhalt unverzichtbar ist, um die Hoffnung nicht zu verlieren. Janes Schilderungen erinnerten mich aber auch an ein anderes Kapitel in Ashlee Cunsolos Geschichte.

»Kurz nach ihrer Heilung besuchte Cunsolo fünf Inuit-Gemeinschaften und drehte einen Film über ihren Verlust und ihre Trauer.

Mein Freund Chitcus, Native American und Spirit Brother, schlägt sanft die Trommel und murmelt ein Gebet, dann fächelt er den Rauch von der Kish'wuf (in seiner linken Hand) über meinen Körper.

Dadurch erfuhr die Öffentlichkeit von ihrer vormals sehr privaten Trauer, und die Menschen kamen zusammen, um sich darüber zu beraten, wie sie ihre Trauer bewältigen und was sie für die Zukunft tun könnten«, erzählte ich.

»Sie kamen zusammen und sprachen über ihre Trauer. Das half ihnen zu handeln«, sagte Jane.

»Genau. Durch ihre Geschichte wird klar, dass wir uns der Trauer stellen müssen, um nicht in Verzweiflung und Hoffnungslosigkeit zu verharren. Die Ältesten haben ihr erklärt, dass sie die Trauer nicht unterdrücken oder fürchten muss. Wenn wir zusammenkommen und über unseren Kummer reden, kann das eine heilende Wirkung haben.«

»Ich stimme dir voll zu«, sagte Jane. »Es ist sehr wichtig, uns der Trauer zu stellen, damit wir uns nicht mehr hilflos fühlen und die Hoffnung nicht verlieren. Tatsächlich hängt davon unser Überleben ab. Es ist auch möglich, in der Natur Trost zu finden, das kann
ich aus eigener Erfahrung bestätigen.«

»Das Problem besteht nur darin, dass sich nicht genug Menschen zum Handeln entscheiden«, sagte ich. »Du meintest, immer mehr Leute merken, dass wir vor großen Problemen stehen. Warum versuchen dann nicht mehr, etwas daran zu ändern?«

»Zum Teil liegt es daran, dass die Menschen überwältigt sind von dieser Riesendummheit, die sie begangen haben. Sie fühlen sich hilflos, sind verdrossen oder sogar verzweifelt, sie verlieren die Hoffnung – und sehen tatenlos zu. Die Menschen müssen verstehen, dass jeder von uns eine Rolle spielt. Jeder Mensch hat eine Auswirkung auf den Planeten, jeden Tag. Millionen kleiner ethischer Handlungen werden nämlich zu echter Veränderung führen. Das ist die Botschaft, die ich um die Welt trage.«

»Aber wirst du nicht auch manchmal überwältigt von dem Gefühl, dass unsere Probleme zu groß sind? Hast du nicht auch gelegentlich den Eindruck, dass all dein Handeln angesichts der großen Hürden, denen du gegenüberstehst, bedeutungslos ist?«

»Ach, Doug, klar. Ich bin nicht immun gegen das, was auf der Welt geschieht, und es gibt Tage, da erwischt es auch mich eiskalt. Wenn ich beispielsweise an einen Ort zurückkehre, den ich als idyllische, friedliche Landschaft in Erinnerung hatte, mit Bäumen, in denen Vögel sangen – und feststellen muss, dass all das innerhalb von nur zwei Jahren dem Erdboden gleichgemacht und versiegelt wurde, nur um ein weiteres Einkaufszentrum darauf zu bauen. Natürlich macht mich das traurig! Aber auch so zornig, dass ich mich zusammenreißen und an all die anderen Orte erinnern muss, die noch schön und unberührt sind. In solchen Momenten mache ich mir klar, dass wir noch härter kämpfen müssen. Und ich denke daran, dass es durchaus Landschaften gibt, die durch gemeinschaftliche Bürgeraktionen gerettet werden konnten. Solche Geschichten müssen die Menschen hören! Geschichten, die von erfolgreich ausgefochtenen Kämpfen erzählen, vom Erfolg derjenigen, die nicht aufgegeben haben. Und von denen, die auch nach einem Rückschlag weitermachen, bereit für die nächste Runde.«

»Aber können solche Bürgeraktionen helfen, den großen Kampf zu gewinnen?«, fragte ich. »So viele Arten sind bereits ausgestorben, so viel Lebensraum zerstört – und zwar für immer, wie es scheint. Ist es nicht schon zu spät, den totalen Zusammenbruch der Natur zu verhindern?«

Jane sah mich ernst an.

»Doug, ich glaube aufrichtig, dass wir das Ruder noch herumreißen können. Doch du hast völlig recht, es gibt ein großes Aber: Wir müssen sofort handeln, und zwar alle gemeinsam. Uns bleibt nur ein kleines Zeitfenster, das sich unaufhaltbar schließt. Wir alle müssen tun, was wir können, um den Schaden wiedergutzumachen, den Klimawandel und das Artensterben aufzuhalten. Ich habe Hunderte erfolgreiche Kampagnen gesehen und viele engagierte Menschen kennengelernt. Ihre Geschichten müssen wir erzählen, denn die stiften Hoffnung, die Hoffnung darauf, dass wir es besser machen können.«

Unser Treffen fand nicht einmal einen Monat vor den ersten in China gemeldeten COVID-19-Infektionen statt und nur einige Monate vor den weltweiten Lockdown-Maßnahmen, die öffentliche Veranstaltungen untersagten. All das hätten wir uns damals in unserer kleinen Hütte im holländischen Wald nicht vorstellen können. Zu der Zeit reiste Jane unablässig um die Welt, um ihre Hoffnungsgeschichten zu erzählen, oft in Flüchtlingslagern oder extrem armen Gegenden, wo sie versuchte, den Menschen in ihrer Verzweiflung Trost zu spenden und sie zu ermutigen. Die Belastung, der Jane sich damit aussetzte, ist schwer vorstellbar.

»Wie behältst du den Mut und deine Kraft, wo du doch so viele Menschen aufrichtest?«

Als Jane lächelte, war auch ihre Entschlossenheit zurückgekehrt.

»Wenn ich um die Welt reise, um mit Menschen zu sprechen, spenden mir die vielen positiven Rückmeldungen neue Kraft. Alle wollen daran glauben, dass sie etwas bewirken können, aber manchmal müssen sie von jemandem wie mir hören, die mit eigenen Augen gesehen hat, was Leute bewegen können. Es hilft, die Reaktionen der Menschen direkt mitzuerleben.«

Sie schloss die Augen und holte tief Luft. »Immer wenn ich stundenlang allein durch die Wälder von Gombe streifte, fühlte ich mich eng mit der Natur verbunden, dieser Großen Geistigen Kraft. Und diese Kraft ist stets bei mir, aus ihr beziehe ich Mut und Stärke. Sie hilft mir dabei, Menschen Hoffnung zu geben.«

Die Sonne war wieder hinter den Wolken verschwunden. Ich wollte mehr hören, aber mittlerweile zitterten wir beide vor Kälte.

»Wollen wir zurückgehen?«, fragte ich.

Zurück in der Hütte machten wir ein Feuer und setzten uns zu einem einfachen Mahl an den Tisch. Ich bat Jane, mir mehr von der bemerkenswerten Widerstandskraft der Natur zu erzählen.

»Na, zuerst musst du die verschiedenen Formen der Widerstandskraft unterscheiden«, sagte Jane.

Der Wille zum Leben

»Es gibt eine Art eingebaute Widerstandskraft, dazu gehört beispielsweise das Erblühen der Natur im Frühling nach einem harten Winter voller Eis und Frost oder das Aufblühen der Wüste schon nach den kleinsten Regenfällen. Es gibt Samen, die noch nach zig Jahren keimen können. Sie enthalten einen winzigen Lebensfunken, der nur auf die richtigen Bedingungen wartet, um sich zu entfalten. Das hat Albert Schweitzer, einer meiner Helden, als ›Wille zum Leben‹ bezeichnet.«

»Also steckt im Leben selbst die Fähigkeit zum Überleben und zum Fortbestand?«

»Richtig. Eine meiner Lieblingsgeschichten handelt von ein paar Bäumen, deren genauer Standort streng geheim ist. David Noble, ein Park Ranger in Australien, entdeckte einst eine wilde, gänzlich unerschlossene Schlucht. Er seilte sich neben einem Wasserfall nach unten ab, und während er dort unten herumwanderte, stieß er auf einige, ihm völlig unbekannte Bäume. Er pflückte ein paar Blätter ab und gab sie einigen Botanikern zur Bestimmung. Zunächst konnten sie sie nicht eindeutig zuordnen, aber man stelle sich ihre Aufregung vor, als sie herausfanden, dass diese Blätter genauso aussahen wie der fossilisierte Abdruck eines Blatts, den man auf einem uralten Felsen entdeckt hatte. Die Blätter stammten tatsächlich von einer Art, die als ausgestorben galt, die man nur durch fossilisierte Überreste kannte. Es stellte sich heraus, dass diese Art zweihundert Millionen Jahre überlebt hatte. Diese Bäume, die als Wollemien bekannt sind, wuchsen und gediehen da unten in der Schlucht vor sich hin, sie hatten bereits siebzehn Eiszeiten überdauert!«

»Was sagt diese Langlebigkeit deiner Meinung nach über die Widerstandskraft aus?«

»Was ich jetzt anspreche, ist eigentlich schon ein alter Hut: Wir brauchen die Natur, aber die Natur braucht uns nicht. Wenn wir nach zehn Jahren ein Ökosystem wiederhergestellt haben, feiern wir das als großen Erfolg. Wenn es fünfzig Jahre dauert, ist es bereits schwierig, die Hoffnung nicht zu verlieren, denn das ist einfach zu lang für uns ungeduldige Menschen. Es hilft uns aber daran zu glauben, dass sich die Natur letztlich von den durch uns verursachten Schäden erholen wird, auch wenn wir das nicht mehr erleben.«

»Die Natur hat einen langen Atem«, sagte ich, während ich uns Kaffee einschenkte.

»Ja. Und eine Sache finde ich immer wieder faszinierend: die extreme Langlebigkeit von Pflanzensamen. Nach der kompletten Rodung der Wälder von Gombe haben wir damit begonnen, das Land wieder aufzuforsten, aber an den steilen Hanglagen gestaltete sich das extrem schwierig. Nach einer Weile bemerkten wir, dass unsere Mühen ohnehin überflüssig waren, denn die Samen einiger Bäume, die bestimmt mehr als zwanzig Jahren im Boden gelegen haben mussten, begannen auf dem brachliegenden Land zu keimen. Sogar aus den Wurzeln einiger gerodeter Bäume spross neues Leben.«

Es gebe viele Beispiele solcher spontanen Regeneration, sagte Jane.

»Die Geschichte der beiden Dattelpalmen Methuselah und Hannah gefällt mir am besten. Methuselah wurde zuerst wieder zum Leben erweckt. Diese Palme wuchs aus einem der Samen, die man im Palast des Königs Herodes in der Festung von Masada auf einem Gipfelplateau am Rand der Judäischen Wüste hoch über dem Toten Meer fand. Mittels Karbondatierung fand man heraus, dass diese Samen über zweitausend Jahre alt waren! Dr. Sarah Sallon, Leiterin des Louis-Borick-Forschungszentrum für Naturmedizin an der Universitätsklinik der Hadassah University in Jerusalem, und Dr. Elaine Solowey vom Zentrum für nachhaltige Landwirtschaft am Arava Institute für Umweltstudien im Kibbuz Kentura durften versuchen, diese Samen zum Keimen zu bringen. Und es gelang – mit einem einzigen Samen! Man taufte den Keimling der männlichen Dattelpalme auf den Namen Methuselah (englisch für Methusalem) nach dem ältesten Mann der Bibel, dem Großvater Noahs, der angeblich neunhundertneunundsechzig Jahre alt wurde. Ich habe Sarah Sallon besucht, weil ich mehr erfahren wollte. Sie erzählte mir, sie durfte auch ein paar andere kostbare Samen nach vielen Jahrhunderten zu neuem Leben erwecken und hoffe nun, dass ein weiblicher Keimling darunter sei. So wuchs schließlich Hannah heran, eine weitere jahrtausendalte Dattelpalme.

Vor Kurzem erhielt ich eine E-Mail von Sarah. Methuselah hat sich als treuer Partner entpuppt, er hat Hannah befruchtet – und sie trägt wieder Datteln! Riesige, saftige Datteln. Sie hat mir sogar eine geschickt, in einem kleinen Stoffbeutel. Ich war einer der Ersten, die die Frucht einer wiedergeborenen judäischen Dattelpalme kosten durfte, aus einem lange verschwundenen Wald, der einst im Jordantal wuchs. Sie schmeckte köstlich!«

Jane schloss ihre Augen. »Auch viele Tierarten verfügen über eine solche Widerstandskraft, einen extrem starken Willen zum Leben«, ergänzte Jane. »In den USA breiten sich Kojoten trotz ihrer starken Bejagung ungestört aus. Ratten und Kakerlaken …«

»Ich bin nicht sicher, ob es mich mit Hoffnung erfüllt, dass Ratten und Kakerlaken uns alle überleben werden«, sagte ich.

»Na ja, Kakerlaken gehören zu den widerstands- und anpassungsfähigsten Tieren der Welt.«

»Das weiß ich aus eigener Erfahrung, denn ich bin in einer Großstadt aufgewachsen. Kakerlaken und Ratten waren die Tiere unserer Wildnis. Und Tauben.«

Methuselah, gewachsen aus seinem zweitausend Jahre alten Samen. Sarah Shallon, die daran mitgewirkt hatte, den Samen nach seiner langen Ruhezeit zum Leben zu erwecken, gelang es schließlich auch, den weiblichen Samen zum Keimen zu bringen, aus dem die Dattelpalme Hannah wuchs und nach einigen Dates mit Methuselah sogar sehr saftige Datteln trug.

»Ich weiß, dass vielen Menschen diese Tiere verhasst sind, aber wenn sie in der freien Natur leben, sind sie ein Teil der Vielfalt des Lebens, und jedes Wesen hat seine Rolle. Doch genau wie wir nutzen sie günstige Gelegenheiten. Sie leben von den Nahrungsmitteln, die wir wegwerfen, und unter den günstigen Bedingungen, die sie im Müll rund um menschliche Behausungen oft antreffen, vermehren sie sich eben.«

Ich wollte Hoffnung schöpfen aus Janes Geschichten, aber es gelang mir nicht so richtig. »Also gut«, sagte ich, »die Natur ist extrem lebendig und stark, sie kann sich an natürliche, auf der Erde vorkommende Wachstumszyklen anpassen. Aber kann sie sich von den Schäden erholen, die wir ihr zufügen?«

»Die Natur ist in der Lage, sich zu regenerieren, egal ob die Zerstörung durch eine natürliche Katastrophe entstanden ist oder durch uns Menschen. Weil wir sie aber täglich zerstören, müssen wir oft eingreifen und ihr bei der Regenerierung helfen.«

»Deinen Worten entnehme ich also, dass alles Leben im Grunde widerstandsfähig ist und selbst den widrigsten Umständen trotzen kann. Können wir aus der Widerstandskraft der Natur auf besondere Eigenschaften schließen, die auch uns helfen?«

Anpassen oder untergehen

Jane überlegte eine Weile. »Also, Anpassungsfähigkeit ist eine sehr wichtige Eigenschaft der bereits erwähnten Widerstandskraft. Alle erfolgreichen Lebensformen haben sich an ihre Umwelt angepasst. Die Arten, denen dies nicht gelungen ist, haben beim großen Evolutionslotto leider verloren. Die bemerkenswerte Flexibilität, mit der wir uns an unsere Umwelt adaptiert haben, hat dazu geführt, dass wir uns – zusammen mit Kakerlaken und Ratten –

auf der ganzen Welt verbreiten konnten. Also stellt die Fähigkeit zur Anpassung an veränderte Umweltbedingungen durch Klimawandel und menschliche Besiedelung ihres Lebensraums für viele heutige Arten die größte Herausforderung dar.«

»Interessant«, sagte ich. »Erzähl mir mehr darüber, warum manche Arten überleben und andere untergehen.«

»Es gibt Arten, bei denen sind der Lebenszyklus oder die speziellen Nahrungsbedürfnisse fest vorprogrammiert, was bedeutet, dass Veränderungen zu ihrem Aussterben führen. Andere Gattungen sind flexibler. Es ist faszinierend zu beobachten, wie eine Art nur durch die Anpassung einiger weniger Mitglieder überleben kann, die ihr verändertes Verhalten an die Gruppe weitergeben. Zwar sterben einige Individuen trotzdem, aber die Art als Ganzes überlebt. Interessant sind da etwa Pflanzen, die gegen die in der industriellen Landwirtschaft ausgebrachten Herbizide resistent geworden sind, oder Bakterien, die gegen Antibiotika immun sind und am Ende Supererreger werden.

Aber die Geschichten, die ich richtig gern erzähle, handeln von hochintelligenten Tieren, die durch Beobachtung und Lernen Information weitergeben. Schimpansen sind ein gutes Beispiel für Tiere, die sich innerhalb einer Generation an veränderte Umweltbedingungen anpassen können.«

»Wie machen sie das?«

»Die Schimpansen in Gombe bauen sich Nester, in denen sie nachts schlafen, genau wie die meisten Schimpansen. Aber die Schimpansen im Senegal, wo die Temperaturen mittlerweile Spitzenwerte erreichen und weiter ansteigen, haben sich angepasst. Sie gehen nun nachts im Mondlicht auf Nahrungssuche, denn dann ist es kühler. Außerdem werden sie sich in Zukunft länger in Höhlen aufhalten, ein für Schimpansen eher untypischer Lebensraum.

In Uganda gehen Schimpansen ebenfalls nachts auf Nahrungssuche, allerdings aus einem anderen Grund. Die Wälder, ihr Lebensraum, werden zunehmend kleiner, weil Menschen dort Dörfer errichten und die Bäume roden, um den Boden landwirtschaftlich zu nutzen. Die Verknappung ihrer herkömmlichen Nahrungsquellen führte dazu, dass die Schimpansen inzwischen gelernt haben, sich Getreide von angrenzenden Farmen zu stehlen. Das ist recht bemerkenswert, denn Schimpansen sind verhaltensbiologisch eher konservativ und haben in Gombe so gut wie nie unbekannte Nahrung probiert. Wenn ein Junges es trotzdem versucht hat, kam sofort die Mutter oder ein älteres Geschwistertier herbei und hat es ihm aus der Hand geschlagen. Die Schimpansen in Uganda sind nicht nur auf den Geschmack von Feldfrüchten wie Zuckerrohr, Bananen, Mangos und Papaya gekommen, sie haben auch gelernt, nachts im Mondlicht auf Raubzug zu gehen, wenn sie eher nicht auf Menschen treffen.

Aber wenn wir ein Beispiel für richtig anpassungsfähige Primaten suchen, müssen wir uns Paviane ansehen. Die probieren alle möglichen Nahrungsquellen aus, daher ist ihre Art sehr erfolgreich und kann sich in verschiedenen Lebensräumen ausbreiten. In Asien erweisen sich Makaken als höchst anpassungsfähig. Aber natürlich gelten sie wegen ihrer Vorliebe für die Nahrungsmittel der Menschen als Schädlinge, die vernichtet werden müssen.«

»Anpassung ist also wichtig fürs Überleben«, fasste ich zusammen. »Manche Arten schaffen es, andere nicht.« Ich fragte mich, ob wir es schaffen würden, uns nicht nur an die Folgen des Klimawandels, sondern auch an die Maßnahmen anzupassen, die wir zu dessen Verlangsamung ergreifen müssen.

»Ja, so funktioniert die Evolution schon seit Jahrtausenden. Anpassen oder zugrunde gehen. Das Problem ist nur, wir haben die Dinge mittlerweile dermaßen verkorkst, dass wir oft eingreifen müssen, um die Zerstörung von Lebensräumen oder die Auslöschung der Arten aufzuhalten. Und an dieser Stelle hat, wie bereits gesagt, der menschliche Intellekt seinen großen Auftritt. Viele nutzen ihren Verstand, um die Natur in ihrem Willen zum Leben zu unterstützen, arbeiten also mit ihr. Es gibt eine Menge bemerkenswerte Geschichten von engagierten Leuten, die der Natur helfen, sich zu regenerieren.«

Mutter Natur unter die Arme greifen

Jane beugte sich aufgeregt zu mir vor. Sie gestikulierte, um die Wichtigkeit ihrer Worte zu unterstreichen: Selbst Lebensräume, die scheinbar komplett zerstört sind, können sich regenerieren, die Natur erobert sie langsam zurück, Schritt für Schritt. Man muss ihr nur Zeit lassen. Sie erklärte, dass sich in diesen Gebieten als Erstes extrem widerstandsfähige Pionierarten ausbreiten würden, die den Boden für andere Arten bereiten.

»Es gibt Forscher, die die Methoden der Natur beobachtet haben und sie nachahmen, um sie bei der Regenerierung zu unterstützen«, fuhr sie fort. »Ein gutes Beispiel dafür ist die Neubelebung eines stillgelegten Steinbruchs in der Nähe der kenianischen Küste, der wie eine entsetzliche, zweihundert Hektar große Wunde in der Landschaft klaffte. Dort gedieh nichts mehr. Angerichtet wurde der Schaden durch das Unternehmen Bamburi Cement, dessen Besitzer Felix Mandl aber interessanterweise nicht nur für diesen Kahlschlag verantwortlich zeichnet, sondern auch für die Maßnahmen zur Renaturierung des Ökosystems.

Er beauftragte dafür den unternehmenseigenen Gärtner René Haller, eine schier unmögliche Aufgabe, wie es zunächst schien. Tagelang durchstreifte Haller das kahle Gelände und stieß schließlich auf ein oder zwei arg mitgenommene Pflänzchen, die hinter einem zufällig nicht zertrümmerten Felsen sprossen. Mehr fand er nicht.

»Haller ließ sich komplett von der Natur leiten. Er pflanzte Kasaurinen, eine Pionierbaumart, die für den trockenen, salzreichen Boden am besten geeignet war und häufig bei Renaturierungsprojekten eingesetzt wird. Die Setzlinge schlugen Wurzeln und gediehen mit ein wenig Dünger und durch die Anreicherung der Wurzelsysteme mit Mikropilzen bereits existierender Bäume. Es gab dabei nur ein Problem: Die Nadeln blieben auf dem toten Boden liegen, es fand keine Kompostierung statt, wodurch sich keine anderen Pflanzenarten ansiedeln konnten. Doch Haller war ein kluger Beobachter, er wollte von der Natur lernen. Er bemerkte, dass sich bestimmte Tausendfüßler mit glänzenden schwarzen Körpern und leuchtend roten Beinen hungrig über die Nadeln hermachten. Aus ihren Exkrementen entstand eine Humusschicht, die sich perfekt für Hallers Habitat eignete. Also sammelte er in der Gegend Hunderte Tiere ein und setzte sie im Steinbruch aus. In kurzer Zeit wuchsen auf dem nun fruchtbaren Boden neue Pflanzen.

Innerhalb von zehn Jahren waren die zuerst gepflanzten Bäume bereits dreißig Meter hoch, und die mittlerweile tiefe Bodenschicht bot hundertachtzig heimischen Pflanzen neuen Lebensraum. Verschiedene Vögel, Insekten und andere Tiere kehrten zurück, später wurden Giraffen, Zebras und sogar Flusspferde angesiedelt. Heute wird das als Haller Park bekannte Gebiet jährlich von vielen Menschen besucht und gilt als Modell für andere Renaturierungsprojekte.

»Ist das nicht eine wunderbare Geschichte?«, fragte Jane. »Sie zeigt nicht nur, wie Schäden repariert wurden, sondern auch, wie ein Unternehmer sich lange vor dem Greenwashing vieler Großkonzerne für die Renaturierung einsetzte, weil er es für richtig hielt. Ein großartiges Beispiel dafür, dass selbst Gebiete, die als komplett zerstört gelten, mit etwas Zeit und unserer Hilfe wieder zum Leben erweckt werden können.«

Ich fragte mich, wie die Welt aussähe, wenn wir solche Maßnahmen in allen von uns ruinierten Gegenden ergreifen würden. Vor Kurzem hatte ich in einem Bericht gelesen, dass fast alle untersuchten Ökosysteme sich innerhalb von zehn bis fünfzig Jahren erholt hatten, die Meere am schnellsten, Wälder am langsamsten. »Erfüllen dich diese Versuche, der Welt ihre Wildnis zurückzugeben, mit Freude?«

»Ich finde diese Bewegung hervorragend und unverzichtbar«, sagte Jane. »Auf der Welt gibt es so viele Menschen – der größte Teil der Tierwelt besteht tatsächlich aus Menschen, ihrem Nutzvieh und ihren Haustieren –, deshalb müssen wir unbedingt für Gebiete sorgen, in denen komplette Wildnis herrscht. Und was mich am meisten begeistert: Die Versuche zeigen erste Erfolge!«

Jane erzählte mir, dass verschiedene NGOs, Regierungen und Menschen in Europa sich dazu bereiterklärt haben, große Waldgebiete, Moore und andere Lebensräume zu schützen und über die Grenzen hinweg durch Korridore aus Bäumen und Pflanzen zu verbinden, um den dort heimischen Tieren zu erlauben, sich frei und sicher zu bewegen. Das ist wichtig, um Inzucht zu vermeiden. Die Organisation Rewilding Europe hat sich vorgenommen, mithilfe eines sehr ambitionierten Plans, in zehn verschiedenen Regionen Europas Habitate unter ihre Obhut zu nehmen, jene Korridore zu schaffen, um in ihnen mehrere Arten zu sichern oder wieder anzusiedeln.

Jane erzählte mit viel Enthusiasmus und leuchtenden Augen von diesen Projekten.

»Welche Arten sind denn bereits zurückgekehrt?«, fragte ich.

»Also«, begann Jane, die Finger zum Abzählen erhoben, »da ist der Elch, der Steinbock mit seinen schönen geschwungenen Hörnern, der Goldschakal, der eigentlich ein kleiner grauer Wolf ist, und natürlich der normale Wolf, was nicht alle erfreut. Weiterhin der Europäische Biber und der Pardelluchs, eine Katzenart, die immer noch stark gefährdet ist. In manchen Ländern gibt es sogar Braunbären. Viele Vogelarten wie Singschwäne, Seeadler, Gänsegeier und Schmutzgeier haben sich in diesen Zonen wieder angesiedelt, manche von ihnen wurden seit mehreren Jahrhunderten nicht mehr in freier Wildbahn gesichtet.«

»Du benennst diese Arten, als wären sie dir sehr vertraut«, bemerkte ich.

»Nun, das liegt daran, dass sie mir sehr am Herzen liegen. Es sind Geschichten wie diese, an die ich denke, um dem Elend auf der Welt etwas entgegenzusetzen.«

»Das ist tatsächlich ermutigend. Und wer hat bei diesen Schutzprojekten die Nase vorn? Die NGOs? Die Naturschutzverbände? Die Bevölkerung? Wie gelingen diese Projekte?«

»Oft kommt der wichtigste Impuls tatsächlich direkt aus der Bevölkerung. Ein paar Bauern schließen sich einem Rewilding-Projekt an und stellen ihr Land dafür zur Verfügung, besonders dann, wenn es für sie nicht besonders viel abwirft. Viele dieser Programme sind weitreichend und erfreuen sich großer Unterstützung.«

Ich erzählte Jane von der Farm in Illinois, die einst meinem Schwiegervater gehörte. Dort hatte er einheimische Grasarten angepflanzt und erfreut festgestellt, dass Wildtruthähne und andere Arten auf sein Land zurückkehrten. Ich weiß noch heute, wie er auf seinem Traktor saß, den Blick über sein Land schweifen ließ und einheimische Pflanzen anbaute. Aber Wildtruthähne sind natürlich nichts gegen die Raubtiere, die manche Rewilding-Gruppen wieder ansiedeln wollen, etwa Wölfe oder Berglöwen.

»Ich kann mir vorstellen, dass es auch Gegner gibt, die sich weigern, Land für Tiere bereitzustellen, und schon gar nicht für Raubtiere.«

»Natürlich gibt es die«, sagte Jane. »Das ist in Afrika nicht anders als in Amerika. Farmer machen sich Gedanken um ihre Nutztiere, Angler und Jäger sorgen sich darum, dass Raubtiere ihnen den ›Sport‹ versauen. Aber je mehr Menschen anerkennen, dass Tiere ein Recht auf Leben haben, dass sie sich frei bewegen wollen, eine Persönlichkeit besitzen, einen Verstand und Gefühle, desto mehr Unterstützung gibt es für diese Programme. Besonders ermutigend finde ich, dass einige Arten Europas kurz vor dem Aussterben standen. Ein paar engagierte Menschen haben viele von ihnen davor gerettet, auf der langen Liste der verschwundenen Lebensformen zu enden. Sie haben ihnen eine neue Chance gegeben.«

»Hast du eine Lieblingsgeschichte von einer Art, die vor dem Aussterben gerettet wurde?«, wollte ich wissen.

Vor dem Aussterben gerettet

»Diese Geschichte handelt von drei besonderen Persönlichkeiten«, begann Jane. »Dr. Don Merton, ein abenteuerlustiger Wildbiologe, und zwei Chathamschnäpper, Männchen und Weibchen. Diese Geschichte ist mir von Anfang an ans Herz gewachsen, denn das sich nur durch die Farbe des Balgs vom Chathamschnäpper unterscheidende europäische Rotkehlchen, das in England oft Weihnachtskarten ziert, gehört zu meinen Lieblingsvögeln. Die beiden besonderen Chathamschnäpper wurden auf die Namen Blue und Yellow getauft, entsprechend der Farbe ihrer Fußberingung (blau und gelb).

Don Merton mit einem Chathamschnäpper. Es ist Dons Leidenschaft und Erfindungsreichtum zu verdanken, dass diese gefährdete Art vor dem Aussterben gerettet wurde.

Ich habe Don in Neuseeland getroffen, also kenne ich seine Geschichte aus erster Hand. Er ist einer dieser faszinierenden Menschen, die mir Hoffnung geben. Don Merton hatte alles darangesetzt, die letzten kleinen Vertreter ihrer Art vor dem Aussterben zu retten.

In Neuseeland hatten die Chathamschnäpper ursprünglich keine natürlichen Feinde (Prädatoren), also auch keine angeborene Antiprädator-Reaktion. Die Besiedelung durch den Menschen und die damit einhergehende Einschleppung von Nesträubern wie Katzen, Ratten und Wiesel brachten die Art bis an den Rand der Ausrottung. Die Vögel waren leichte Beute und konnten sich nicht an diese Gefahr anpassen. Um sie vor dem drohenden Aussterben zu retten, musste Don die noch vorhandenen Tiere fangen und sie auf einer Insel aussetzen, wo keine dieser eingeschleppten Raubfeinde lebten.

Bis er endlich die Erlaubnis erwirkt hatte und das Wetter es ihm ermöglichte, die Tiere im Frühling aufzuspüren, waren nur noch sieben übrig. *Sieben* Vögel auf der ganzen Welt! Zwei waren Weibchen, und obwohl beide in dieser Saison Eier gelegt hatten, schlüpften daraus keine Küken. Die Chathamschnäpper-Paare bleiben normalerweise auf Lebenszeit zusammen, aber die Männchen waren eindeutig unfruchtbar. Doch erstaunlicherweise beschloss Blue eines Tages, ihren Partner zu verlassen. Ein kleines Wunder! Sie paarte sich stattdessen mit einem der jüngeren Männchen. Die beiden bauten ein Nest, und sie legte zwei Eier, wie es typisch ist für diese Art.

Don erzählte mir, dass er sich in einer schrecklichen Zwickmühle befand. Er war Teil eines erfolgreichen Erhaltungszuchtprogramms für Vögel, doch die Methoden waren brutal, vor allem für die Muttertiere. Er war nicht sicher, ob er Blue ihre beiden Eier wegnehmen wollte, um sie dann einem Maorischnäpper-Pärchen ins Nest zu legen – diese Vögel sind ungefähr so groß wie die Chathamschnäpper –, in der Hoffnung, dass Blue und ihr neuer Partner ein weiteres Nest bauen und noch mal zwei Eier legen würden. Er gestand mir, dass er sich richtig schäbig vorkam, als er die Eier wegnahm und das sorgsam gebaute Nest zerstörte. Das Schicksal einer ganzen Art hing davon ab, ob Blue ein zweites Mal Eier legen würde. Und er hätte Schuld, wenn sie es nicht tat und deswegen die Chathamschnäpper aussterben würden.

Du kannst dir nicht vorstellen, wie erleichtert er war, als Blue und Yellow ein neues Nest bauten und Blue zwei weitere Eier legte. Don stibitzte ihnen auch diese Eier. Ein zweites Maorischnäpper-Pärchen bekam sie zur Aufzucht untergeschoben. Blue und Yellow bauten ein drittes Nest, es gab wieder zwei Eier.«

Ich versuchte mir vorzustellen, wie Don Merton dem Paar die Eier entfernt und sie den Maorischnäppern unbemerkt ins Nest geschmuggelt hatte. »Wie hat man die Maorischnäpper dazu gebracht, die fremden Eier auszubrüten?«

»Der Kuckuck macht das andauernd, und zwar bei verschiedenen Vogelarten. Vögel brüten oft fremde Eier aus. Die Herausforderung kam erst, als die Küken geschlüpft waren. Don konnte sie nicht einfach den Maorischnäppern überlassen, denn dann hätten sie nicht das Verhalten der Chathamschnäpper erlernt. Er setzte die winzigen Jungtiere zurück ins Nest von Blue und Yellow … und Yellow fütterte sie! Als Don ihnen die nächsten beiden Jungtiere brachte, waren aus ihrem dritten Gelege auch gerade Küken geschlüpft. Die beiden mussten jetzt sechs Küken durchfüttern, statt die typischen zwei.

Don sagte, als er Blue vorsichtig die letzten beiden geschlüpften Küken unterschob, habe sie ihn angesehen, als würde sie fragen, was er ihr als Nächstes zumuten wolle. Aber er hatte sie beruhigt: ›Keine Sorge, Schätzchen, wir helfen dir beim Füttern.‹ Sie sammelten Insekten, Maden und Würmer für die heranwachsende Großfamilie.

Don und sein Team wiederholten diese Methode noch ein paar Jahre lang, die meisten Jungtiere paarten sich und pflanzten sich fort. Heute leben ungefähr zweihundertfünfzig Chathamschnäpper auf der Insel.

Stell dir das mal vor: Don, Blue und Yellow haben eine ganze Art gerettet! Blue lebte vier Jahre länger als für diese Tiere üblich. Als sie mit dreizehn Jahren starb, war sie berühmt, man nannte sie liebevoll ›Old Blue‹. Man hat ihr sogar ein Denkmal gesetzt.«

Jane hatte offensichtlich große Freude an Geschichten, die von Tierrettungen erzählten. Viele Arten seien durch menschlichen Einfallsreichtum und Entschlossenheit vor dem Aussterben bewahrt worden, erklärte sie, die meisten durch Erhaltungszucht. Der Schwarzfußiltis der nordamerikanischen Prärie galt bereits als ausgestorben, bis ein Wachhund eines dieser Tiere tötete und man bei der darauffolgenden Suche eine kleine Population entdeckte, mit deren Hilfe Wissenschaftler ein erfolgreiches Erhaltungszuchtprogramm starten konnten. Schreikranich, Wanderfalke, Pardelluchs, Kalifornischer Kondor waren alle bis auf ein paar Wildtiere ausgerottet, als man Versuche unternahm, sie zu retten. Es existieren sogar Arten, die in der freien Natur ausgestorben waren, aber durch Erhaltungszuchtprogramme wieder in ihrer ursprünglichen Heimat angesiedelt werden konnten. Dazu gehören der Davidshirsch in China oder die Arabische Oryx-Antilope. Es gibt viele Fisch-, Reptilien-, Amphibien-, Insekten- und Pflanzenarten, die durch die harte Arbeit einiger engagierter Menschen gerettet wurden.

»Gerade heute erreichte mich eine E-Mail mit wunderbaren Nachrichten über die Säbelantilopen«, sagte Jane. »Früher lebten diese wunderbaren Tiere in nordafrikanischen und arabischen Wüstenregionen, aber sie wurden bis zu ihrer Ausrottung bejagt. Diese Art wurde nur durch Erhaltungszucht gerettet.

Ich habe die Geschichte dieser beeindruckenden Tiere verfolgt. Die ersten fünfundzwanzig wurden 2016 in ein riesiges Gebiet im Tschad ausgewildert, wo sie auch ursprünglich lebten. Seitdem werden jährlich Kleingruppen in der Wildnis angesiedelt, gegenwärtig gibt es ungefähr zweihundertfünfundsechzig Alt- und Jungtiere und zweiundsiebzig Kälber, alle frei, alle anscheinend bestens angepasst.

Diese Nachricht schrieb mir Justin Chuven von der Environment-Agency in Abu Dhabi. Ich habe ihn gefragt, ob die Säbelantilopen tatsächlich sechs Monate ohne Wasser überleben können. Daraufhin sagte er mir, dass sie auch schon mal sieben Monate ohne Wasser lebten, manchmal sogar neun!«

»Das ist extrem lang. Wie soll das gehen?«

Eine Säbelantilopenkuh gebar nur Stunden nach ihrer Auswilderung in ihr ursprüngliches Habitat ihr erstes Kalb. Als ich dieses Bild erhielt, rührte es mich zu Tränen.

»Justin erklärte mir, dass die Antilopen sich dazu von wasserreichen Pflanzen ernähren, eine davon ist die Bittermelone, ein längliches Kürbisgewächs, das, wie der Name schon verrät, bitter schmeckt. Es sei ein Spaß, den Tieren in einer Region mit diesen Früchten zuzusehen. Sie beißen in eine Frucht, schütteln angewidert den Kopf, versuchen es bei der nächsten, wieder nur ein Biss. Es scheint, als hofften sie, irgendwann eine genießbare zu finden, was natürlich nie gelingt! Aber sie nehmen dadurch viel Wasser zu sich.«

Die Geschichten der Artenrettung empfand ich als sehr ermutigend, aber ich wusste auch, dass manche die Mühen und Kosten nicht für angemessen hielten. »Was sagst du denjenigen, die der Meinung sind, Aufwand und Kosten des Artenschutzes seien Verschwendung?«, fragte ich. »Schließlich sind im Laufe der Erdgeschichte sowieso 99,9 Prozent der Arten ausgestorben, warum sollen wir jetzt so viel Geld ausgeben, um sie zu retten?«

»Wie du vorher selbst gesagt hast, Doug, sterben die Arten heute schneller aus als je zuvor, und zwar wegen uns.« Jane war wieder ernst geworden. »Wir versuchen lediglich, den durch uns verursachten Schaden zu reparieren. Dabei geht es nicht nur um die Tiere. Ich bemühe mich, den Leuten klarzumachen, dass wir Menschen von der Natur abhängig sind, ohne sie haben wir keine Nahrung, keine Luft, kein Wasser, keine Kleidung – nichts. Aber Ökosysteme müssen gesund sein, damit sie uns versorgen können. In Gombe habe ich während der vielen Stunden im Regenwald gelernt, dass jedes Lebewesen eine Rolle spielt und wirklich alles miteinander verwoben ist, wie bei einem Teppich. Und jedes Mal, wenn eine Art ausstirbt, bekommt dieser Teppich ein Loch. Je mehr Löcher entstehen, desto schwächer ist das Ökosystem. An manchen Stellen ist dieser Teppich bereits so löchrig geworden, dass er fast zerfällt. Es ist höchste Zeit, ihn zu flicken.«

»Haben die Renaturierungsmaßnahmen eine langfristige Wirkung?«, fragte ich, während wir näher an den Kamin heranrückten. Ich gab Jane eine Decke, die sie sich wie einen Schal über die Schultern legte. »Kannst du mir ein Beispiel dafür nennen?«

»Ich glaube, das beste Beispiel für die gelungene Renaturierung eines Ökosystems ist der Yellowstone National Park in Amerika.«

Jane erzählte mir, dass der Wolf in Nordamerika schon vor hundert Jahren so gut wie ausgerottet wurde. Im Yellowstone Park hatten die Wapitis ohne ihren natürlichen Feind freie Bahn, was rasch zur Überweidung führte und das Ökosystem empfindlich störte. Mäuse und Kaninchen konnten sich nicht mehr im Dickicht verstecken, ihre Populationen nahmen drastisch ab. Bienen fanden weniger Blüten zum Bestäuben. Die Grizzlys fanden nicht genügend Beeren, die sie zur Vorbereitung auf die Überwinterung brauchten. Die Wölfe hatten dafür gesorgt, dass sich Wapitis, die zur zweitgrößten Hirschart zählen, vom Flussufer fernhielten, wo sie leicht gerissen werden konnten. Ohne die Wölfe verbrachten die Wapitis längere Zeit am Ufer, große Herden erodierten mit ihren Hufen die Uferzonen, der Fluss wurde schlammig. Im trüben Wasser sank die Fischpopulation, Biber konnten keine Dämme mehr bauen, denn die Überweidung zerstörte viele junge Bäume.

Als man die ersten Wölfe im Park auswilderte, dezimierten sie die Wapiti-Population von siebzehntausend auf erträgliche viertausend Tiere. Aasfresser wie Kojoten, Adler und Raben konnten sich wieder vermehren, genauso die Grizzlys. Sogar die Wapitis profitierten davon, denn ihre Population wurde stärker und widerstandsfähiger, im Winter verhungerten weniger Tiere. Für die Menschen änderte sich auch vieles zum Besseren: In den Gegenden rund um den Park stieg die Qualität des Trinkwassers und die Wölfe lockten mehr Touristen an. Ich konnte zunehmend nachvollziehen, was Jane mit ihrem Bild vom Teppich ausdrücken wollte.

»Ich wünschte, die Medien würden den ermutigenden Nachrichten mehr Platz einräumen«, schloss Jane.

Ich wollte nun von ihr wissen, ob man sie je gefragt habe, warum sie so viel Geld für den Tierschutz ausgebe, statt Menschen zu unterstützen, die in Armut leben.

»Ha, darauf kannst du wetten! Andauernd.«

»Und was antwortest du darauf?«

»Ich weise darauf hin, dass Tiere das gleiche Recht haben wie wir, auf diesem Planeten zu leben. Nebenbei bemerkt sind auch wir Tiere. Das Jane Goodall Institute kümmert sich außerdem um Menschen, genau wie die meisten anderen Naturschutzorganisationen. Tatsächlich stellt sich zunehmend heraus, dass Naturschutz langfristig nur erfolgreich sein kann, wenn die im jeweiligen Gebiet ansässigen Menschen etwas davon haben und vor allem involviert sind.«

»Du hast ein solches Programm in Gombe auf die Beine gestellt, nicht wahr? Wie fing das alles an?«

»1987 habe ich sechs afrikanische Länder besucht, in denen man die Gründe für schrumpfende Schimpansenpopulationen erforschte und nach Gegenmaßnahmen suchte. Dabei habe ich eine Menge gelernt, über die Zerstörung der waldreichen Lebensräume, die Anfänge des Handels mit Buschfleisch, will heißen, die kommerzielle Jagd auf wilde Tiere und die Tötung von Muttertieren, um die Jungen als Haustiere zur Belustigung der Menschen zu verkaufen. Während dieser Reise erfuhr ich aber auch von der Misere vieler Afrikaner und Afrikanerinnen, die rund um die Schimpansenhabitate lebten: Armut, fehlende medizinische Einrichtungen, keine Schulen, zerstörte Umwelt.

Ich bin losgefahren, um mehr über die Probleme der Schimpansen zu erfahren – und erkannte, dass diese eng mit der Notlage der Menschen verknüpft sind. Würden wir den Menschen nicht helfen, so wurde mir klar, wären auch die Schimpansen am Ende. Also informierte ich mich genauer über die Situation der Menschen in den Dörfern rund um Gombe.«

Jane erzählte, dass dort damals unglaubliche Armut herrschte. Es gab überhaupt keine medizinische Versorgung, kein fließendes Wasser, keinen Strom. Mädchen absolvierten nur die Grundschule, danach mussten sie im Haushalt und in der Landwirtschaft helfen, mit dreizehn wurden sie verheiratet. Viele ältere Männer hatten vier Frauen und eine Menge Kinder.

»In jedem der zwölf Dörfer rund um Gombe gab es eine Grundschule. Die Schüler und Schülerinnen wurden von den Lehrkräften regelmäßig mit Stöcken verprügelt, und sie verbrachten viel

Zeit damit, den Schulhof zu fegen. Einige Dörfer hatten eine Art Ambulanz, aber es fehlte an allem, was man für die medizinische Versorgung brauchte.

Also startete das JGI 1994 Tacare. Damals war der dabei zugrundeliegende Denkansatz noch recht neu. George Strunden, der kluge Kopf hinter dem Programm, stellte ein kleines Team einheimischer Tansanier zusammen, das die Menschen in den zwölf Dörfern befragte, was das JGI tun könnte, um ihnen zu helfen. Sie wollten mehr Feldfrüchte anbauen, eine bessere medizinische Versorgung und bessere Schulen. Und da setzten wir an, und zwar in enger Zusammenarbeit mit der tansanischen Regierung. Im ersten Jahr ging es erst einmal überhaupt nicht um die Schimpansen.

Weil wir zuerst die Einheimischen befragt hatten, schenkten sie uns ihr Vertrauen. So entstand Schritt für Schritt ein Programm, bei dem beispielsweise neue Bäume gepflanzt und die Wasserversorgung geschützt wurden.«

»Ihr habt doch auch Mikrokredite vergeben, oder?«

»Ja, für mich gehört das zu den großen Erfolgen dieses Programms. Ich bin heute noch verwundert und erstaunt, dass mich Dr. Muhammad Yunus, der 2006 den Friedensnobelpreis gewann und einer meiner Helden ist, kurz nach dem Start des Tacare-Projekts nach Bangladesch einlud, um mich einigen Frauen vorzustellen, die von seiner Grameen Bank Kleinkredite erhalten hatten. Dr. Yunus rief das Kreditprogramm ins Leben, weil die großen Banken sich weigerten, Mikrokredite zu vergeben. Die Frauen erzählten mir, wie lebensverändernd es für sie war, zum ersten Mal Geld zu besitzen. Jetzt konnten sie ihre Kinder endlich zur Schule schicken. Das überzeugte mich sofort, Tacare führte ein ähnliches Programm ein.

Wenig später besuchte ich Gombe erneut. Einige jener Menschen, die dadurch Mikrokredite bekommen hatten, erzählten von den kleinen Unternehmen, die sie damit aufgebaut hatten. Eine junge Frau, gerade mal siebzehn Jahre alt und sehr zurückhaltend, wollte mir aber unbedingt schildern, wie sehr sich ihr Leben durch den Kredit verändert hatte. Sie gründete mit dem Geld eine Baumschule und verkaufte Setzlinge an das Aufforstungsprogramm des Dorfes. Sie war so stolz. Den ersten Kredit hatte sie bereits zurückgezahlt, ihr Unternehmen erzielte Profite, sie hatte sogar eine Frau eingestellt, die ihr half. Dank Tacares Informationen über Familienplanung war es ihr außerdem möglich, die Geburt ihres zweiten Kindes auf einen geeigneten Zeitpunkt zu legen. Mehr als drei Kinder wolle sie nicht, sagte sie mir, denn sie wolle ihnen eine gute Bildung ermöglichen, und zu mehr reiche das Geld nicht.«

»Du betrachtest eine freiwillige Einschränkung des Bevölkerungswachstums und besseren Zugang zu Bildung – vor allem für Mädchen – als wichtigen Lösungsansatz für unsere Umweltkrise«, stellte ich klar.

»Ja, das ist ein grundlegender Aspekt. Bei einem anderen Dorfbesuch hat mich nach meinem Vortrag in der Grundschule ein Mädchen angesprochen, das ein Tacare-Stipendium erhalten hatte, um eine weiterführende Schule besuchen zu können. Auch sie war sehr schüchtern, freute sich aber wahnsinnig darauf, in der Stadt auf ein Internat zu gehen.«

Jane lachte, denn sie erinnerte sich daran, dass es zu Beginn ein Problem gegeben hatte. Ein wichtiges Anliegen von Tacare war es, Mädchen den Besuch von weiterführenden Schulen zu ermöglichen, doch die weigerten sich, während der Menstruation zum Unterricht zu kommen. Der Grund: Die Latrinen in der Schule waren stinkende Löcher ohne jegliche Privatsphäre. Außerdem hatten sie keine Binden.

»Wir planten daraufhin die Einrichtung belüfteter Feldtoilet-

Eine Frau, die mit einem Tacare-Kleinkredit eine Baumschule gründete.

ten, die heißen auf Englisch ›ventilated improved pit latrines‹, also VIP-Klos!«, erklärte Jane schmunzelnd. »Als Geburtstagsgeschenk wünschte ich mir in jenem Jahr Geld für eine solche Toilette – es reichte für fünf! Als sie fertig waren, wohnte ich der offiziellen Einweihung bei. Es war ein tolles Ereignis, die Eltern kamen im feinsten Zwirn, ein paar Leute von der Regierung waren da und natürlich eine Menge aufgeregter Kinder.

Das Toilettenhaus hatte einen Betonboden, fünf kleine Kabinen mit abschließbaren Türen für die Mädchen und hinter einer Trennwand drei Toiletten für die Jungen. Sie waren nagelneu und unbenutzt. Mit feierlicher Geste durchtrennte ich das Band und wurde von der Direktorin und einem Fotografen in die Mädchenabteilung geleitet. Ich betrat eine Kabine, und um die Sache authentisch zu machen, setzte ich mich natürlich auf die Toilette. Aber meine Hose zog ich nicht herunter.« Jane grinste verschlagen.

»Doch daran siehst du, dass wir den Mädchen die Möglichkeit eröffnet haben, sich aus ihrem Leben in Armut zu befreien, und zu verstehen, dass es ihnen und ihren Familien nur gut gehen kann, wenn es auch ihrer unmittelbaren Umwelt gut geht.

Fast alle Dörfer liegen in Schutzgebieten, aber bis 1990 waren fast alle dieser Areale trotzdem gerodet, die Bäume benutzten die Menschen zum Feuermachen, zur Holzkohleherstellung oder um den Boden für die Landwirtschaft freizumachen. Da die letzten Schimpansen Tansanias in diesen Schutzgebieten lebten, sah ihre Zukunft ziemlich düster aus. Doch jetzt hat sich alles geändert. Unser Tacare-Programm ist mittlerweile in hundertvier Dörfern etabliert und erhält den Lebensraum für Tansanias ungefähr zweitausend wilde Schimpansen.

Erst letztes Jahr habe ich mich in einem dieser Dörfer mit Hassan getroffen, einer der beiden dort tätigen Waldaufseher, der gelernt hatte, ein Smartphone zu benutzen. Er wollte uns unbedingt durch ›seinen Wald‹ führen und demonstrieren, wie er mithilfe des Handys dokumentierte, wo man einen Baum illegal abgeholzt und eine Falle aufgestellt hatte. Er zeigte uns auch, wo neue Bäume wuchsen, zudem erzählte er uns, dass er immer mehr Tiere sah, erst drei Tage zuvor sei ihm am Abend auf dem Heimweg ein Schuppentier begegnet. Aber viel aufregender fand er die Schimpansenspuren, die er gefunden hatte: drei Schlafnester und Exkremente.«

»Es tut mir so leid, dass wir uns nicht gemeinsam in Gombe umschauen konnten«, sagte ich und dachte an meine abrupte Abreise, um am Krankenbett meines Vaters zu wachen, bis er starb.

»Du hast getan, was nötig war. Es kommt sicher noch eine andere Gelegenheit. Es wäre aber sicher hochinteressant für dich gewesen und sehr ermutigend«, fuhr Jane fort. »Denn unser Programm, das im Prinzip darauf abzielt, Menschen zu schützen, damit sie die Umwelt besser schützen können, trägt Früchte!

Hassan ist einer der ersten von Tacare ausgebildeten Waldbeobachter, die ein Smartphone benutzen, um Fallen zu dokumentieren, oder, wie hier, illegal abgeholzte Bäume. Er hält außerdem fest, wenn er Tiere oder deren Spuren sieht, etwa von Schimpansen oder anderen Wildtieren.

Die Dorfbewohner sind mittlerweile sehr engagiert, sie wollen alles über Agrarforstwirtschaft und Permakultur lernen, die Farmer pflanzen Bäume, die ihrer Aussaat Schatten spenden und Stickstoff im Boden binden. Alle Dörfer haben Aufforstungsprojekte, und die Hügel rund um Gombe sind nicht mehr kahl. Und das Beste: Die Menschen verstehen inzwischen, dass Waldschutz nicht nur Schutz für die Wildtiere bedeutet, sondern sie damit auch ihre Zukunft sichern, daher sind sie Partner von Tacare geworden.«

Jane erklärte mir, dass Tacare-Projekte mittlerweile in sechs weiteren afrikanischen Ländern etabliert wurden, in denen das JGI tätig ist, mit dem Erfolg, dass nicht nur Schimpansen und ihre Wälder, sondern auch andere Wildtiere von den Menschen geschützt werden, die dort leben und in deren Händen ihre Zukunft liegt.

Emmanuel Mtiti war von Anfang an als Leiter von Tacare dabei. Dieser kluge Mann hat eine natürliche Führungspersönlichkeit und war somit die perfekte Wahl, um die Dorfbewohner zur Mitarbeit zu animieren. Von hier oben haben wir einen wunderbaren Blick über das weitläufige Gebiet, in dem das Projekt aktiv dafür sorgt, dass es den Menschen und der Umwelt besser geht.

»Ich verstehe dich inzwischen besser, wenn du sagst, dass zwischen der Widerstandskraft der Natur und jener des Menschen eine Verbindung besteht, dass wir Hoffnung für Menschen und die Umwelt verbreiten, dass wir gegen Ungerechtigkeit, gegen Armut, gegen die Unterdrückung von Frauen vorgehen müssen. Mit unseren Bemühungen zum Schutz von bedrohten Arten schützen wir die Biodiversität auf der Erde – und wenn wir alles Leben schützen, schließen wir uns damit ein.«

Jane nickte. Sie war offenbar erfreut, dass ich sie verstand.

Ich sah auf die Uhr, fast vier.

»Huch, es ist fast dunkel«, sagte Jane. »Winter. Komm, wir schüren das Feuer, ich schenke uns ein Tröpfchen ein, und wir diskutieren noch ein wenig. Aber erst muss ich meine Stimmbänder ölen.« Tatsächlich klang sie ein wenig angestrengt.

Jane holte eine Flasche Johnnie Walker hervor, die aussah wie die, die ich ihr in Tansania mitgebracht hatte, und schenkte uns ein.

Nachdem wir es uns vor dem Feuer gemütlich gemacht hatten, hob sie ihr Glas. »Auf die Hoffnung!«, sagte sie. Wir stießen an und tranken.

Wir brauchen die Natur

»Ich habe noch etwas hinzuzufügen«, fuhr Jane mit neu erstarkter Stimme fort. Der Whisky hatte offenbar gewirkt. »Wir sind nicht nur ein Teil der Natur und hängen von ihr ab – wir *brauchen* sie

tatsächlich. Der Schutz der Ökosysteme, die Auswilderung und zunehmende Renaturierung weiter Teile der Welt schützt auch unsere geistige und seelische Gesundheit. Dafür gibt es in der Forschung eine Menge Belege, aber ich möchte es an dieser Stelle noch einmal ausdrücklich betonen. Ich brauche meine Zeit in der Natur, selbst wenn ich nur unter einem Baum sitze oder durch einen Wald gehe und einen Vogel singen höre – einzig so finde ich inneren Frieden in dieser verrückten Welt.

Bin ich in einem Hotel und betrachte aus dem Fenster die Stadt, denke ich: Unter diesem Beton, unter diesem Asphalt befindet sich guter Boden. Wir könnten etwas anbauen. Hier könnten Bäume sein, Blumen, Vögel. Dann denke ich daran, wie immer mehr Menschen den urbanen Raum begrünen und bepflanzen, nicht nur, um Temperaturen abzusenken, die Luft und das Wasser zu reinigen, sondern auch, um unser Lebensgefühl zu verbessern. Sogar in Metropolen wie Singapur gibt es Projekte, die darauf abzielen, städtische Lebensräume mit grünen Baumgürteln zu verbinden, damit die Tiere auf ihrer Suche nach Nahrung oder Partnern freier herumstreifen können. Wenn wir ihr eine Chance geben, kehrt die Natur zurück. Jeder gepflanzte Baum macht einen Unterschied.«

Jane war Teil einer Initiative, die während des Weltwirtschaftsforums 2020 in Davos ins Leben gerufen wurde: die Pflanzung von einer Billion Bäumen im nächsten Jahrzehnt als Gegengewicht zur globalen Zerstörung der Wälder durch den Menschen.

»Die Bäume könnten uns retten«, sagte ich.

»Bäume zu pflanzen ist sehr wichtig. Noch wichtiger ist es allerdings, bestehende Wälder zu schützen, denn es dauert, bis Setzlinge heranwachsen und groß genug sind, um ausreichend CO_2 aufzunehmen. Und natürlich müssen sie gepflegt werden. Selbstverständlich müssen auch wir die Meere von Plastik befreien, und jedem ist klar, dass wir den Ausstoß von Treibhausgasen reduzieren müssen.«

»Wohin gehst du, um in der Natur aufzutanken, wenn du nicht in Gombe bist?«, wollte ich nun wissen.

»Ich versuche, einmal im Jahr in Nebraska zu sein, mein Freund, der Naturfotograf Tom Mangelsen, hat dort eine Hütte. Sie liegt am Platte River, und ich halte mich dort auf, wenn die Kanadakraniche, Schneegänse und viele andere Wasservögel auf ihrem Zug in ihre Winterquartiere an diesem Fluss Halt machen.«

»Warum Nebraska?« Ich war tatsächlich neugierig, denn ich wusste, dass sie, die ständig auf Reisen war, eigentlich überall auf der Welt ihre Zelte aufschlagen könnte.

»Weil ich dort die berühmte Widerstandskraft, über die wir die ganze Zeit reden, unmittelbar erleben kann. Denn obwohl der Fluss verschmutzt ist, obwohl die Prärie erschlossen wurde, um dort genetisch veränderten Mais anzubauen, obwohl die Bewässerung der Felder den Ogallala-Aquifer, ein Grundwasserreservoir, austrocknet und die meisten Feuchtgebiete trockengelegt wurden, kommen die Vögel zu Millionen, um sich an dem Getreide fett zu fressen, das von der Ernte übrig geblieben ist. Es macht mir große Freude, am Flussufer zu sitzen und den Kranichen beim Anflug zuzusehen, Schar um Schar, hinter ihnen der prachtvolle Sonnenuntergang, und ihre uralten, wilden Rufe zu hören – das ist etwas ganz Besonderes. In solchen Momenten spüre ich die Kraft der Natur. Versinkt die Sonne dann hinter den Bäumen am gegenüberliegenden Ufer, breitet sich auf der Oberfläche des seichten Flusses eine graue Federdecke aus, und unzählige Vögel landen, um dort die Nacht zu verbringen. Nach und nach verstummen ihre uralten Rufe. Danach wandern wir im Dunkeln zurück zur Hütte.«

Jane hatte die Augen geschlossen, ihr Gesicht leuchtete bei der Erinnerung an diese sicher zauberhaften Abende.

Der Whisky wärmte mich. »Ich habe auch ein unvergessliches Naturerlebnis beizutragen, das mich mit Hoffnung erfüllt«, sagte ich.

»Oh, erzähl!«, sagte Jane, die sich freute, ihre Sammlung um eine weitere Hoffnungsgeschichte bereichern zu können.

»Die Grauwale im Pazifik standen kurz vor ihrer Ausrottung, aber jetzt haben sie sich nicht nur erholt, sondern suchen sogar aktiv die Nähe zum Menschen, ihre früheren Todfeinde: Man nennt sie jetzt die freundlichen Grauwale.«

»Ja, davon habe ich schon gehört. Erstaunlich!«

»Dieses unvergessliche Erlebnis hatte ich in einer Aufzuchtstation für Grauwale im mexikanischen Bundesstaat Baja California. Mir war ein bestimmter Wal aufgefallen, er war fast weiß. Der Exkursionsführer erklärte mir, dass dies bei alten Tieren öfter zu beobachten ist. Der Grauwal hatte zudem am ganzen Körper Kratzer und Schnitte, Verletzungen, die sich Muttertiere zuziehen, wenn sie ihren Nachwuchs gegen die Orcas, die Schwertwale, verteidigen, die die Jungtiere auf ihrer jährlichen Wanderung von Alaska nach Baja angreifen, um sie zu fressen. Als der Grauwal näher kam, sahen wir auch die Seepocken auf seiner Haut und eine tiefe Delle am Ende seines Atemlochs, ebenfalls ein Zeichen hohen Alters. Unser Führer war sich sicher, dass es sich hier um eine Großmutter handelte.

Die Walgroßmutter streckte direkt neben unserem Boot den Kopf aus dem Wasser und legte ihr Kinn auf dem Geländer ab. Wir streichelten ihre silbrige Haut. Abgesehen von den Seepocken war ihre Haut glatt und schwammig, wir konnten den weichen Walspeck fühlen. Irgendwann rollte sie sich auf die Seite, sperrte das Maul auf und zeigte uns die Barten, ein Zeichen der Entspannung. Dann blickte sie uns mit ihren eindrucksvollen Augen an. Was sie in uns sah, während wir über ihr standen und sie lächelnd betrachteten, weiß ich nicht, aber eines war klar: Sie fühlte sich sicher und suchte den Kontakt zu uns, hier, in dieser Bucht, wo wir ihre Art fast vernichtet hatten. Dieser Augenblick bewegte mich so sehr, dass mir die Tränen kamen.

Im Hintergrund sagte unser Führer: ›Diese Waldame hat uns das vergeben, was wir ihr in der Vergangenheit angetan haben, und sie nimmt uns wahr, wie wir heute sind.‹«

Jane nickte. »Es ist immer wieder erstaunlich, wenn wir eine Verbindung mit der Natur spüren.«

»Hast du noch andere Orte als Nebraska, an denen du diese Verbindung stark empfindest?«

»Klar, ich gehe jedes Jahr nach Gombe. Ich setze mich auf die Anhöhe, wo ich bereits als junge Frau gesessen habe, und genieße den Blick über den Tanganjikasee bis zur fernen Gebirgskette im Kongo. Und wenn die Sonne am Ufer des riesigen Sees – er ist der zweitgrößte der Erde – hinter den Bergen versinkt, färbt sich der Himmel erst zartrosa und schließlich feuerrot. Oder die schwarzen Wolken ballen sich zusammen, der Donner grollt und Blitze zucken, dann ist Nacht.

Manchmal lege ich mich am Ende eines Tages an einem stillen Ort auf den Rücken und betrachte den Himmel, sehe zu, wie die Sterne nach und nach aufblitzen. Und ich sehe mich selbst, ein winziges Staubkorn mit Bewusstsein im unendlichen Universum.«

In diesem Augenblick hatte ich das Gefühl, ich könnte ewig hier am Feuer sitzen und Janes Geschichten lauschen, aber beim Blick aus dem Fenster in die sternenklare Nacht wusste ich, dass es Zeit war zu gehen. Am nächsten Tag würde ich zurückzukehren, um mehr über ihre letzten beiden Gründe für die Hoffnung zu erfahren. »Sollen wir für heute Schluss machen?«, fragte ich.

»Ich will dir noch eine letzte Geschichte über Hoffnung und die Widerstandskraft der Natur erzählen«, sagte Jane, als hätte ich sie aus einem Tagtraum gerissen. »Letztes Jahr, am Weltfriedenstag, habe ich an einer sehr speziellen Zeremonie in New York teilgenommen. Ungefähr zwanzig Mitglieder unseres internationalen Jugendprogramms Roots & Shoots waren gekommen, viele von ihnen afroamerikanische Highschool-Schüler aus ganz Amerika. Wir versammelten uns rund um den Überlebensbaum, der bei den Anschlägen am 11. September schwer beschädigt wurde. Richie Cabo, der dabei geholfen hatte, dass der Birnbaum wieder heilte und wuchs, war auch dabei. Wir betrachteten die starken Äste, die weit in den Himmel ragten.

Da es September war, fielen die Blätter. Wir standen schweigend dort und beteten für den Frieden in der Welt, für ein Ende des Rassenhasses und der Diskriminierung, einen neuen Respekt gegenüber der Natur. Und da sah ich es, ein kleines, ordentlich gebautes Nest. Ich stellte mir vor, wie die Eltern ihre Jungen gefüttert hatten, die dann irgendwann flügge geworden waren und die sie schließlich voller Hoffnung in eine ihnen noch unbekannte

Besuch beim *Survivor Tree* am Weltfriedenstag der UN. Nur noch die tiefen Wunden an der Rinde erzählten von seinem Leid. Richie Cabo, der Baumpfleger, steht direkt neben mir, auch Ron Vega ist zu sehen, weiter rechts von mir, der dafür sorgte, dass der Baum heute an dieser Stelle steht.

Welt davonfliegen gesehen hatten. Auch die Kinder sahen hinauf zum Nest, einige lächelten, andere hatten Tränen in den Augen. Auch sie waren bereit, hinauszuziehen in die Welt. Und der *Survivor Tree* war nicht nur von den Toten auferstanden, hatte nicht nur neue Blüten und Blätter getragen, sondern auch neues Leben.«

Jane sah mich an, hier in der kleinen Hütte mitten in den Niederlanden.

»Verstehst du jetzt, warum ich es wage zu hoffen?«, fragte sie leise.

Am Weltfriedenstag auf Einladung der UN: Ich inmitten einer Roots & Shoots-Gruppe.

Grund 3:
Die Macht der Jugend

»Ich wollte immer schon mit Kindern arbeiten«, sagte Jane. »Es ist komisch, als ich jung war, dachte ich oft, eines Tages wirst du alt sein – so alt wie jetzt –, und dabei sah ich mich unter einem Baum sitzen und einer Schar Kinder Geschichten erzählen.«

Ich konnte mir Jane problemlos unter ihrer geliebten Buche vorstellen, umgeben von Kindern. Doch in diesem Moment war ich froh, dass wir uns nicht im Wald aufhielten, sondern hier in der Hütte am Kamin saßen, wo es warm und gemütlich war.

Die Morgensonne brachte Janes Wangen zum Leuchten. Als ich sie so ansah, in ihrem rosafarbenen Rollkragenpullover und grauer Steppjacke, fiel mir auf, dass ich sie nie als alt betrachtet hätte, dafür war sie viel zu aktiv, lebendig und unerschütterlich. Menschen altern so unterschiedlich. Manche sind schon mit vierzig oder fünfzig vom Leben erschöpft und ziehen sich zurück, andere sind noch mit achtzig oder neunzig neugierig auf das, was es im Laboratorium des Lebens zu entdecken gilt.

Gerade als ich Jane nach ihrem dritten Grund für die Hoffnung fragen wollte, ertönte von draußen Kindergelächter.

»Vorträge vor Schülern und Studenten bereiten mir am meisten Freude. Sie sind so engagiert, so lebendig! Es funktioniert allerdings auch wunderbar mit den Kleinen, besser, als man denkt. Sie zappeln zwar die ganze Zeit herum, während man ihnen Geschichten erzählt, und man denkt, sie hören gar nicht zu, doch dann trifft man später die Eltern und erfährt, dass sie ihnen alles haarklein wiedererzählt und jedes Wort behalten haben. In dem Alter können und sollten sie nicht still sitzen, bei kleinen Schimpansen ist das nicht anders – sie sollen beim Spielen lernen und zuhören. Deswegen kann Schule tatsächlich schlecht sein für die Kleinen, denn sie zwingt sie, sich ruhig zu verhalten, aber so ist das nicht gedacht! Der Nachwuchs soll aus Erfahrung lernen. Glücklicherweise findet an vielen Schulen ein Umdenken statt, man geht mit den Kindern hinaus in die Natur, beantwortet ihre Fragen, ermutigt sie zum Malen und Geschichtenerzählen.«

»Wann hast du begonnen, mit Kindern und Jugendlichen zu arbeiten?«, fragte ich.

»Während ich um die Welt reiste, um auf die Umweltkrise aufmerksam zu machen, traf ich überall auf gleichgültige junge Menschen, sie hatten sich ausgeklinkt, waren zornig, manchmal sogar aggressiv oder gewalttätig, viele waren zutiefst deprimiert. Ich suchte das Gespräch und erhielt von allen Seiten ähnliche Antworten. ›Wir empfinden so, weil uns die Zukunft versaut wird und wir nichts dagegen tun können.‹ Sie haben recht: Wir haben der Jugend die Zukunft versaut.

Es gibt den bekannten Ausspruch, der besagt, dass wir die Erde nicht von unseren Vorfahren geerbt, sondern sie von unseren Kindern geliehen haben. Ich würde dem sogar noch eins draufsetzen: Wir haben sie nicht geliehen, sondern sie ihnen gestohlen! Wenn man sich etwas leiht, ist es selbstverständlich, dass man es zurückzahlt. Wir stehlen seit zig Jahren von unseren Kindern, aber mittlerweile hat der Raubbau ein untragbares Ausmaß angenommen.«

»Wir stehlen ja nicht nur von der nächsten Generation«, fügte ich hinzu, »sondern von allen, die nach uns kommen. Manche nennen es Generationenungerechtigkeit, denn die Kinder und alle zukünftigen Generationen haben kein Mitspracherecht, weder politisch noch in Unternehmen.«

»Ja, das Wort trifft es genau. Aber ich habe diesen jungen Menschen widersprochen, als sie behaupteten, sie könnten nichts ändern. Ich habe ihnen erklärt, dass es ein Zeitfenster gibt, dass wir alle – Jung und Alt – nutzen müssen, um gemeinsam die Schäden zu reparieren und den Klimawandel zu bremsen.

Wenn jeder Einzelne über die Folgen seines Handelns nachdenken, beispielsweise wirklich abwägen würde, was wir kaufen und wo – damit meine ich auch Kinder, die ihre Eltern bitten, etwas für sie zu besorgen –, wenn wir uns also ernsthaft fragen, ob die Herstellung des gewünschten Artikels der Umwelt Schaden zugefügt hat, ob ein Produkt so wenig kostet, weil es mithilfe von Kinderarbeit oder Billiglöhnen produziert wurde, und wenn wir es in diesem Fall einfach nicht erstehen, würden uns Milliarden kleiner, aber ethischer Entscheidungen weiter in die richtige Richtung bewegen, um eine Welt zu schaffen, wie wir sie brauchen.«

Aus dieser hoffnungsstiftenden Philosophie, die beinhaltet, dass wir alle etwas bewirken können, entstand 1991 bei Jane der Impuls, die Jugendorganisation Roots & Shoots ins Leben zu rufen.

»Kannst du mir mehr zu den Anfängen von Roots & Shoots sagen?«, fragte ich.

»Zwölf tansanische Schülerinnen und Schüler kamen mich in Daressalam besuchen. Manche sorgten sich um die Zerstörung der Korallenriffe durch illegale Sprengungen und das Wildern in den Nationalparks – warum tat die Regierung nichts dagegen? Einige bewegte das Schicksal der Straßenkinder, andere waren entsetzt über die Art, wie mit streunenden Hunden und Katzen verfahren wurde. Wir diskutierten darüber, und schließlich schlug ich ihnen vor, etwas zu unternehmen, das zur Verbesserung dieser Situation beitragen konnte.

Also kehrten sie an ihre Schulen zurück, trommelten Mitschüler und Mitschülerinnen zusammen, die sich ebenfalls Sorgen machten. Es gab ein weiteres Treffen, und schon war Roots & Shoots aus der Taufe gehoben. Die wichtigste Botschaft: Jeder Mensch ist wichtig, hat eine Funktion, hinterlässt Spuren auf diesem Planeten – jeden Tag, doch wir können bestimmen, wie diese aussehen.«

»Es geht also nicht nur um die Umwelt, richtig?«

»So ist es. Weil alles miteinander zusammenhängt, haben wir beschlossen, dass jede Gruppe drei Projekte auswählt, die dabei helfen, die Welt besser zu machen, für Menschen, für Tiere, für die Umwelt. Und zwar zunächst in der eigenen Gemeinschaft. Die Mitglieder haben Maßnahmen diskutiert, sich auf die Arbeit vorbereitet, die Ärmel hochgekrempelt und losgelegt.«

»Wie hat das Umfeld auf diese Aktionen reagiert?«

»Die erste Roots & Shoots-Gruppe wurde dafür verhöhnt, dass sie am Strand ohne Bezahlung Müll eingesammelt hat. Ohne Bezahlung tut man nur was für die Eltern, und auch nur dann, wenn die einen dazu zwingen.« Jane kicherte. »Aber es dauerte nicht lang, bis auf einmal überall die große Aktivität ausbrach. Ein neues Phänomen entstand in Tansania: Freiwilligenarbeit.

Es begann mit einem Graswurzel-Projekt, dem sich nach und nach immer mehr Schulen anschlossen. Viele Gruppen pflanzten Bäume auf ihren kahlen Schulhöfen. Weil Bäume in den Tropen schnell wachsen, entstanden schon bald schattige Freizeitbereiche zum Entspannen oder Lernen, umgeben von Bäumen und Vögeln.«

Roots & Shoots ist mittlerweile zur globalen Bewegung mit mehreren hunderttausend Mitgliedern herangewachsen, vom Kindergarten bis zu Universität. Aktive Gruppen gibt es in achtundsechzig Ländern, und täglich werden es mehr.

»Mir vermittelt es Hoffnung, dass ich überall auf junge, engagierte Menschen treffe, die mir zeigen wollen, was sie tun, um die Welt zu verbessern. Sobald sie die Probleme verstanden haben und wir ihnen die Möglichkeit geben, sie anzugehen, engagieren sich die meisten von ihnen – und das mit Kraft, Enthusiasmus und Kreativität.«

»In der öffentlichen Wahrnehmung gilt die Jugend als materialistisch und selbstbezogen, vor allem soll das die privilegierten Kinder und Jugendliche in den reichen Industrienationen betreffen«, bemerkte ich.

Jane gab mir recht, in manchen Fällen scheine dies zu stimmen, aber sicherlich sei das nicht zu verallgemeinern. »Wir haben viele Roots & Shoots-Gruppen in Privatschulen, Kinder aus privilegierten Familien wollen ebenfalls helfen. Man muss ihnen nur Geschichten erzählen, die sie bewegen, und ihnen zeigen, wie befriedigend es sein kann, etwas wirklich Hilfreiches beizutragen.«

»Auf meine Kinder trifft das zu«, sagte ich. »Ich habe in den letzten Jahren miterlebt, wie die Probleme in der Welt sie zu mehr Engagement angespornt haben. Sie haben sich Bereiche gesucht, die ihnen etwas bedeuten. Aber wie sieht es bei Kindern und Jugendlichen aus, die es im Leben sehr schwer haben. Du hast doch auch mit jungen Menschen gearbeitet, die in extremer Armut oder in Flüchtlingslagern leben …«

»Und dabei festgestellt, dass Kinder, die weniger privilegiert aufwachsen, sehr motiviert sind, anderen zu helfen. Es bewegt mich jedes Mal, wie ihre Augen leuchten, wenn ich ihnen sage, dass sie etwas bewirken können. Dass die Welt sie braucht. Und vor allem: dass sie wichtig sind!«

Jane hielt kurz inne, gab sich ihren Gedanken hin. Ich gab ihr Zeit.

»Ich habe gerade überlegt«, fuhr sie schließlich fort, »wann ich eigentlich sicher war, dass das Programm Erfolg haben würde. Klar, in Tansania lief es richtig gut, genau wie in einer Internationalen Schule und einer Privatschule in den USA. Aber was war mit den öffentlichen Schulen in ärmeren Vierteln wie der Bronx? Wie sollten wir den Jugendlichen zeigen, dass sie etwas bewirken konnten?«

Renée Gunther, eine Lehrerin, bat Jane, an ihrer Schule einen Vortrag zu halten. Es hieß, diese Grundschule in der Bronx sei die zweitärmste im Staat New York. »Fast alle Kinder hatten ältere Geschwister oder Väter, die Mitglieder in Gangs waren, und sowohl Drogenabhängigkeit als auch Alkoholismus waren weit verbreitet. In einer ziemlich heruntergekommenen Aula erzählte ich den Kindern von den Schimpansen und Roots & Shoots. Zu meiner großen Freude waren die meisten interessiert, es kamen viele Fragen, besonders als ich ein Dia mit einem Schimpansen in Zirkuskleidung zeigte. Als ich ihnen erklärte, wie grausam es war, Schimpansen für den Zirkus zu dressieren, und sie erfuhren, dass man sie alle als Jungtiere ihren Müttern entrissen hatte, wurde deutlich, dass diese Kinder Mitgefühl hatten.«

Im darauffolgenden Jahr bat Renée Jane, ein weiteres Mal in die Schule zu kommen. »Ich traf mich mit ihr und der Direktorin. Sie berichteten, dass einige Kinder großes Interesse hätten, eine Roots & Shoots-Gruppe zu gründen, und mir erzählen wollten, was sie tun würden. ›Ich bin sicher, Sie haben ausgefeiltere Präsentationen gesehen‹, sagte die Direktorin im Anschluss an jene, ›aber für diese Kinder war es das erste Mal.‹ Sie hatte tatsächlich Tränen in den Augen.

Die erste Gruppe wollte Styroporbecher aus der Schulmensa verbannen. Die Kinder hatten ein kleines Bühnenstück vorbereitet«, erinnerte sich Jane. »Ein Junge spielte den Geschäftsführer eines Unternehmens, ein anderer den Sprecher einer kleinen Roots & Shoots-Gruppe. Nicht nur wussten diese Schüler erstaunlich viel über Styropor, sie waren auch hervorragende Schauspieler! Später wurden sie eingeladen, ihr Stück vor dem Bezirksbürgermeister aufzuführen. Und sie waren erfolgreich! Styropor wurde von ihrer Schule verbannt.«

»Darauf waren die Kinder sicher sehr stolz«, sagte ich. »Und es hat ihnen gezeigt, dass auch sie etwas bewirken können.«

»Ja, und das finde ich so aufregend daran! Ich erinnere mich noch an die Präsentation von Travis, einem elfjährigen afroamerikanischen Jungen, sie hat mich noch mehr beeindruckt. Sein Lehrer erzählte mir, dass Travis vor seiner Mitgliedschaft bei Roots & Shoots selten zum Unterricht erschien. Und wenn er mal aufkreuzte, saß er in der hintersten Reihe, die Kapuze seines Hoodies ins Gesicht gezogen, und sagte kein Wort.

Nun, dieser Travis kam nach vorn, stellte sich sehr aufrecht hin und sah mir direkt ins Gesicht. Die anderen Mitglieder seiner Gruppe standen schweigend hinter ihm. Auf einmal meldete sich Travis zu Wort. Er habe auf einem Cornflakes-Karton einen verkleideten Schimpansen gesehen, der wohl glücklich aussehen sollte, denn er grinste. ›Aber Sie haben uns erklärt, dass dieser Schimpanse nicht grinst, sondern Angst hat.‹ Travis richtete sich noch mehr auf. ›Da habe ich beschlossen, etwas *zu tun*.‹ Er und seine Freunde haben dem Hersteller geschrieben. Sie erhielten eine Antwort, man dankte ihnen für den Hinweis, viele andere hätten sich schon wegen des Schimpansen auf dem Karton beschwert. Das hatte Travis aber vorher nicht gewusst. Stell dir vor, wie er sich gefühlt hat, als die Firma ihre Werbestrategie änderte und die Bilder von ihren Kartons nahm!«

»Eine der wichtigsten Faktoren für die Entstehung von Hoffnung ist das Gefühl, dass das eigene Handeln etwas nützt«, kommentierte ich das Gehörte. »Diese Erfahrung hat vermutlich sein Leben verändert. Manchmal frage ich mich, welches kleine Erfolgserlebnis einen Mahatma Gandhi oder Nelson Mandela dazu gebracht hat, ihren besonderen Lebensweg einzuschlagen.«

»Genau aus diesem Grund begeistert mich die Arbeit mit jungen Menschen aus allen Gesellschaftsschichten. So oft brauchen sie nur eine Chance, ein bisschen Zuwendung, jemanden, der ihnen zuhört, sie ermutigt, der sie wichtig nimmt. Wenn sie diese Unterstützung bekommen und erfahren, dass sie etwas bewirken können, können sie Großes vollbringen.«

Liebe an einem hoffnungslosen Ort

Jane hatte viel Beeindruckendes über Roots & Shoots und den positiven Einfluss der Gruppen auf ihr jeweiliges Umfeld zu berichten. Besonders bewegt hat mich die Geschichte über eine Begegnung, die in Jane den Wunsch weckte, Roots & Shoots-Gruppen in Reservaten in den USA auf die Beine zu stellen.

»2005, nach einem Vortrag in New York, brachte man mir eine Nachricht an den Bühneneingang. Sie stammte von einem Native American namens Robert White Mountain, der sich gern mit mir unterhalten wollte. Erschüttert hörte ich zu, wie er mir erzählte, sein sechzehnjähriger Sohn habe sich kürzlich erhängt.«

Robert White Mountain hatte Jane erklärt, seine Gegend in North Dakota habe eine der höchsten Selbstmordraten der USA – jede Woche gebe es dort drei bis sechs Selbstmorde oder Selbstmordversuche. Von den ehemaligen Schulkameraden seines Sohns waren nur noch fünfzehn am Leben. Als Robert seinen Sohn zu Grabe tragen musste, schwor er sich, etwas zu unternehmen. Er hatte von einer gewissen Jane Goodall und ihrem Roots & Shoots-Programm gehört und hoffte, dass sie helfen könnte.

»Und konntest du?«, fragte ich.

»Na ja, zumindest habe ich seine Gemeinde besucht. Er zeigte mir die Anlaufstelle, die er für junge Menschen ins Leben gerufen hatte, die Probleme mit Drogen, Alkohol oder häuslicher Gewalt hatten – ein winziges, fensterloses und spärlich möbliertes Häuschen. Dort erzählte er mir vom Leben im Reservat, von der Armut und hohen Arbeitslosigkeit, die oft zu Hoffnungslosigkeit, Hilflosigkeit, Alkohol, Drogen und Gewalt führen.

Ich konnte nicht fassen, dass es mitten im reichsten Land der Welt eine Gemeinde gab, in der schlechtere Lebensbedingungen herrschten als in vielen Entwicklungsländern.«

Die Erinnerung an das Gespräch wühlte Jane eindeutig immer noch auf. Robert hatte ihr erzählt, dass man sein Volk früher einmal als Hüter des Landes bezeichnet habe, diese Verbindung jedoch inzwischen verloren gegangen sei.

»Dieses Treffen vor fünfzehn Jahren führte zu vielen weiteren – und zu Freundschaften mit Ältesten und Häuptlingen überall in den USA und in Kanada«, sagte Jane. »Zu einigen von ihnen fand ich einen Draht auf einer zutiefst spirituellen Ebene.«

»Und konntest du in einem dieser Reservate eine Gruppe gründen?«

»Bisher nur eine«, erwiderte sie. »Im Reservat Pine Ridge in South Dakota, das ebenfalls von Alkohol, Drogen und Selbstmord gezeichnet ist. Das kam völlig unerwartet. Ich hatte ein Treffen einiger Stammesältester mit mir und meinen Leuten eingefädelt, um über ein Jugendprogramm zu sprechen. Dazu hatte ich auch Jason Schoch eingeladen, einen jungen Mann, den ich ein paar Jahre vorher kennengelernt hatte, als er gerade eine schwere Depression durchmachte. Er wollte seine Erfahrungen nutzen, um jungen Menschen zu helfen, die ähnliche Probleme hatten. Leider erschien kaum jemand zu dem Treffen – wegen eines plötzlichen, für die Jahreszeit ungewöhnlichen Schneesturms konnten die Häuptlinge nicht anreisen. Erschienen ist jedoch eine junge Frau namens Patricia Hammond, die Tochter einer Lakota. Patricia und

Patricia Hammond unterrichtete die Roots & Shoots-Gruppe im Reservat Pine Ridge in South Dakota, wie mit traditionellen Pflanzen umzugehen ist.

ihre Familie lebten im Reservat Pine Ridge. Sie und Jason waren sich noch nie zuvor begegnet, verbrachten aber nun die gesamte Zeit, die wir zusammen eingeschneit waren, mit der Planung einer Roots & Shoots-Gruppe im Reservat. Danach kehrte Jason erst mal zurück nach Kalifornien, wo er damals arbeitete, aber … Na ja, irgendwann wurden ihm die allabendlichen Telefonate mit Patricia zu teuer, und er zog zu ihr nach South Dakota.«

Patricia und Jason suchten zuerst einmal nach Wegen, die jungen Leute aus Pine Ridge wieder mit der Natur und ihrer Kultur zu verbinden. Sie organisierten eine Gruppe, die Müll sammelte und einen kleinen Biogarten anlegte, und unterrichteten über angestammte Ess- und Arzneipflanzen. »Sie ließen die herkömmlichen Hidatsa-Parzellen (»Drei-Schwestern«-Parzellen) wiederaufleben«, erklärte Jane, »und pflanzten darauf einen Mix aus Mais, Bohnen und Kürbissen.« Diese Anbauweise ergibt reiche Ernte bei maximaler Nachhaltigkeit. Der Mais dient den Bohnen als Kletterstange, die Bohnen versorgen den Boden mit Nährstoffen, und die großen Kürbisblätter spenden Schatten, sparen Wasser und beugen Unkraut vor.

»Alles gedieh prächtig – der Mais stand fast zwei Meter hoch! Doch als die Kinder sich gerade auf die erste Ernte freuten, hatte einer aus der Gruppe ein besonders übles Wochenende und rastete völlig aus. Er brach durch den Zaun und verwüstete den ganzen Garten.

Patricia wollte am liebsten alles hinschmeißen. Stattdessen flickte sie mit Jason und den anderen den Zaun und fing wieder von vorn an. Inzwischen haben Jason und sie schon zwölf solcher Gärten und drei Bauernmärkte geschaffen. Patricia meint, die Gärten helfen der Gemeinde, wieder eine Verbindung zur Natur zu finden, sie sind ihnen ein Quell der Hoffnung und Freude.

Ich finde, die drei Säulen von Roots & Shoots – Menschen helfen, Tieren helfen und der Umwelt helfen – passen wunderbar zum alten Glauben vieler indigener Völker, dass wir alle eins sind.«

Die Arbeit an diesen Projekten gab den jungen Leuten offenbar ein Selbstwertgefühl und einen Sinn im Leben, etwas, das ihnen gefehlt hatte. »Ja, Roots & Shoots hat dort wirklich was bewegt«, fand Jane. »Viele der Mitglieder machten ihren Highschool-Abschluss, ein paar schafften es sogar an die Uni. Und Jason und Patricia gehen noch immer mit viel Herzblut ihrer Arbeit im Reservat nach.«

»Schon toll«, sagte ich, »dass dieses Programm etwas bewirken konnte, wo so viele gescheitert waren.«

Jane lächelte. »Ich glaube, dafür gibt es mehrere Gründe«, erwiderte sie. »Der erste ist, dass die jungen Leute selbst mitreden

Die Kinder kümmern sich freudig und stolz um die Pflanzen.

dürfen. Sie bekommen nicht bloß irgendwas vorgesetzt. Für ein Projekt, das sie sich selbst ausgesucht haben, hängen sie sich auch gern rein. Außerdem sind die Gruppen meist in Schulen eingebunden, und die Lehrer machen mit, weil sie vom Konzept überzeugt sind, davon, dass das Programm auf die Bedürfnisse der einzelnen Mitglieder eingeht. Es gibt immer ein paar Kinder, die sich besonders für Tiere interessieren, anderen liegen soziale Themen am Herzen, wieder andere sorgen sich um die Umwelt. Außerdem bringt das Programm junge Leute aus verschiedensten Ländern zusammen und ermöglicht ihnen, etwas über andere Kulturen zu erfahren.«

Jane blühte richtig auf dabei, von diesen Kindern und Jugendlichen zu erzählen.

»All diese jungen Leute machen die Welt jeden Tag ein bisschen besser«, fuhr sie fort, »und mit jedem erfolgreich abgeschlossenen

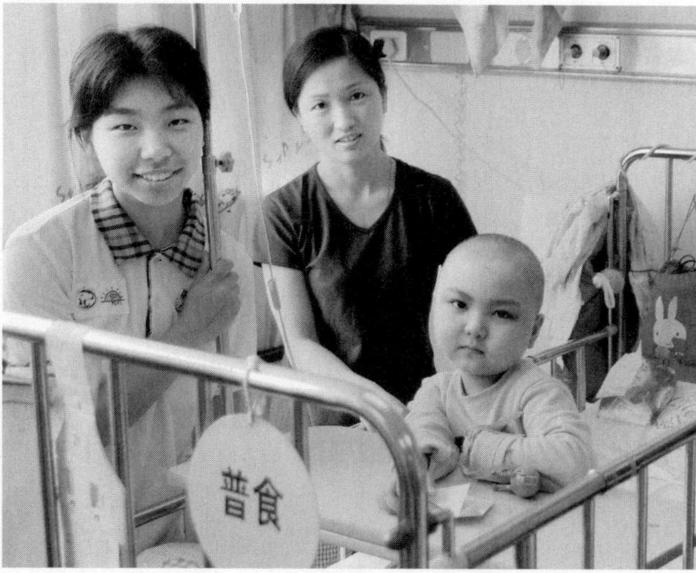

Studenten aus einer chinesischen Roots & Shoots-Gruppe besuchen ein krebskrankes Kind, bringen ihm Spielzeug und erzählen ihm Geschichten.

Projekt werden sie ein wenig selbstbewusster. Außerdem schüren häufige Kooperationen mit anderen Jugendorganisationen, die unsere Werte teilen, in ihnen erst recht die Hoffnung, dass man gemeinsam alles schaffen kann.«

Janes Erzählung bestätigte vor allem eins: Wenn man glaubt, etwas bewirken zu können, und dann auch die Mittel dafür an die Hand bekommt, kann daraus Gutes entstehen, das selbst wieder neue Hoffnung hervorbringt. Ein eindrucksvolles Beispiel dafür, was laut der Hoffnungsforschung Hoffnung fördert: klare, motivierende Ziele, realistische Wege zum Erfolg, *Glaube* an den Erfolg und der soziale Rückhalt, der einen trotz Widerständen weitermachen lässt.

Jane erzählte mir noch eine weitere Geschichte über Hoffnung an einem hoffnungslosen Ort, einem UNHCR-Lager für kongolesische Geflüchtete in Tansania. Ein iranischer Mitarbeiter des UNHCR hatte Roots & Shoots in dem riesigen Lager eingeführt, das er jedoch wenig später verließ, worauf drei junge tansanische Freiwillige seine Arbeit fortsetzten. »Sie mussten einen endlosen Papierkrieg führen, bekamen nur einen kleinen, kahlen Raum als Büro und Unterkunft, führten aber Roots & Shoots-Gruppen an mehreren Schulen ein.« Obendrein, so Jane, beschafften sie die Mittel für Kurse, in denen ihre Mitglieder zum Beispiel biogärtnern, Haare schneiden, kochen und Hühnerzucht lernten, was ihnen eine Alternative zur Wilderei verschaffte.

Chinesische Kinder, die mit ihren Familien vom Land in die Stadt gezogen sind. Chinesische Studenten zeigten ihnen, dass sie etwas wert sind und etwas verändern können.

»Bei einem meiner Besuche bekam jede Roots & Shoots-Familie eine Henne und einen Hahn geschenkt«, erläuterte Jane. »Wir wussten, dass die Tiere in guten Händen waren, weil die Kinder gelernt hatten, wie man sie hält und füttert. Tagsüber pickten sie vor den Häusern Futter. Sowohl den Eltern als auch den Kindern bedeuteten diese Geschenke viel – sie besaßen ja fast nichts. Bald schlüpften die ersten Küken, und die kleine Hühnerschar ermöglichte den Familien den Luxus, ihre Rationen aus Reis und Maniok um Eier zu ergänzen. Frisches Gemüse verschafften die Roots & Shoots-Gruppen ihnen natürlich auch.«

»Was wurde aus den Geflüchteten?«, fragte ich.

»Sie wurden bald darauf in die Demokratische Republik Kongo zurückgeschickt. Vielen machte das Angst, weil sie dort keine Familie mehr hatten – bei den schrecklichen Auseinandersetzungen im Land waren alle getötet worden. Man sagte mir aber, die Roots & Shoots-Familien hätten die Hühner und das Saatgut aus ihren Gemüsegärten mitgenommen.«

Bis geklärt werden konnte, wie es mit ihnen weitergehen sollte, brachte das UNHCR die Heimkehrer einige Monate in einem Auffanglager unter.

»Etwa zwei Monate später«, fuhr Jane fort, »bekam ich einen Brief von einem Besucher dieses Lagers. Ein trauriger Anblick sei das gewesen: nackter Boden, Menschen mit leerem Blick, apathisch vor den Hütten sitzende Kinder. Dann kam er auf seinem Rundgang plötzlich in einen Bereich, wo eine ganz andere Stimmung herrschte. Kinder rannten lachend herum. Hühner pickten Futter auf einem Stück Boden, wo man das Gras hatte wachsen lassen. Ein paar Jugendliche arbeiteten in einem kleinen Gemüsegarten. Der Besucher fragte, was dort anders sei als im Rest des Lagers. ›Das weiß ich auch nicht so genau‹, erwiderte sein Gegenüber. ›Irgendwas namens Roots & Shoots, soweit ich weiß.‹«

Selbstverständlich ist Roots & Shoots nur eine von vielen Organisationen, die es sich zur Aufgabe machen, junge Menschen zu ermächtigen, zu bilden und zu motivieren. Weltweit gehen junge Leute auf die Straße, um Veränderung zu fordern. Fridays for Future wurde von Greta Thunberg ins Leben gerufen, der Umweltaktivistin, die im Alter von fünfzehn Jahren zum ersten Mal vor dem schwedischen Parlament mit einem Schild demonstrierte, auf dem SCHULSTREIK FÜR DAS KLIMA stand. Inzwischen hat Greta diverse Staatschefs getroffen und ist bei großen Konferenzen aufgetreten – und Millionen Menschen haben an von Schülern angeführten Klimaprotesten teilgenommen.

Ich fragte Jane, ob sie Greta Thunberg mal getroffen hat.

»Ja, habe ich. Sie hat wahnsinnig viel dafür getan, weltweit mehr Bewusstsein für die Klimakrise zu schaffen, und zwar nicht nur bei der Jugend.«

Ich war neugierig, was Jane von Gretas provokanter Rede vor dem Weltwirtschaftsforum hielt, bei der sie erklärt hatte: »Die Erwachsenen sagen immer: ›Wir schulden der Jugend Hoffnung.‹ Ich will eure Hoffnung aber nicht. Ich will nicht, dass ihr hofft. Ich will, dass ihr in Panik geratet. Ihr sollt die Angst spüren, die ich jeden Tag spüre, und dann sollt ihr handeln. Wie bei einem Notfall sollt ihr handeln. So, als stünde euer Haus in Flammen. Denn das tut es wirklich.« Ich fragte Jane also, wie sie über Gretas Kritik der Hoffnung dachte, über ihre Überzeugung, Angst sei die angemessenere Reaktion.

»Sie hat vollkommen recht: Darauf, was da passiert, müssen wir mit Angst und Wut reagieren«, antwortete Jane. »Unser Haus steht tatsächlich in Flammen. Aber ohne die Hoffnung, dass wir das Feuer löschen können, würden wir einfach aufgeben. Es geht nicht darum, sich zwischen Hoffnung, Angst oder auch Wut zu entscheiden. Wir brauchen alle drei.«

»Ist es angesichts all dieser riesigen Probleme nicht eine billige Ausrede, wenn die Erwachsenen sagen, die Kinder würden sie schon irgendwie lösen?«

Jane setzte sich auf, fühlte sich von meiner Frage offenbar provoziert.

»Wenn ich eins nicht leiden kann, dann Leute, die alles den Kindern überlassen wollen«, sagte sie. »*Selbstverständlich* können und dürfen wir nicht erwarten, dass sie all unsere Probleme lösen! Wir müssen sie unterstützen, sie ermutigen, sie ermächtigen, ihnen zuhören und sie ausbilden. Und ich glaube wirklich, dass die jungen Leute heutzutage sich der Herausforderung auf höchst bemerkenswerte Weise stellen. Sobald sie die Probleme verstehen und zum Handeln ermächtigt werden – tja, dann verändern sie die Welt, während wir beide hier sitzen und reden.

Besonders spannend ist übrigens, wie die Kinder auch ihre Eltern und Großeltern beeinflussen. Ich höre von so vielen Eltern, dass sie sich beim Einkaufen nie große Gedanken gemacht hätten, bis ihr Kind ihnen erklärte, was es über die Umwelt gelernt hatte.«

»Kannst du das konkretisieren?«, fragte ich und dachte daran, wie meine eigenen Kinder sich dafür starkgemacht hatten, dass wir umweltbewusster einkaufen. Sie waren die wichtigste Triebkraft hinter dem veränderten Konsumverhalten meiner Familie.

Jane erzählte: »Eines der schönsten Beispiele, die ich kenne, stammt aus China. 2008 hat ein zehnjähriges Mädchen namens Joy einen meiner Vorträge besucht und hinterher ihre Eltern gebeten, ihr dabei zu helfen, die erste Roots & Shoots-Gruppe in Chengdu zu gründen. Ihr Motto war ein Zitat von mir: ›Nur was wir verstehen, kann uns wichtig sein. Nur wenn es uns wichtig ist, werden wir helfen. Nur wenn wir helfen, werden alle gerettet.‹

Anfangs folgten die Kinder allein dem Rat ihrer Lehrer, doch bald stellten sie auch eigene Projekte auf die Beine. Sie wurden schnell eine der umtriebigsten Gruppen. Ein paar Jahre später bekam ich einen Brief von Joys Mutter, übersetzt von ihrer Tochter, die extra Englisch gelernt hatte, um mit mir zu kommunizieren! Warte, das muss ich dir vorlesen.« Jane sprang auf und holte ihren Laptop.

»Hör dir das an: ›Seit unsere Kinder in der Schule eine Roots & Shoots-Gruppe haben, haben sie unser ganzes Denken verändert. Man kann ohne Übertreibung sagen, dass die meisten von uns ohne unsere Kinder nie einen Gedanken an die Umwelt verschwendet hätten. Wahrscheinlich würden wir immer noch dumpf vor uns hin leben und nur an uns selber denken. Unsere Kinder brachten uns auf kluge Weise eine neue Perspektive auf das Leben bei. Seit meine Tochter mit all den Informationen von Roots & Shoots nach Hause kam, habe ich mich von jemandem,

der die Dinge passiv akzeptiert, zu jemandem entwickelt, der sich aktiv einbringt. Früher habe ich nur egoistisch konsumiert, heute vermeide ich, unnötiges Zeug zu kaufen.‹«

»Toll!«, sagte ich, nachdem Jane fertig vorgelesen hatte. Doch es kam sogar noch besser.

Jane blieb mit Joy in Kontakt und erfuhr, dass ihre Mutter irgendwann sogar angefangen hat, selbst Kurse zu planen und Theaterstücke zum Thema Umweltschutz zu schreiben.

Und Joy, die inzwischen achtzehn und Studentin ist, hat mit ihrer Roots & Shoots-Gruppe und der Stadtverwaltung von Chengdu ein erfolgreiches Recyclingprogramm gestartet, um die Stadt vom Müll zu befreien.

Die Geschichte von Joy und ihrer Mutter erinnerte mich an etwas, das mir Christiana Figueres erzählt hatte, eine Co-Architektin des Pariser Klimaabkommens. Im Rahmen des Weltwirtschaftsforums hatte Ben van Beurden, der CEO von Royal Dutch Shell, sie um ein Gespräch unter vier Augen gebeten, ganz ohne die übliche Schar aus Mitarbeitern. Am Ende dieses Treffens sagte er: »Christiana, lassen Sie mich offen sprechen. Wir haben ja beide Kinder.« Dann erzählte er ihr von dem erschütternden Moment, als seine zehnjährige Tochter ihn fragte, ob es wirklich wahr sei, dass sein Unternehmen die Erde zerstöre. Er versprach hoch und heilig, alles zu tun, um ihr einen Planeten zu hinterlassen, auf dem ihre und zukünftige Generationen gut und sicher leben könnten. Und er beschloss, das Pariser Abkommen zu unterstützen.

Auf der ganzen Welt sammeln junge Leute – wie hier in Kibale, Uganda – Müll auf den Straßen und an Stränden ein und stellen Recycling-Mülleimer in Schulmensas auf.

Schön, offensichtlich inspirierten Jane und ihre einunddreißig Institute also eine Heerschar junger Umweltschützer in über sechzig Ländern, aber ich fragte mich noch immer, ob das wirklich genügen würde, um die Werte unserer ausbeuterischen Konsumgesellschaft zu verändern, ganz ohne klare Ansagen von oben. Ich wollte genau wissen, weshalb sie so viel Hoffnung in die kommende Generation setzte und ob es nicht ein Trugschluss war, zu denken, diese jungen Leute könnten wirklich all die Probleme lösen, die frühere Generationen ihnen eingebrockt hatten.

Der Ozean besteht aus Millionen Tropfen

»Ich höre oft von älteren Visionären, junge Leute würden ihnen Hoffnung machen«, sagte ich. »Aber ich verstehe noch nicht ganz,

was genau an diesen jungen Leuten dich hoffen lässt. Ist die heutige Jugend irgendwie anders als die von früher?«

»Ja, das ist sie«, erwiderte Jane, »zumindest in Sachen Umwelt und soziale Gerechtigkeit. Als ich in deren Alter war, kamen diese Themen in der Schule überhaupt nicht vor. Mit der Zeit wurde dann immer mehr über diese Dinge geschrieben. Eines der einflussreichsten Bücher der Sechziger war *Der stumme Frühling* von Rachel Carson, über die schrecklichen Auswirkungen von DDT.«

»Ich erinnere mich, das hat eine regelrechte Bewegung losgetreten«, pflichtete ich ihr bei. »Das richtige Buch oder der richtige Film zur richtigen Zeit kann durchaus was bewirken. Al Gores *Eine unbequeme Wahrheit* wäre dafür auch ein Beispiel. Und Bücher wie Michelle Alexanders *The new Jim Crow* und Bryan Stevensons *Ohne Gnade* haben einiges zur Entstehung einer Bewegung für eine Strafrechtsreform in den USA beigetragen.«

»Genau. Im Laufe der letzten sechzig Jahre ist das Bewusstsein für diese Themen weiter gewachsen – und immer mehr Schulen haben sie in den Lehrplan aufgenommen. Aber selbst wenn sie im Unterricht keine Rolle spielen, sind sie doch in den Nachrichten, im Fernsehen, einfach überall. Es lässt sich gar nicht mehr vermeiden, dass Kinder von der Klimakrise erfahren, von Luftverschmutzung, Waldrodung und Artensterben – und vermehrt auch von gesellschaftlichen Krisen, Rassismus, Ungleichheit und Armut. Deshalb sind die jungen Leute heutzutage viel besser in der Lage, die Probleme, die wir geschaffen haben, zu verstehen und damit umzugehen. Und auch zu begreifen, wie all diese Themen miteinander zusammenhängen.«

»Stimmt«, sagte ich. »Es ist großartig, dass wir die kommenden Generationen zu mehr ökologischem und sozialem Bewusstsein erziehen und dass die wiederum ihre Eltern beeinflussen. Aber wir stehen schon *jetzt* vor gewaltigen Herausforderungen! Wir brauchen Leute an der Macht, die *jetzt* etwas verändern. Wir können uns nicht leisten abzuwarten, bis diese jungen Leute erwachsen sind.«

»Aber viele von ihnen sind ja schon erwachsen«, erwiderte Jane. »Bereits seit drei Jahrzehnten nehmen ehemalige Roots & Shoots-Mitglieder die in den Gruppen erworbenen Werte in ihre Leben als Erwachsene mit.«

Ich war immer noch nicht überzeugt. »Das ist sicher prima, aber ich glaube, vielen Menschen genügt es einfach nicht zu sagen, die Jugend würde es schon richten. Die meisten ehemaligen Mitglieder von Roots & Shoots bekleiden ja noch keine Machtpositionen. Der Präsident der USA, der müsste das Ruder in die Hand nehmen, und der ist nicht gerade zwanzig oder dreißig!«

Jane blieb unbeirrt. »Richtig. Aber die Zwanzig- und Dreißigjährigen wählen ihn.«

Jane behielt wieder einmal recht. Elf Monate später sollte eine erhöhte Wahlbeteiligung unter jungen Wählerinnen und Wählern dazu beitragen, Donald Trump, unter dessen Führung die USA aus dem Pariser Klimaabkommen ausgestiegen waren, abzuwählen und stattdessen Joe Biden ins Weiße Haus zu bringen, zu dessen ersten bedeutenden Amtshandlungen gehörte, dem Abkommen wieder beizutreten und sich zum Aufbau einer nachhaltigeren Wirtschaft zu verpflichten. 61 Prozent der Achtzehn- bis Neunundzwanzigjährigen – beinahe ein Fünftel der gesamten Wählerschaft also – sollten für Biden stimmen. Obwohl Biden über sieben Millionen Stimmen mehr bekommen würde als sein Gegner, sollte die absurde Mathematik des Electoral College dafür sorgen, dass die Wahl schließlich durch wenige hunderttausend Stimmen in ein paar besonders umkämpften Staaten entschieden wurde. Die Stimmen der Generation Jane sollten das mächtigste Land der Erde in die richtige Richtung schubsen. Doch während wir in dieser Waldhütte saßen, lag all das noch in ferner Zukunft, und mir blieb damals nichts weiter zu sagen als: »Hoffentlich hast du recht.«

Jane stocherte ein wenig in der verglimmenden Glut unseres Feuers herum, und schon loderten die Flammen wieder auf.

»Noch was«, sagte sie dann, während sie es sich wieder gemütlich machte. »Einige ehemalige Mitglieder von Roots & Shoots sind tatsächlich in die Politik gegangen. Andere sind heute Geschäftsleute, Journalisten, Lehrer, Gärtner, Stadtplaner oder Eltern – alles Mögliche eben. Viele arbeiten inzwischen auch auf die eine oder andere Weise für die Umwelt – so zum Beispiel der Umweltminister der Demokratischen Republik Kongo, der als Schüler einer Roots & Shoots-Gruppe angehörte. Er tut, was er kann, um den illegalen Handel mit Buschfleisch und Wildtieren in seinem Land zu unterbinden.«

Jane meinte, die heutige Jugend sei nicht nur besser informiert, sondern engagiere sich obendrein auch stärker in politi-

Drei Mitglieder von Roots & Shoots in Tansania. Die Aufschrift auf dem T-Shirt drückt genau die Werte des Programms aus.

schen und sonstigen Entscheidungsprozessen. So geht es auch bei Roots & Shoots nicht nur um Umweltschutz: Im Programm lernt man außerdem den Wert von Teilhabe und Demokratie kennen: gemeinsam diskutieren, gemeinsam entscheiden, gemeinsam handeln.

»Der wahre Effekt solcher Jugendprogramme ist in diesen Ländern noch gar nicht abzusehen«, fuhr sie fort. »*Noch* nicht.«

Dieses »*noch* nicht« gemahnte eindrucksvoll daran, dass selbst die aussichtslosesten Bedingungen sich ändern können.

Außerdem erinnerte es mich an die Stanford-Psychologin Carol Dweck, die an den Worten »noch nicht« eine Mentalität des Wachstums zu erkennen meint – die Überzeugung also, dass wir uns zum Besseren entwickeln können. Kinder (und Erwachsene), die eine solche Wachstumsmentalität besitzen, sind in der Regel viel erfolgreicher als solche, die sich selbst und ihre Welt als unveränderlich begreifen. Aber konnten kleine Jugend- und Bildungsprogramme wirklich gegen die Macht von totalitären Regimen und eigennützigen Geschäftsinteressen ankommen?

»In vielen Ländern«, gab ich zu bedenken, »wird man ins Gefängnis geworfen oder ermordet, wenn man etwas gegen die Regierung sagt oder sich gegen Ungerechtigkeiten wehrt. Was sagst du den jungen Leuten dort?«

»Dass sie mit der bestehenden Ordnung zwar vorerst werden leben müssen, sich aber trotzdem ihre Überzeugungen bewahren und täglich im Kleinen etwas bewirken können – und auf eine bessere Zukunft hoffen.«

All das klang fast, als meinte Jane, unsere kollektiven Hoffnungen und Träume hätten – selbst, wenn sie sich nicht realisieren lassen – eine ganz eigene Macht, warteten vielleicht nur auf den richtigen Moment zu ihrer Verwirklichung. Da regte sich dann doch meine typische New Yorker Skepsis. »Hm, immerhin«, sagte ich, »aber ist das nicht nur ein winziger Tropfen im Ozean angesichts der Tyrannei, der so viele Menschen auf der Welt ausgesetzt sind?«

»Aber der Ozean besteht ja aus Millionen Tropfen.«

Ich musste grinsen. Spiel, Satz und Sieg für die Hoffnung.

Die Zukunft nähren

Es wurde langsam Abend, die Sonne ging unter, und ich dachte immer noch über all die gewaltigen Probleme nach, die so viele Jahre abgestritten oder ignoriert worden waren. Über die vielen Klimaleugner, über Kulturen, die ihren Kindern beibrachten, Jungs seien mehr wert als Mädchen, über all die fehlgeleiteten Erwachsenen, die ihrem Nachwuchs erzählten, bestimmte Völker oder Gruppen seien besser als andere. Darüber, wie Angst, Vorurteile und Hass sich genauso leicht vermitteln lassen wie Zivilcourage, Gleichheit und Liebe. »Wie können wir diese festgefahrenen Weltbilder schnell genug ändern?«, fragte ich Jane.

»Ach Doug, wenn ich das nur wüsste! Ich hoffe einfach, dass immer mehr Menschen diese Probleme ernst genug nehmen, damit immer mehr Initiativen sich damit beschäftigen. Die Armut bekämpfen, sich für soziale Gerechtigkeit einsetzen, für die Rechte von Tieren und Menschen. Und dass immer mehr Kinder damit bereits anfangen, wenn sie noch sehr jung sind.«

Sie hielt inne, dachte nach, dann leuchteten ihre Augen auf, als ihr eine weitere Geschichte voller Hoffnung einfiel.

»Ich muss grade an Genesis denken«, sagte sie, »ein Mädchen aus den USA, das mit sechs am liebsten Chicken Nuggets aß. Eines Tages fragte sie, woher die eigentlich kommen. Ihre Mutter wollte sie abwimmeln. ›Aus dem Laden‹, sagte sie. ›Aber wo kriegt der Laden sie her?‹ Also erzählte ihre Mutter ihr die Wahrheit, und Genesis gab nicht nur ihr Leibgericht auf, sondern forschte weiter nach und hält inzwischen, als Dreizehnjährige, Vorträge über die Bedeutung eines veganen Lebens für Tiere, Umwelt und Gesundheit. Es gibt so viele Beispiele von sehr jungen Kindern, die sich richtig ernsthaft engagieren. Und die entschlossensten, die erfolgreichsten werden in der Regel von ihren Eltern unterstützt.«

Wieder dachte ich an meine Kinder, fragte mich, wie mein eigenes Handeln ihr Weltbild beeinflusste. »Wie erziehen wir unsere Kinder zur Hoffnung und bereiten sie richtig auf die Zukunft vor?«

»Von den Schimpansen habe ich gelernt, wie wichtig die ersten Lebensjahre sind«, antwortete Jane. »Nach sechzig Jahren Forschung lässt sich ganz klar sagen, dass die Jungtiere mit fürsorglichen Müttern sich später tendenziell am besten geschlagen haben. Die Männchen stiegen höher in der Rangordnung auf, waren selbstbewusster und zeugten mehr Nachwuchs; die Weibchen wurden selbst bessere Mütter.«

»Und was können menschliche Eltern daraus lernen?«

»Bei denen ist das fast genauso. Als ich an meiner Doktorarbeit saß, habe ich auch über die Erziehung menschlicher Kinder recherchiert. Da zeigt sich deutlich, wie wichtig es ist, dass sie in den ersten Jahren die Liebe und Fürsorge von mindestens einer Person bekommen, die immer für sie da ist. Sie brauchen Verlässlichkeit und Rückhalt, und dabei spielt es nicht mal eine Rolle, ob sie mit der betreffenden Person verwandt sind.«

»Viele glauben, fürsorgliche Eltern ließen ihren Kindern zu viel durchgehen«, sagte ich. »Welche Rolle spielt da Disziplin?«

»Disziplin ist wichtig, aber ich finde, man sollte ein kleines Kind auf keinen Fall für etwas bestrafen, von dem man ihm nicht vorher im Guten gesagt hat, dass es falsch ist. Ich habe mal mit angesehen, wie eine Mutter ihren Zweijährigen geschlagen hat, weil der ein bisschen Milch verkleckert hat, die er nicht haben wollte, und dann damit auf dem Tablett fingermalte. Dabei war sein Verhalten ganz normal, es zeigte, wie Kinder lernen, wie die Welt um sie herum funktioniert. Er hatte diese harte Strafe nicht verdient. Körperliche Züchtigung ist sowieso verkehrt. Schimpansenmütter bringen ihre Kleinen von unerwünschtem Verhalten ab, indem sie sie kitzeln oder lausen.«

Die Vorstellung gefiel mir, und ich dachte daran, wie oft ich selbst versucht hatte, eins meiner drei Kinder irgendwie abzulenken, wenn es einen Ausraster hatte.

»Aber was ist mit Kindern, die ohne solche Fürsorge aufwachsen, die zu Hause vielleicht sogar misshandelt werden?«

Wie immer antwortete Jane mit einer Geschichte.

»Gerade erst die Tage habe ich einen Brief von einem vierzehnjährigen Mädchen aus einer Jugendstrafanstalt gekriegt. Sie schrieb: ›Mein Leben war ein einziges Chaos. Ich nahm Drogen, dann musste ich hierher und fand es schrecklich. Aber dann fand ich in der Bücherei ein Exemplar von *Mein Leben mit den Schimpansen*. Meine Mutter war nie für mich da, aber als ich das Buch las, dachte ich: Vielleicht kann Jane ja meine Mutter sein.‹

Ihre eigene Mutter hatte ihr nie Mut gemacht, doch als sie las, wie meine Mutter mich unterstützt hatte und wie wichtig das für mich gewesen war, ging ihr auf, dass auch sie ihre Träume verwirklichen konnte. Sie würde sich einfach mich zum Vorbild nehmen – das meinte sie damit, dass ich ihre Mutter sein könnte. Sie wurde anständig, arbeitete hart, brachte ihr Leben auf Spur.«

Ich dachte über diese junge Frau nach, über die Macht von Büchern, Geschichten und Vorbildern, um das Leben eines Kindes zu verändern. Und ich dachte über das nach, was Jane darüber gesagt hatte, wie wichtig unser Umfeld ist und wie gut wir Menschen darin sind, uns an die Welt anzupassen, in der wir überleben müssen. Was wir für unsere Kinder tun können, hängt zutiefst von der Gemeinschaft ab, in der wir leben. Es lässt sich kaum bezweifeln, dass die Armut, Sucht und Hoffnungslosigkeit, von der Robert White Mountains Sohn umgeben war, zu dessen Selbstmord mit sechzehn beitrug.

Ich erzählte Jane von einem Hoffnungsforscher namens Chan Hellman, der in armen Verhältnissen im ländlichen Oklahoma aufgewachsen war. Sein Vater war ein Drogendealer, der Chan zum Dealen mitnahm, weil es dabei dann seltener gewalttätig zuging. Als Chan in die siebte Klasse kam, war sein Vater bereits weggezogen, und seine Mutter, die zum wiederholten Mal wegen Depressionen in eine Klinik musste, war nun auch nicht mehr zu Hause. Chan aß täglich nur eine Mahlzeit – das Mittagessen in der Schule – und wohnte ganz allein in einem Haus ohne Strom.

»Eines Abends wurde er in diesem düsteren Haus von solcher Verzweiflung und Hoffnungslosigkeit ergriffen, dass er die Waffe seiner Eltern hervorholte und sie sich unters Kinn setzte. Dann fiel ihm plötzlich ein, wie einer seiner Lehrer, der zugleich sein Basketballcoach war, einmal zu ihm gesagt hatte: ›Du packst das schon, Chan.‹ Er dachte an diese Worte, dachte daran, dass dieser Mann sich um ihn sorgte und an ihn glaubte. Das gab ihm wieder Hoffnung auf die Zukunft, und er legte die Waffe weg.«

»Und wie ging es mit ihm weiter?«, erkundigte sich Jane.

»Er ist inzwischen über fünfzig, glücklich verheiratet, hat eine eigene Familie und ist ein erfolgreicher Hoffnungsforscher, spezialisiert auf misshandelte und vernachlässigte Kinder. Vor ein paar Jahren hat er seinen alten Lehrer besucht und ihm erzählt, wie er ihm das Leben gerettet hat. Der Lehrer konnte sich an seine rettenden Worte gar nicht mehr erinnern. Chan meint, das zeige, wie viel Gewicht unsere Worte haben können, ohne dass wir davon auch nur wissen – und die eigentliche Moral von der Geschichte sei, dass Hoffnung ein Geschenk unserer Mitmenschen ist.«

Aus meinen Gesprächen mit Jane und meinen eigenen Nachforschungen zeichnete sich immer deutlicher ab, dass Hoffnung ein angeborenes Überlebensmerkmal ist, das sich in Kopf und Herz eines jeden Kindes findet. Dennoch muss sie gehegt und gepflegt werden, denn erst dann kann sie gedeihen – selbst noch unter den fürchterlichsten Umständen, wie Jane sie selbst erlebt hat.

»Es gibt da eine Root & Shoots-Gruppe in Burundi«, sagte Jane. »Burundi liegt südlich von Ruanda, und der Völkermord der Hutus spielte sich auch dort ab. Wie bereits gesagt, gibt Ruandas Erholung von dieser schrecklichen Zeit zwar viel Anlass zur Hoffnung, war aber nur dank der großen internationalen Hilfe infolge des Besuchs von Präsident Bill Clinton möglich.

Und wie ebenfalls schon gesagt, bekam Burundi überhaupt nichts davon ab. Die Weltgemeinschaft überließ das Land mehr oder weniger seinem Schicksal. Wie zu erwarten, hat es sich deshalb auch nicht so gut erholt wie Ruanda, und es kommt immer wieder zu Unruhen und Gewalt. Die erste Root & Shoots-Gruppe im Land wurde von einem jungen Kongolesen gegründet, der über den Tanganjikasee nach Kigoma in Tansania geflohen war, nachdem man seine Familie ermordet hatte. In seiner dortigen Schule gab es eine Root & Shoots-Gruppe, und Jahre später beschloss er bei einem Besuch in Burundi, dort ebenfalls eine zu gründen. Die ersten Mitglieder waren vier ehemalige Kindersoldaten und fünf vergewaltigte Frauen. Einmal saß ich mit ihnen zusammen, und sie erzählten mir, was sie durchgemacht hatten.

Sie gingen nicht ins Detail – überhaupt wirkten sie recht abwesend, doch ich sah den Schmerz in ihrem Blick. Wie so oft versuchte ich mir vorzustellen, wie es sein mag, so misshandelt zu werden wie diese jungen Frauen – oder wie die zahllosen anderen Frauen, denen ähnlich übel mitgespielt wurde. Manche kommen über so etwas nie hinweg. Diese jungen Burundierinnen aber wollten sogar anderen helfen, ihre Traumata zu überwinden und ihr Leben wieder in die Hand zu nehmen. Ich war sprachlos angesichts dieses Beispiels für den unbeugsamen Kampfgeist, den junge Leute auf der ganzen Welt besitzen.«

Nach einer Weile, so erzählte Jane, gab es Root & Shoots-Gruppen in ganz Burundi, und bald nach unserem gemeinsamen Abend vor dem Kamin schickte sie mir einen Stapel Briefe, die sie kürzlich von Mitgliedern des Programms im Land erhalten hatte. Ein Kind namens Juslaine schrieb ihr: »Früher wussten die Leute in Burundi ja gar nicht, wie wichtig es ist, zusammenzuarbeiten, aber jetzt, dank der Kurse von Roots & Shoots Burundi, arbeiten wir zusammen wie eine Familie.« Und Oscar bemerkte in seinem

Brief: »Wir leben nicht mehr in Unruhe, weil wir jetzt jedes Jahr Weltfriedenstag feiern. Jetzt leben wir friedlich mit unseren Nachbarn zusammen.«

Jane erzählte, einer der ehemaligen Kindersoldaten, ein gewisser David Ninteretse, habe zahlreiche Freiwillige dazu gebracht, in ihren Gemeinden Programme im Stil von Tacare zu starten, die Leuten bei der Gründung kleiner Unternehmen halfen. Außerdem fand er Freiwillige, die Roots & Shoots-Gruppen in Schulen gründeten. Viele davon pflanzten Bäume, um der Waldrodung entgegenzuwirken. Ein Junge namens Eduard sagte: »Mein Dorf war wie eine Wüste, aber jetzt stehen überall Bäume, und es regnet regelmäßig.« Andere Kinder berichteten von einem Ende der Waldbrände, von frischer Luft und von der Rückkehr der Tiere in den Wald, seitdem nicht mehr gejagt wurde.

»Siehst du, genau das meine ich«, sagte Jane. »Sie lernen, dass alles zusammenhängt und ihre Gemeinschaft nicht nur aus den Menschen um sie herum besteht, sondern auch aus den Tieren, den Pflanzen und dem Land selbst.«

Ich dachte an Robert White Mountain, der erzählt hatte, wie sein Stamm einst als Hüter des Landes galt, diese Verbindung im Laufe der Zeit aber verloren habe. Jane hatte gehört, er wolle diese Verbindung nun wiederbeleben, indem er einen großen Gemeinschaftsgarten anlegte. Ich dachte an das junge Mädchen in der Jugendstrafanstalt, dessen Leben Jane mit ihrem Buch verändert hatte, und auch an Chan Hellman, der schreckliche Vernachlässigung überlebt hatte. Ich dachte daran, wie wichtig es ist, junge Leute auf eine Weise großzuziehen, die die angeborene Hoffnung in ihnen nährt und ihnen das nötige Rüstzeug für die Herausforderungen der Zukunft mitgibt. Davon hinterlassen wir ihnen schließlich eine ganze Menge. So überzeugt ich nun jedoch auch war, dass junge Leute ein bedeutender Grund zur Hoffnung

159

Kinder in der Republik Kongo ziehen am Weltfriedenstag mit einer riesigen Friedenstaube zu einem Aufforstungsprojekt. Roots & Shoots-Gruppen auf der ganzen Welt basteln an diesem Tag solche Tauben aus alten Bettlaken.

waren, sah ich doch auch uns Erwachsene ganz klar in der Pflicht, ihnen eine möglichst heile Welt zu hinterlassen.

Es war inzwischen später Abend, und wir mussten noch über einen weiteren Grund zur Hoffnung sprechen. Jane schlug vor, eine Pause einzulegen und am Morgen fortzufahren. Ich hätte am liebsten sofort weitergemacht; schon die ganze Zeit freute ich mich darauf, über diesen nächsten Grund zu sprechen – einen, der uns auch dann noch bleibt, wenn alles längst verloren scheint. So verabschiedete ich mich aber und ging durch die dunkle Nacht zu meiner Unterkunft in der Nähe von Janes Hütte.

Grund 4:
Der unbeugsame menschliche Kampfgeist

Am nächsten Morgen ging ich wieder zu Janes Hütte, die sie sich mit Patrick van Veen, dem Weltvorsitzenden des Jane Goodall Institute, dessen Frau Daniëlle und deren beiden Hunden teilte. Patrick und Daniëlle verabschiedeten sich allerdings sofort und überließen die Hütte netterweise Jane und mir, damit wir uns in Ruhe unterhalten konnten. Erneut setzten wir uns mit unseren Kaffeebechern vor den Kamin, begierig darauf, das Gespräch von gestern Abend fortzusetzen.

»Eins hat mich gestern noch eine Weile beschäftigt«, hob ich an, »und ich dachte, vielleicht reden wir erst noch ein wenig darüber, bevor wir zu deinem letzten Grund zur Hoffnung kommen, dem unbeugsamen menschlichen Kampfgeist. Ich wüsste nämlich gern, was genau du unter ›Geist‹ verstehst.«

Jane dachte einen Augenblick nach und sagte dann: »Das hat mich noch nie jemand gefragt. Ich schätze, das ist wohl für jeden anders, je nach Erziehung, Bildung und Religion. Ich kann dir nur sagen, was es für mich bedeutet. Es ist die Quelle meiner Energie, eine innere Kraft, die dem Gefühl entspringt, mit jener großen spirituellen Macht in Verbindung zu stehen, die ich so deutlich wahrnehme – ganz besonders in der Natur.«

Ich fragte Jane, ob sie dieses Gefühl einer »großen spirituellen Macht« besonders in Gombe verspüre.

Sie nickte. »Ja, definitiv. Einmal, allein im Wald, war ich sogar plötzlich überzeugt, ein Funke dieser Macht stecke in allen Lebewesen. Wir Menschen, mit unserer Leidenschaft fürs Benennen, haben diesen Funken in uns selbst als Seele, Geist oder Psyche bezeichnet. Aber wie ich da so saß, umgeben von den Wundern des Waldes, war es, als würde dieser Funke einfach alles um mich beseelen, von den vorbeiflatternden Schmetterlingen bis hin zu den riesigen, von Lianen behangenen Bäumen.

Als wir gestern über Intelligenz sprachen, habe ich ja schon erwähnt, wie viele indigene Völker, einschließlich vieler Native Americans, über den Schöpfer sprechen und Tiere, Blumen, Bäume und sogar Steine als ihre Geschwister ansehen. Diese Perspektive auf das Leben finde ich wundervoll.«

Das gefiel mir. Laut dachte ich darüber nach, wie die Welt wohl wäre, wenn alle Menschen mit anderen Lebewesen und sogar Steinen so achtsam umgingen wie mit ihren Geschwistern.

»Vermutlich deutlich besser«, sagte Jane. »Aber wie *genau*, können wir jedoch nicht wissen. Wenigstens noch nicht.«

Ich musste grinsen über Janes typisches, hoffnungsfrohes »noch nicht«, das mich wieder an unser gestriges Gespräch erinnerte. »Was meinst du also mit ›unbeugsamer Kampfgeist‹?«, fragte ich. »Und wieso macht er dir Hoffnung?«

Jane blickte ein paar Sekunden in die Flammen, bevor sie antwortete. »Ich meine damit unsere Eigenschaft, immer wieder das Unmögliche zu versuchen. Trotz miserabler Chancen, trotz des Spotts unserer Mitmenschen, trotz der Möglichkeit zu scheitern. Die Entschlossenheit und Ausdauer, persönliche Probleme, körperliche Grenzen, Kränkungen und Diskriminierung zu überwinden. Die innere Stärke und den Mut, um jeden Preis sein Ziel zu verfolgen, wenn es um Gerechtigkeit und Freiheit geht. Selbst wenn dieser Preis das eigene Leben ist.«

»Und wer verkörpert diesen Kampfgeist deiner Meinung nach am besten?«, fragte ich.

»Da fallen mir aus dem Stand mehrere Leute ein. Zum Beispiel Martin Luther King Jr., der gegen Diskriminierung und Ungleichheit kämpfte und trotz aller Feindseligkeit gegen ihn stets Gewaltlosigkeit predigte. Oder Nelson Mandela, der wegen seines Kampfs gegen die Apartheid in Südafrika siebenundzwanzig Jahre im Gefängnis saß. Oder Ken Saro-Wiwa, ein Nigerianer, der gewaltlose Proteste gegen die von Royal Dutch Shell in seinem Land begangene Umweltverschmutzung anführte und dafür hingerichtet wurde.« Erneut musste ich an die Geschichte über den CEO von Royal Dutch Shell und seinen Gesinnungswandel denken und auch an die finstere Geschichte so vieler Erdölunternehmen, die unserem Planeten geschadet haben.

Jane fuhr fort: »Und Winston Churchill natürlich, der die Briten anspornte, sich gegen ein Nazideutschland zur Wehr zu setzen, das damals schon fast ganz Europa in die Knie gezwungen hatte. An Mahatma Gandhi, den indischen Anwalt an der Spitze der Bewegung, die gewaltlos die britische Kolonialherrschaft beendete. Und Christen werden sicherlich sofort an Jesus denken. Menschen, deren Leben diesen unbeugsamen Kampfgeist exemplifiziert, finde ich wahnsinnig beeindruckend. Ihr Einfluss auf die Geschichte … Ach, unmöglich einzuschätzen. Und das waren ja nur ein paar Beispiele.«

»Dann ist der unbeugsame Kampfgeist also das, was uns weiterkämpfen lässt, wenn alles hoffnungslos erscheint«, fasste ich zusammen. »Und etwas, das andere inspiriert?«

»Ja, genau. Und neben diesen Leuten, die zu Vorbildern für Millionen wurden, gibt es noch all diejenigen, die in ihrem Leben vor größeren sozialen oder materiellen Problemen stehen. Die Flüchtlinge, die große Mühen und Gefahren auf sich nehmen, um vor Gewalt zu fliehen, und sich an einem fremden Ort, an dem sie niemanden kennen, ein neues Leben aufbauen – selbst dann noch, wenn sie dort, wie leider so oft, auf Diskriminierung stoßen. Oder Menschen mit Behinderungen, die sich nicht davon abhalten lassen, ihre Träume zu verfolgen. Auch diese Menschen inspirieren alle um sie herum durch ihren Mut und ihre Entschlossenheit.«

Wenn ich beschließe, auf den Everest zu steigen

»Glaubst du, dieser unbeugsame Kampfgeist hat uns Menschen einen Evolutionsvorteil verschafft?«, fragte ich. »Immerhin sind wir körperlich gesehen die schwächsten Affen.«

»Nein, das Wichtigste waren zunächst mal unser Intellekt, unsere Fähigkeit zu kooperieren und unsere Anpassungsfähigkeit«, sagte Jane. »Unser unbeugsamer Kampfgeist hat uns aber noch ein gutes Stück weitergebracht. Wir sind nämlich in der einzigartigen Lage, genau zu wissen, wie nützlich es sein kann, sich einer mutmaßlich vollkommen aussichtslosen Herausforderung zu stellen.«

»Würdest du sagen, dass auch Schimpansen unbeugsamen Kampfgeist besitzen?«

Jane lachte. »Zumindest haben sie den Willen zum Leben. Diesen Willen, der sie, genau wie viele andere Tiere, dazu bringt, sich anzustrengen, um Krankheiten, Verletzungen und andere Widrigkeiten zu überwinden – zumindest, wenn sie psychisch gesund sind. Tiere können sich genauso hilf- und hoffnungslos fühlen wie wir; und in dieser Verzweiflung geben sie manchmal einfach auf, wenn sie krank werden, sich verletzen oder etwas Traumatisches erleben – wenn sie gefangen werden, beispielsweise. Manche jungen Schimpansen überstehen grauenhafte Situationen, während andere in viel harmloseren einfach aufgeben und sterben.«

»Aber dieser Wille zum Leben ist nicht dasselbe wie der unbeugsame Kampfgeist, den du bei den Menschen ausmachst?«, hakte ich nach.

»Na ja, ich glaube, bei uns geht es nicht allein um den Umgang mit lebensbedrohlichen Situationen – auch wenn wir das mit anderen Tieren sicher gemeinsam haben. Nein, es geht um die Fähigkeit, sich mit voller Absicht scheinbar unmöglichen Aufgaben zu stellen. Und nicht aufzugeben, obwohl wir wissen, dass wir vielleicht scheitern – ja, nicht mal, wenn wir dabei unser Leben aufs Spiel setzen.«

»Das heißt, dieser unbeugsame Kampfgeist erfordert das Wunder des menschlichen Intellekts, Vorstellungskraft … und Hoffnung?«

»Ja«, sagte Jane, »und außerdem Entschlossenheit, Belastbarkeit und Mut.«

Ich erzählte Jane von einem großen Vorbild von mir, das diesen unbeugsamen Kampfgeist verkörperte: meinem Großvater. »Er hat als Kind ein Bein verloren«, sagte ich. »Trotz Holzbein wurde er Turniertänzer und spielte sehr gut Tennis. Später wurde er Neurochirurg und trennte erfolgreich siamesische Zwillinge, was zuvor niemand für möglich gehalten hatte. Im Zweiten Weltkrieg brachte er frisch Amputierten den Alltag mit Prothese bei und machte ihnen Hoffnung auf ein erfülltes Leben. Sein Motto lautete: ›Das Schwierige ist schwer, das Unmögliche eben ein kleines bisschen schwerer.‹«

»Das ist ein herrliches Beispiel für den unbeugsamen Kampfgeist des Menschen«, sagte Jane. »Genau das meine ich.«

»Das gilt ja wohl auch für Derek«, sagte ich mit Bezug auf ihren verstorbenen Mann.

»Stimmt, auch Derek ist ein wunderbares Beispiel für Beharrlichkeit, Zähigkeit und unbeugsamen Kampfgeist. Er war Jagdflie-

Dougs Großvater Hippolyte Marcus Wertheim verlässt am 7. Dezember 1936 das Krankenhaus, wo er soeben erfolgreich siamesische Zwillinge getrennt hat – ein Eingriff, den alle für unmöglich gehalten hatten. Eine Beinprothese ließ ihn ein wenig humpeln.

ger bei der Royal Air Force und wurde über Ägypten abgeschossen, als die Alliierten dort gegen Rommel kämpften. Er überlebte den Absturz, doch seine Beine waren teilweise gelähmt, weil eine deutsche Kugel ihn mitten in die Wirbelsäule getroffen hatte.

Die Ärzte sagten, er würde nie wieder gehen können, aber er war fest entschlossen, sie eines Besseren zu belehren. Dass er schließlich wirklich wieder gehen konnte und dafür nichts als

Derek erlitt schwere Verletzungen, als sein Flugzeug im Zweiten Weltkrieg abgeschossen wurde. Es hieß, er würde nie mehr gehen können. Doch er wollte unbedingt das Gegenteil beweisen und hat es auch geschafft!

einen Stock brauchte, war ein Wunder. Ein Bein war fast komplett gelähmt – er musste es bei jedem Schritt von Hand nach vorn schwingen. Meine Tante Olly, eine Physiotherapeutin, untersuchte ihn und sagte: ›Also, rein anatomisch gesehen dürfte er das andere Bein eigentlich auch nicht benutzen können. Er geht mit reiner Willenskraft.‹«

»Unglaublich«, sagte ich. »Das erinnert mich an den Unfall meines Vaters. Fast genau fünf Jahre vor seinem Tod ist er eine Treppe runtergestürzt. Er erlitt eine schwere Hirnverletzung und delirierte einen Monat lang. Man gab uns zu verstehen, er würde vielleicht nie wieder ganz der Alte sein. Als er doch noch zu Sinnen kam, sagte mein Bruder, es täte ihm leid, dass er all das hatte durchmachen müssen. Mein Vater erwiderte: ›Ach wo. Alles bloß Teil meines persönlichen Lehrplans.‹«

»Schön formuliert!«, bemerkte Jane. »Und er hat recht: All die Herausforderungen im Leben ergeben für jeden von uns einen individuellen Lehrplan, den wir erfolgreich abarbeiten müssen.«

»Mit diesem kleinen Perspektivenwechsel ist es meinem Vater gelungen, eine negative Erfahrung positiv zu wenden und einen Sinn darin zu finden«, sagte ich. »Der Sturz und die Zeit danach waren schrecklich, und doch waren seine letzten fünf Lebensjahre geprägt von innerem Wachstum und noch engeren Beziehungen zu Familie und Freunden. Erzbischof Tutu hat mir mal erklärt, Leid könne uns entweder verbittern oder veredeln, und Letzteres geschehe vor allem, wenn es uns gelingt, einen Sinn in unserem Leid zu finden und es für andere fruchtbar zu machen.«

»Ja.« Jane nickte. »Und wie ich weiß, hatte auch dein Sohn kürzlich einen schweren Unfall und schlägt sich ziemlich tapfer«, sagte Jane mitfühlend.

Es stimmte, mein Sohn Jesse hatte – einen Monat vor meinem Treffen mit Jane in Tansania – einen Surfunfall gehabt, bei dem er ein Schädel-Hirn-Trauma erlitten hatte. »Er hatte extreme Schmerzen, bewies aber auch bemerkenswerte Zähigkeit und Hoffnung. Und wie die Resilienzforschung zeigt, ist auch Humor immer sehr hilfreich. Als Teil seines Genesungsprozesses ist Jesse sogar als Stand-up-Comedian aufgetreten.«

»Ja, Humor ist wirklich hilfreich«, bestätigte Jane. »Ich weiß noch, was Derek mir mal erzählt hat. Frisch aus dem Krankenhaus entlassen und auf Krücken unterwegs, sollte er jemanden im Hotel Ritz treffen. Als die beiden sich setzten, vergaß er völlig, dass seine Beine im Gips steckten. Zack, klappten sie stocksteif

 Chris Koch, ein persönliches Vorbild und perfektes Beispiel für unbeugsamen Kampfgeist.

hoch« – Jane machte es mir vor – »und stießen den Tisch um, sodass Teekanne, Tassen, Milch, einfach alles durch die Gegend flog. Kurz herrschte betretenes Schweigen, dann fing Derek an zu lachen, und bald lachten alle mit, sogar der schnöselige Kellner und die Leute an den Nebentischen.«

Ich dachte an all die Menschen, die persönliche Katastrophen überwunden haben, ihre Mitmenschen inspirieren und den unbeugsamen Kampfgeist der Menschen verkörpern. Ob Jane wohl noch weitere Beispiele einfielen?

Sie erzählte mir von Chris Koch, einem Kanadier, der ohne Arme und Beine zur Welt kam; statt Armen hat er zwei kurze Stummel, dazu einen extrem kurzen Beinstumpf. Er bewegt sich auf einem Longboard fort – und es gibt so gut wie nichts, was er nicht tun kann. Er reist eigenständig durch die Welt, nimmt an Marathons teil, fährt Traktoren und ist ein mitreißender Redner.

»Seine Eltern haben ihm nie gesagt, er könne irgendetwas nicht tun, was seine Brüder und Schwestern taten«, erklärte Jane. »Nein, sie sagten immer, er könne alles machen, was er wollte. Seine Augen strahlen vor Intelligenz und Lebensfreude. Ich habe ihn gefragt, ob man ihm nie Prothesen angeboten habe, und er antwortete: ›Doch, schon, aber ich glaube, ich wurde aus guten Gründen so geboren. Ich bleib lieber, wie ich bin.‹ Dann aber, nach einer kurzen Pause, sagte er schmunzelnd: ›Vielleicht komm ich drauf zurück, wenn ich beschließe, auf den Everest zu steigen.‹«

Während wir so Kaffee tranken und redeten, gaben mir allein schon die Geschichten über den unbeugsamen Kampfgeist dieser Menschen, über ihre Hoffnung und ihren Mut innerlich Auftrieb.

Der Kampfgeist, der nie aufgibt

»Vorhin meintest du, auch Churchill sei ein Beispiel für unbeugsamen Kampfgeist«, sagte ich. »Könntest du noch etwas mehr darüber sagen, wie er dich und andere während des Zweiten Weltkriegs beeinflusst hat?«

»Und ob ich das kann!«, antwortete Jane. »Es waren Churchills unbeugsamer Kampfgeist und sein großes Vertrauen in die Briten, die ihnen den Mut und die Entschlossenheit gaben, Hitler die Stirn zu bieten.

Ich glaube, während dieses Krieges aufzuwachsen, hat mich dauerhaft geprägt. Auch wenn ich bei Kriegsausbruch erst fünf war, ahnte ich doch wenigstens, was vor sich ging. Ich spürte die Stimmung in der Luft. Alles schien grau und hoffnungslos – immerhin stand Großbritannien nach der Niederlage der meisten übrigen europäischen Länder eine ganze Zeit lang allein auf verlorenem Posten. Unsere Armee war völlig unvorbereitet. Unsere Marine ebenfalls. Und die Royal Air Force war ein Witz verglichen mit der Luftwaffe.«

Ich hatte über diesen schrecklichen Abschnitt der Geschichte gelesen, in dem alles danach aussah, als würde Hitler den Krieg gewinnen und Großbritannien besetzen. Als ich nun Jane zuhörte, die all das miterlebt hatte, konnte ich mir gut vorstellen, welche Angst die Briten empfunden haben mussten.

»Churchills Reden rissen diesen Schleier der Verzweiflung weg«, fuhr Jane fort. »Er verkündete, niemand würde England jemals schlagen, und weckte so den Kampfgeist der Briten. Seine berühmteste Rede hielt er, als Deutschland bereits den größten Teil Europas überrannt hatte und es für die Alliierten wirklich alles andere als gut aussah. Churchill rüttelte die Leute auf, sagte, wir würden unsere Insel bis zum bitteren Ende verteidigen, niemals aufgeben, den Feind an den Stränden und auf den Feldern, in den Hügeln und auf den Straßen bekämpfen. Niemals würden wir kapitulieren! Während der Beifallsstürme am Ende der Rede hörte jemand zufällig mit, wie Churchill einem Freund zuflüsterte: ›Und wir werden den Feind mit abgebrochenen Flaschenhälsen bekämpfen, weil wir sonst keine Waffen haben.‹«

Jane lachte. »Er hatte einen wunderbaren, sehr britischen Sinn für Humor. Und er verkroch sich auch nicht, wenn es brenzlig wurde. Während des Blitzkriegs, als London Tag und Nacht bombardiert wurde, ging er oft persönlich in die U-Bahn-Stationen, um den von all dem Tod, dem Geschrei und der Zerstörung traumatisierten Leuten Mut zuzusprechen, die dort unten Schutz suchten. Wieder und wieder ermutigte er sie, Hitler bis zum Schluss die Stirn zu bieten.«

Jane erzählte von der Luftschlacht um England, von all den jungen britischen und kanadischen, australischen und polnischen Piloten in ihren Spitfires und Hurricanes, die dabei täglich ihren Hals riskierten. So viele von ihnen ließen ihr Leben im Kampf gegen die überlegene Luftwaffe. Die Luftschlacht war ein Schlüsselmoment des Krieges. Hitler hatte erkannt, dass Deutschland die Meere erst beherrschen konnte, wenn die Royal Air Force aus dem Weg geräumt wäre. Als sich abzeichnete, dass daraus nichts werden würde, dass er weder die RAF noch die Moral der Briten bezwingen konnte, blies er den Angriff ab.

»Churchills berühmte Worte über die RAF nach all den Heldentaten und dem Tod so vieler junger Menschen treiben mir noch heute Tränen in die Augen«, sagte sie. »›Noch nie in der Geschichte menschlicher Konflikte hatten so viele so wenigen so viel zu verdanken.‹

So viele Menschen sind in diesem Krieg gestorben. Nicht nur
Soldaten, auch Tausende Zivilisten. Und nicht bloß Alliierte, sondern auch Deutsche.«

Wir schwiegen einen Augenblick, ließen diese Wahrheit sacken und gedachten der unzähligen Toten. »Gibt es denn rückblickend etwas besonders Wichtiges, das du aus all dem gelernt hast?«, fragte ich.

»Ja, und zwar genau das, worüber wir sprachen«, sagte Jane. »Ich begriff, wozu wir Menschen fähig sind, und wie unbeugsame Entschlossenheit ein ganzes Land mitreißen und eine scheinbar ausweglose Situation in einen Sieg verwandeln kann. Dass Mut und Entschlossenheit das Unmögliche möglich machen.«

An dieser Stelle stoppte ich das Aufnahmegerät, und wir machten eine kleine Pause, um uns die Füße zu vertreten und frischen Kaffee zu kochen. Während ich unsere Tassen nachfüllte, bemerkte ich, wie Jane eingehend einen Streifen Morgenlicht auf dem Teppichmuster betrachtete. »Woran denkst du?«, fragte ich und startete die Aufnahme wieder.

»Daran, wie Gefahr und Katastrophen die Menschen zu Höchstleistungen anspornen können. Der Zweite Weltkrieg hat unzählige Helden hervorgebracht, Menschen, die ihr Leben riskierten, um ihre Kameraden oder ihre Einheit zu retten. So viele Tapferkeitsmedaillen, viel zu oft posthum verliehen. Der Widerstand: all die Männer und Frauen, die in den Untergrund gingen, um auf jede erdenkliche Weise gegen die Nazis zu kämpfen – darunter übrigens auch viele Deutsche. Und wenn sie erwischt wurden, weigerten sich viele sogar unter Folter, die Namen ihrer Freunde preiszugeben. Oft treibt mich der Gedanke um, dass ich bestimmt nie den Mut hätte, den Mund zu halten, wenn mir jemand die Fingernägel ausreißt, und ich bete, dass ich es nie herausfinden muss. Dann gab es die Leute, die Juden bei der Flucht halfen oder sie bei sich zu Hause versteckten. Und das stille Heldentum der Bürger Londons, die den Blitzkrieg überstanden und sich gegenseitig halfen. Jeden Tag bewiesen sie ihre Zähigkeit und ihren Cockney-Humor, während ihre Häuser in Schutt und Asche gelegt wurden.«

»Ich glaube, das ist immer so – Katastrophen bringen stets Geschichten über Mut und Selbstlosigkeit hervor«, sagte ich. »Ich werde nie den Anblick der Feuerwehrleute vergessen, die am 11. September in die brennenden Gebäude rannten, während all die verängstigten, staubbedeckten Menschen daraus flohen. Oder den der Helfer, die bei einem Erdbeben oder einem Hurrikan herbeieilen. Und auch den der Leute nicht, die in Australien und Kalifornien gegen die Waldbrände kämpften und eingeschlossene Menschen und Tiere retteten.«

»Ja«, sagte Jane. »All diese Geschichten von Heldentum, Mut und Selbstaufopferung sind Beispiele für den unbeugsamen

Kampfgeist, den Menschen in Gefahr so oft beweisen. Zwar haben wir ihn immer, aber meistens brauchen wir ihn gar nicht.«

»Vermutlich finden sich überall in der Geschichte Beispiele dafür, wie dieser unbeugsame Kampfgeist uns anspornte, unbesiegbare Gegner zu besiegen und unbehebbares Unrecht zu beheben.«

»Allerdings«, pflichtete Jane bei. »Denk nur mal an David und Goliath. Oder an den Mann, der sich auf dem Tian'anmen-Platz ganz allein den chinesischen Panzern in den Weg stellte, mit seinen Einkaufstüten in der Hand. Beides symbolisiert den unbeugsamen Mut, der sich hin und wieder zeigt, wenn Menschen sich gegen eine scheinbar unbesiegbare Übermacht wehren.

Oder denk an die indigenen Völker in Südamerika, die ihre Heimat gegen die Interessen von Staat und Großunternehmen verteidigen. Im Kampf gegen Waldrodung und Bergbau opfern diese Leute oft sogar ihr Leben.«

»Stimmt«, sagte ich. »Bei aller Grausamkeit und allem Egoismus, von denen die Politik in letzter Zeit geprägt war, gab es doch immer Menschen, die bereit waren, Gefängnis, körperliche Gewalt und Folter – oder sogar ihren Tod – in Kauf zu nehmen, um Widerstand gegen Tyrannei und Unrecht zu leisten.«

»Zum Beispiel auch die frühen Suffragetten in England«, sagte Jane, »unter der Führung von Emmeline Pankhurst. Im Kampf für das Frauenwahlrecht haben sie sich ans Geländer vor dem Parlament gefesselt. Oder auch all die Leute, die sich an Bäume ketten oder hoch in die Baumkronen klettern, um einen Wald vor den Bulldozern zu schützen.«

»Standing Rock ist auch ein gutes Beispiel«, sagte ich und meinte damit die Proteste im Jahr 2016 gegen den Bau der Dakota Access Pipeline, der heilige Stätten der Sioux entweiht und die wichtigste Trinkwasserquelle des Reservats Standing Rock verunreinigt hätte. »Die Polizei setzte Pfefferspray, Tränengas und Gummige-

Ein Bild aus dem Video von Rick Swope, der Jo-Jo aus dem Wassergraben rettet.

schosse ein – und sogar Wasserwerfer, mitten im Winter. Doch die Demonstranten blieben standhaft. Und tatsächlich waren es vor allem junge Leute, die sich da als Anführer hervortaten.«

»Ach Doug, es gibt so viele unbesungene Helden«, seufzte Jane. »So viele Beispiele für unbeugsamen Kampfgeist, der niemals aufgibt oder einknickt, und von vielen wird niemals irgendwer erzählen. Die Pazifisten zum Beispiel, die angeblich zu feige sind, für ihr Land zu kämpfen, aber jeden Tag ihr Leben riskieren, um Verletzte an der Front zu retten. Die Journalisten, die Leben und Freiheit aufs Spiel setzen, um in diktatorischen Regimen über Korruption und Brutalität der staatlichen Organe zu berichten. Whistleblower, die sich verpflichtet fühlen, Scheußlichkeiten aufzudecken, die sich hinter den verschlossenen Türen mächtiger Institutionen abspielen. Oder die mutigen Menschen, die heimlich filmen, was in Massentierhaltungsbetrieben abgeht, oder Gewalttaten auf offener Straße dokumentieren.

Toll ist auch die Geschichte von Rick Swope, der unter Einsatz seines Lebens einen Schimpansen namens Jo-Jo gerettet hat, der fast im Wassergraben seines Zoogeheges ertrunken wäre. Jo-Jo, ein erwachsenes Männchen, das viele Jahre lang allein gelebt hatte, wurde zu einer größeren Gruppe gebracht. Als eines der ranghöheren Männchen auf ihn zustürmte, um seine Dominanz zu beweisen, kletterte Jo-Jo vor Schreck über die Absperrung um den tiefen Wassergraben.

Wie du vermutlich weißt, können Schimpansen nicht schwimmen. Jo-Jo fiel ins Wasser, tauchte nach Luft schnappend wieder auf und ging gleich wieder unter. Viele Leute, einschließlich eines Tierpflegers, sahen zu – aber nur Rick sprang ins Wasser, vor den Augen seiner erschrockenen Frau und seiner drei Kinder! Er bekam das große Männchen zu fassen, hievte es über die Absperrung und schob es ans Ufer. Da rasten drei große Männchen mit aufgestellten Haaren auf ihn zu, und Rick machte kehrt, um wieder über die Absperrung zu klettern. Jo-Jo lebte, war aber geschwächt, rutschte zurück ins Wasser. In dem Video, das ein Zoobesucher gemacht hat, sieht man Rick kurz innehalten. Er blickt zu seiner Frau, den Kindern und dem Tierpfleger, die ihn alle anschreien, er solle sofort da rauskommen. Dann blickt er zurück zu dem untergehenden Jo-Jo – und schwimmt noch mal zu ihm, schiebt ihn wieder ans Ufer und bleibt bei ihm, bis der Schimpanse ein Büschel Gras packt und sich an Land zieht. Glücklicherweise sahen die drei anderen Männchen nur zu.

Später wurde Rick interviewt. ›Ihnen muss doch klar gewesen sein, dass das gefährlich war – warum haben Sie es trotzdem getan?‹, fragte man ihn. ›Na ja, ich habe ihm zufällig in die Augen gesehen, und die waren wie die Augen eines Menschen‹, antwortete Rick. ›Sein Blick sagte eben: Bitte hilf mir.‹ Genau dieser Blick in den Augen der Schwachen und Unterdrückten, der das Mitgefühl in uns anspricht, hat schon viele Heldentaten ausgelöst.«

»Eine unglaubliche Geschichte«, sagte ich. »Was dieser Rick getan hat, beweist eindeutig, dass unsere Moral sich weit über unsere Artgenossen hinaus erstreckt. Er wird ja kaum erwartet haben, dass Jo-Jo sich irgendwie erkenntlich zeigt. Ich finde, diese Geschichte zeigt hervorragend die Tapferkeit und den Respekt für das Leben, die wir brauchen, um unsere Gesellschaft zu verändern. Glaubst du, diese Art von Respekt und Tapferkeit könnte uns helfen, die vielen Probleme unserer Zeit zu bewältigen?«

»Ganz bestimmt sogar«, antwortete Jane. »Allerdings gibt es da ein Problem: Diese Selbstlosigkeit findet sich auch in Menschen mit den verworrensten Ideen. Denk doch nur mal an die Selbstmordattentäter, die glauben, sie würden im Paradies dafür belohnt, unschuldige Leute in die Luft zu jagen. Tatsächlich kann man Heldentaten stets auf beiden Seiten eines Konflikts finden. Das zeigt, wie wichtig es ist, in welchem kulturellen oder religiösen Umfeld die Menschen aufwachsen.«

»Aber was ist mit der Umweltkrise?«, fragte ich. »Könnten wir da nicht alle an einem Strang ziehen und diese Energie nutzen, um den Klimawandel und das Artensterben aufzuhalten?«

Jane antwortete nicht sofort – offensichtlich musste sie darüber einen Augenblick nachdenken. »Doch, ganz bestimmt. Das Dumme ist nur, dass zu wenige Menschen das Ausmaß der Gefahr begreifen, einer Gefahr, die unsere gesamte Welt auszulöschen droht. Wie bekommen wir die Leute dazu, auf die dringenden Warnungen der Menschen zu hören, die schon so lang gegen diese Gefahr ankämpfen? Wie bringen wir sie dazu, etwas zu tun?«

Jane wirkte sehr besorgt.

»Genau deshalb reise ich ja ständig um die Welt: Um die Leute wachzurütteln, sie auf die Gefahr hinzuweisen und ihnen zugleich zu vermitteln, dass es noch nicht zu spät ist, um den Schaden wiedergutzumachen. Indem wir unseren Grips benutzen und auf die Widerstandskraft der Natur vertrauen. Ich dränge die Leute, etwas zu tun, indem ich zuerst die sehr reale Gefahr beschreibe, dann aber unterstreiche, dass uns noch etwas Zeit bleibt, dass es tatsächlich noch Hoffnung auf Erfolg gibt.«

»Wir haben viel über diese Widerstandskraft der Natur gesprochen. Da stellt sich mir die Frage, ob der unbeugsame Kampfgeist der Menschen eine Frage der Widerstandskraft ist.«

»Ja, na klar – schließlich hängt alles zusammen«, sagte Jane. »Auch wenn sich der unbeugsame Kampfgeist oft in Katastrophen zeigt, weisen ihn doch nicht alle auf. Manche Leute gehen unter. Und ja, das hängt wohl mit Widerstandskraft zusammen, damit, ob wir optimistisch oder pessimistisch sind.«

Den unbeugsamen Kampfgeist in Kindern fördern

Die Wintersonne erleuchtete immer noch die Hütte. Während Jane über den Zusammenhang zwischen Widerstandskraft und unbeugsamem Kampfgeist der Menschen nachdachte, fragte ich mich, ob man Kindern diese Unbeugsamkeit irgendwie beibringen konnte, damit sie fürs Leben besser gerüstet wären. Die Eltern von Chris Koch – dem Mann, der ohne Arme und Beine geboren wurde – hatten das offenbar prima hinbekommen. Sie hatten ihm das Selbstvertrauen und die mentale Stärke mitgegeben, die er brauchte. Darauf sprach ich Jane nun an.

»O ja, Selbstvertrauen gehört definitiv zur Widerstandskraft, und die Erziehung spielt da eine wichtige Rolle«, sagte sie. »Wenn ich ganz allgemein an Kinder denke, die gut mit körperlichen Behinderungen zurechtkommen, dann haben die fast immer die

Unterstützung mindestens eines Elternteils oder eines anderen Erwachsenen, der für sie da ist.«

»Und dann«, sagte ich, »gibt es neben Menschen, die wie Chris, Derek, mein Vater oder mein Sohn mit körperlichen Gebrechen kämpften oder kämpfen, natürlich auch solche, die seelische Verletzungen überwinden müssen, zum Beispiel welche aus Kriegen, Missbrauch oder häuslicher Gewalt.«

»Ich vermute, bei all diesen Umständen wird es toughe Menschen geben, die körperliche und seelische Traumata überwinden, während es anderen schlicht an der nötigen Widerstandskraft fehlt. Warum das so ist, kann man nicht immer sagen. Vielleicht hatten manche Menschen, die genetisch zu Pessimismus neigen, einfach kein ausreichend liebevolles Elternhaus, um Widerstandskraft und Hoffnung in ihnen zu fördern.«

Ich erzählte Jane von einigen interessanten Parallelen in der Re-

silienz- und in der Hoffnungsforschung. Resilienz ist die Fähigkeit, mit Krisen umzugehen, ruhig zu bleiben und aus schwierigen Phasen ohne langfristige Schäden hervorzugehen. Wie ein Ökosystem, das sich nach einer Naturkatastrophe oder menschengemachten Störung regeneriert, erholen sich auch resiliente Menschen – selbst wenn das je nach Schwere des Traumas unterschiedlich lange dauern mag.

»Insgesamt gehen resiliente Menschen aus Krisen eher gestärkt hervor«, erklärte ich. »Sie sind hoffnungsvoller und betrachten Herausforderungen eher als Chancen.«

»Es ist traurig«, sagte Jane, »dass manche Menschen so erstaunlich gut mit Schwierigkeiten klarkommen, während andere einfach aufgeben und ihr Leben manchmal sogar selbst beenden – vor allem, wenn sie keine Freunde oder Familie haben.«

»Bestimmt gibt es da auch Ausnahmen«, sagte ich, »aber insgesamt können wir wohl festhalten, wie wichtig verlässliche Fürsorge dafür ist, Resilienz bei Kindern zu fördern. Würdest du aus deiner Erfahrung heraus sagen, dass dasselbe für Schimpansen gilt?«

»Ja«, antwortete Jane. »Wir haben Schimpansen erlebt, die noch ganz jung von ihren Müttern getrennt und dann misshandelt wurden – manche wurden mit brutalen Methoden für den Zirkus dressiert, andere in winzigen Laborkäfigen gehalten. Auch nach ihrer Rettung haben diese Affen sich nie mehr ganz erholt, konnten nie wieder normal unter Artgenossen leben. Oft wiesen sie Symptome einer posttraumatischen Belastungsstörung auf. Ein Weibchen blickte zum Beispiel immer wieder plötzlich in die Ferne und brüllte hysterisch, hörte gar nicht mehr damit auf. Sie war früh von ihrer Mutter getrennt worden und wuchs ohne jede Zuwendung in einem Labor auf. Wenn dagegen traumatisierte Junge, deren Mütter in der Wildnis erschossen wurden, in einer unserer Auffangstationen landen, und *sofort* Liebe und Fürsorge erhalten, erholen sie sich meistens rasch.«

Wie der unbeugsame Kampfgeist uns bei der Heilung hilft

»Erstaunlich, wie universell diese Widerstandskraft sein kann«, sagte ich. »Beeindruckt haben mich auch die Fälle, von denen du gestern sprachst – misshandelte Menschen, die nicht nur selbst ihre Traumata überwinden, sondern auch noch anderen Menschen helfen, die sich damit schwertun.«

»Ah«, sagte Jane, »du meinst die vergewaltigten Frauen und ehemaligen Kindersoldaten in Burundi. Dank psychologischer Hilfe konnten die sich mit dem ihnen zugefügten Unrecht auseinandersetzen, ihr Leben wieder in die Hand nehmen und dann sogar anderen dabei helfen, ihre Wut und ihre Verzweiflung hinter sich zu lassen. Außerdem hilft es einem natürlich auch selbst, wenn man anderen hilft.«

Jane meinte, sie bekomme »massenweise« Briefe von Menschen, die mit allerlei Widrigkeiten ringen – manche haben Kinder mit tödlichen oder unheilbaren Krankheiten, manche wurden als Kinder missbraucht, andere verzweifeln an der Zerstörung unserer Umwelt. Oft telefoniere oder halte sie brieflich Kontakt mit Leuten, die körperliche oder seelische Leiden haben.

»Und was erhoffen die sich von dir?«, fragte ich.

»Hilfe, Rückhalt«, antwortete sie. »Das ist wirklich viel Verantwortung und kostet manchmal ganz schön Kraft. Zugleich sehe ich das aber auch als Privileg, weil sie oft sagen, mit mir zu sprechen, würde ihnen wirklich helfen. Sie meinen, allein schon meine Stimme zu hören, täte ihnen gut. Warum das so ist, verstehe ich

auch nicht, habe es inzwischen aber als eine Gabe akzeptiert, die mir eben geschenkt wurde. Und ich fühle mich verpflichtet, daraus etwas zu machen. Ich verstehe dadurch viel besser, mit welchen Schicksalsschlägen und Traumata manche Menschen durchs Leben gehen, und bewundere aufrichtig, mit wie viel Courage sie das tun. Auch da zeigt sich wieder dieser unbeugsame Kampfgeist!«

Sie erzählte mir von einer jungen Frau, die ihrem Brief einen Aufruf der Polizei beigelegt hatte, in dem um sachdienliche Hinweise zur Auffindung einer vermissten Person gebeten wurde.

»Nennen wir sie Anne«, sagte Jane. »Die Vermisste war Annes ältere Schwester, die zuletzt gesehen wurde, als sie während eines schrecklichen Unwetters vor einer Tankstelle zu einem Mann ins Auto stieg. Das war vor zweiunddreißig Jahren.«

Jane erklärte, Anne habe ihre ältere Schwester vergöttert, da sie ihr während ihrer schwierigen Kindheit Halt gegeben hatte.

»Als ich Anne traf«, fuhr Jane fort, »war sie ziemlich durch den Wind, aber in dem Brief, den sie mir gab, bat sie mich, eine Petition zu unterzeichnen, in der die Wiederaufnahme des Falls ihrer Schwester gefordert wurde. Ihre Schrift war so winzig, dass ich zum Lesen beinah eine Lupe brauchte. Ich schrieb ihr zurück, und sie sagte, sie habe einen ähnlichen Brief an etwa vierzig Leute verteilt, aber ich hätte als Einzige geantwortet.«

Die beiden schrieben sich daraufhin regelmäßig, und irgendwann gab Jane Anne ihre Telefonnummer.

»Sie rief mich manchmal drei- oder viermal hintereinander weinend an und klang bei jedem Anruf völlig anders. Ich hatte einiges über psychische Störungen gelesen und begriff, dass sie eine multiple Persönlichkeitsstörung entwickelt hatte, ein häufiger Weg, auf extreme Traumata zu reagieren.«

Jane erzählte mir von den furchtbaren Dingen, die Anne durchgemacht hatte. Als sie zwei Jahre alt war, kam ihr Vater aus dem Vietnamkrieg zurück und fing an, seine Frau körperlich zu misshandeln, die daraufhin mit einer chronischen Depression in eine Klinik eingewiesen wurde. Anne und ihre Schwester lebten fortan bei ihrem Vater, der neu geheiratet hatte. Während der folgenden etwa zehn Jahre wurde Anne von ihrem Vater sexuell missbraucht und sowohl von ihm als auch von seiner neuen Frau körperlich misshandelt. Ihre Schwester blieb dieses Schicksal aus irgendeinem Grund erspart. Als die Mutter schließlich entlassen wurde – Anne war inzwischen zwölf –, nahm sie die Schwestern wieder bei sich auf. Gerade als die drei zu so etwas wie einem normalen Familienleben zurückgefunden hatten, verschwand Annes Schwester auf dem Heimweg zu Thanksgiving spurlos. Kein Wunder, dass Anne in so schlechter Verfassung war.

»Unglaublich war das«, meinte Jane. »Sie hatte *einundzwanzig* Identitäten. Als sie genügend Vertrauen zu mir gefasst hatte, schickte sie mir sogar die drei Stammbäume der verschiedenen Persönlichkeiten aus sämtlichen Altersgruppen, von kleinen Kindern bis hin zu Erwachsenen. Und wie gesagt, wenn sie mich anrief – was öfter vorkam –, sprach sie mit verschiedenen Stimmen. Manchmal legte sie auf und rief direkt danach mit einer anderen Stimme wieder an, der eines kleinen Kindes vielleicht. Ich fragte: ›Wer bist du diesmal, Anne?‹ Schließlich ermunterte ich sie, ihre Missbrauchsgeschichte in allen Einzelheiten aufzuschreiben.«

Aus Sorge, Anne einen unqualifizierten Rat gegeben zu haben, schrieb Jane daraufhin Dr. Oliver Sacks, dem berühmten britischen Neurologen und Spezialisten für Geistesstörungen.

»Ich erläuterte ihm Annes eigentümlichen Fall und erzählte, ich hätte ihr empfohlen, ihre Erfahrungen aufzuschreiben, sei mir jedoch nicht sicher, ob das eine gute Idee war. Aber er meinte: ›Doch, absolut. Ich rate all meinen Patienten, sich ein Notizbuch zu besorgen, und alles Schlechte zu notieren, das ihnen in den Sinn kommt. Sich diesem Schlechten zu stellen.‹ Von jemandem mit so vielen Persönlichkeiten hatte er allerdings noch nie gehört.«

Anne tat, was Jane ihr geraten hatte. »Heute brauche ich keine Lupe mehr, um ihre Schrift zu lesen«, sagte Jane. »Sie ruft auch nicht mehr dauernd an. Sie lebt bei ihrer Mutter und arbeitet an einer Schule für Kinder aus benachteiligten Familien. Die sind dort ganz begeistert von ihr. Und ihre beiden Katzen spenden ihr viel Trost. Sie hat erreicht, dass der Fall ihrer Schwester wieder aufgenommen wurde, und spricht sogar öffentlich im Namen der Angehörigen vermisster Personen.«

Ich war bewegt und beeindruckt davon, wie diese junge Frau ihr Trauma überwunden hat und Jane sich die Zeit nahm, trotz ihrer ständigen Reisen um die Welt für sie da zu sein.

»Es ging mir ja nicht nur darum, ihr zu helfen«, winkte Jane ab, sie wollte nicht für eine Heilige gehalten werden. »Ich war auch fasziniert von ihrer Geschichte. Den menschlichen Geist und seine Tücken fand ich schon immer interessant.«

»Klingt, als wäre da die Naturforscherin in dir am Werk gewesen«, sagte ich. »Was hast du herausgefunden?«

»Vor allem war Anne ein hervorragendes Beispiel dafür, wie unser unbeugsamer Kampfgeist selbst noch das schlimmste Leid überwinden und einem wieder auf die Beine helfen kann.«

Jane hatte gesagt, Hoffnung sei ein Überlebensmerkmal, und jetzt verstand ich auch wieso. Irgendwie war es ihr gelungen, Anne wieder Hoffnung zu geben, und das brachte sie auf den Weg der Besserung. Wenn wir Widrigkeiten gegenüberstehen, gibt uns Hoffnung die nötige Zuversicht, um sie mit unserem unbeugsamen Kampfgeist zu überwinden.

All das brachte uns zu unseren ersten Gesprächen zurück – darüber, wie Widerstandskraft mit dem Glauben zusammenhängt, dass wir unser Leben und das anderer verändern können, und darüber, wie Hoffnung uns die Kraft verleiht, nicht nur uns selbst zu helfen, sondern eine bessere Welt zu schaffen.

»Weißt du«, sagte Jane plötzlich, nach einem Moment geselligen Schweigens, »ich glaube, mit das Wichtigste bei alledem ist der Rückhalt durch andere – zum Beispiel auch durch Tiere. Denk nur an Annes Katzen.«

Wir brauchen einander

»Ja, ganz eindeutig«, pflichtete ich bei. »Meine Recherchen über Resilienz haben deutlich gezeigt, wie wichtig die Unterstützung durch andere in schweren Zeiten ist – welch bedeutende Rolle sie dabei spielt, verzweifelten Menschen wieder Hoffnung zu geben.«

»Allerdings, und das erinnert mich an ein weiteres wundervolles

Beispiel«, sagte Jane lächelnd. Ich lehnte mich zurück, in freudiger Erwartung der nächsten Geschichte.

»Ich habe davon bei einem Besuch in China gehört. Es geht um zwei ganz außergewöhnliche Männer – warte, ich muss schnell ihre Namen raussuchen.«

Jane klappte ihren Laptop auf. »Hier, da sind sie: Jia Haixia und Jia Wenqi.« Jane buchstabierte die Namen für mich, dann klappte sie den Laptop wieder zu und erzählte die Geschichte, die ihr ganz offensichtlich sehr am Herzen lag.

»Die beiden leben in einem kleinen Dorf im ländlichen China und sind seit ihrer Kindheit befreundet. Haixia war wegen eines Katarakts schon von Geburt an auf einem Auge blind, das zweite verlor er später bei einem Fabrikunfall. Wenqi verlor im Alter von gerade mal drei Jahren beide Arme, als er eine kaputte Stromleitung berührte. Als Haixia sein Augenlicht komplett verlor, raubte ihm das allen Lebensmut, und Wenqi begriff, dass er etwas finden musste, das Haixias Leben wieder einen Sinn gab. Damals waren die beiden Mitte dreißig.

Ich weiß nicht, wie lange Wenqi nach einer Lösung gesucht hat, doch irgendwann fiel ihm plötzlich eine ein. Die beiden hatten oft darüber geredet, wie es mit der Gegend rund um ihr Dorf seit ihrer Jugend bergab gegangen war. Die Steinbrüche hatten die Flüsse verunreinigt und so gut wie alles Leben darin vernichtet, Industrieemissionen hatten die Luft verschmutzt.

Ich kann mir lebhaft vorstellen, wie Haixia reagiert hat, als Wenqi ihm zum ersten Mal vorschlug, Bäume zu pflanzen. Wie sollten sie das anstellen? Sie hatten überhaupt kein Geld, er war blind, und Wenqi hatte keine Arme. Aber Wenqi hatte einen Plan: Er würde seine Augen beisteuern, Haixia seine Arme.

Saatgut oder Setzlinge konnten sie sich nicht leisten, also schnitten sie Schösslinge von den verbliebenen Bäumen ab. Haixia be-

Eine Geschichte aus dem ländlichen China: Jia Haixia und Jia Wenqi haben zusammen über zehntausend Bäume gepflanzt, um das verwüstete, verschmutzte Land rings um ihr Dorf wieder zu heilen – ein Blinder und ein Mann ohne Arme. So viel zum Thema unbeugsamer Kampfgeist.

diente die Schere, Wenqi sagte ihm, wo er schneiden sollte. Auf dem Weg von Baum zu Baum hielt Haixia sich an einem von Wenqis leeren Ärmeln fest. Der erste Versuch war ein kompletter Fehlschlag. Zwar hatten sie im ersten Jahr rund achthundert Schösslinge gepflanzt, doch bis zum folgenden Frühling hatten nur zwei davon Wurzeln gebildet. Der Boden war einfach zu trocken. Haixia wollte schon die Flinte ins Korn werfen, aber Wenqi sagte, das käme nicht infrage – sie müssten eben einen Weg finden, die Bäume zu bewässern.

Ich weiß nicht wie, aber sie haben es geschafft. Sie pflanzten neue Schösslinge, und diesmal überlebten die meisten.«

Jane meinte, die beiden hätten inzwischen über zehntausend Bäume gepflanzt. Die anderen Dorfbewohner seien anfangs noch skeptisch gewesen, würden inzwischen aber mithelfen, diese besonderen Bäume zu pflegen.

»Jemand hat eine Doku über sie gedreht«, fuhr Jane fort, »und darin sagt Wenqi, solange sie körperlich zusammenarbeiten würden und im Geiste vereint seien, könnten sie alles schaffen. Und er sagt – warte kurz.« Jane klappte wieder ihren Laptop auf. »Genau, hier. ›Auch wenn wir körperlich beschränkt sind, ist unser Geist doch schrankenlos. Die nächste Generation und alle anderen sollen sehen, was zwei behinderte Menschen erreicht haben. Auch wenn wir längst nicht mehr sind, werden sie noch sehen, dass ein Blinder und ein Armloser ihnen einen Wald hinterlassen haben.‹ Das ist doch wirklich ein wunderbares Beispiel dafür, wie Freundschaft noch den verzweifeltsten Menschen Hoffnung geben kann. Und dafür, was der unbeugsame Kampfgeist des Menschen erreichen kann.«

»Du meinst also, der Entschlossene, der eine Lösung sieht, ermutigt die anderen, damit alle zusammenarbeiten?«

»Ja«, antwortete Jane. »Wirklich wichtig ist aber auch, den anderen zu zeigen, dass jeder Einzelne von ihnen zählt. Dass sie alle eine Rolle spielen. Nicht umsonst am Leben sind.«

»Und im Leben einen Sinn zu sehen, ist wiederum wichtig für Hoffnung und Glück, nicht wahr?«, fragte ich.

»Genau«, sagte Jane. »Ohne Sinn ist das Leben leer – Tage, Monate und Jahre verlaufen in dumpfem Einerlei.«

»So geht es denen, die keine Hoffnung mehr haben.«

»Und manchmal kann man sie aus dieser scheinbaren Sinnlosigkeit mit einer wirklich guten Geschichte reißen«, sagte Jane. »Mit einer, die ihnen ans Herz geht und sie wachrüttelt.«

»Hast du dafür ein weiteres Beispiel?«

»Eine meiner liebsten Geschichten ist zwar fiktiv, scheint mir aktuell aber sehr gut zu passen: *Der Herr der Ringe*.«

»Ach? Wieso denn gerade dieser Roman?«, fragte ich.

»Weil die böse Macht, gegen die die Helden in ihm kämpfen, völlig unbesiegbar scheint – Mordor, die Orks, die Schwarzen Reiter, erst auf ihren Pferden und dann auf diesen fliegenden Ungeheuern. Und auf der anderen Seite Sam und Frodo, die kleinen Hobbits, die ganz allein in die Höhle des Löwen wandern.«

»Ist das jetzt ein Beispiel für den unbeugsamen Kampfgeist der Hobbits?«

Jane lachte. »Ich finde, es liefert uns ein Modell dafür, wie wir den Klimawandel, das Artensterben, Armut, Rassismus, Diskriminierung, Gier und Korruption bekämpfen können. Der Dunkle Herrscher von Mordor und die Schwarzen Reiter stehen für all das Böse, das uns bedroht. Und die Gemeinschaft des Rings, das sind all diejenigen, die für das Gute kämpfen – und es gibt viel zu tun, damit diese Gemeinschaft immer größer wird.«

Jane wies darauf hin, dass die Natur von Mittelerde genauso von zerstörerischer Industrie vernichtet wurde wie unsere wirkliche Umwelt heutzutage. Und sie rief mir ins Gedächtnis, wie Galadriel Sam eine Schachtel mit Erde aus ihrem Garten schenkte.

»Erinnerst du dich noch, was er gemacht hat, als er nach dem Sieg über den Dunklen Herrscher die verwüstete Landschaft sah? Er verstreute überall kleine Krumen dieser Erde, und die Natur erwachte erneut zum Leben. Ich finde, diese Erde steht für all die Projekte, die verlorene Lebensräume hier in unserer Welt wiederherstellen wollen.«

Janes Metapher tröstete mich und machte mir Mut, und ich dachte an all die kleinen, häufig bescheidenen Weisen, auf die Menschen überall versuchen, den von uns angerichteten Schaden zu reparieren. Das Kaminfeuer war nun beinahe erloschen, doch die untergehende Sonne erleuchtete noch immer das Zimmer und Janes Gesicht. Ein passendes Bild zum Abschluss unseres Gesprächs – zumindest für heute.

Ein letztes Gespräch über Hoffnung stand allerdings noch aus, und zwar eines, dem ich schon lange entgegenfieberte: Ich wollte mehr über Janes Wandlung zum Symbol für so viele Menschen erfahren. Wie war aus ihr eine Botschafterin der Hoffnung geworden?

Doch diese Fragen würden bis zu unserem nächsten Treffen warten müssen. Wir vereinbarten, dass ich sie in ein paar Monaten in ihrem Elternhaus im englischen Bournemouth besuchen sollte, was mir sehr gelegen kam, da ich ja mehr über ihre frühen, prägenden Jahre erfahren wollte. Als wir uns zum Abschied umarmten und ich vor die Hütte in den Niederlanden trat, war es Dezember 2019, und wir ahnten nicht einmal, wie gründlich unsere Gespräche unterbrochen werden sollten – und wie viel dringlicher das Thema Hoffnung werden würde.

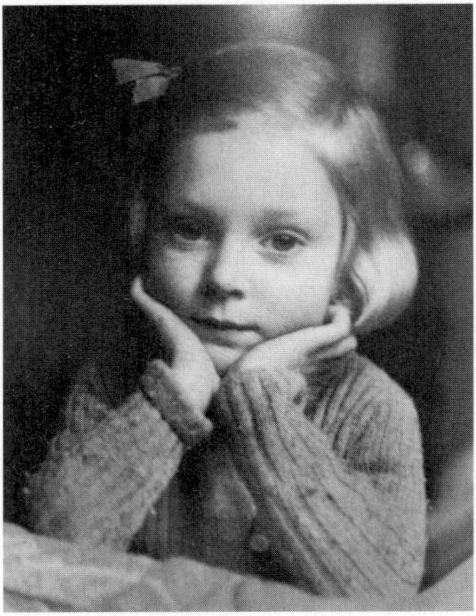

Oft sprechen die Leute über meine Augen und sagen, darin läge irgendeine alte Weisheit; eine »alte Seele« sei ich, so drückte eine Frau es einmal aus.

III

DER WEG ZU EINER BOTSCHAFTERIN DER HOFFNUNG

Eine lebenslange Reise

Wie so viele andere Treffen, Feiern und Versammlungen auf der ganzen Welt fiel wegen der Pandemie auch mein Besuch in Janes Elternhaus in Bournemouth ins Wasser. Erst im Herbst 2020 konnten wir unser Gespräch fortsetzen – per Zoom. Jane war wie geplant in Bournemouth, ich aber saß auf der anderen Seite der Erde in meinem Haus in Kalifornien.

Inzwischen hatte das Virus gewaltige ökonomische und emotionale Probleme ausgelöst und eine Spur aus Tod und Zerstörung hinterlassen. Erst wenige Tage zuvor hatten wir meinen alten Zimmergenossen aus dem College beerdigt. Zu Beginn der Pandemie hatte er seinen Job verloren und war in eine Depression verfallen. Ein anderer Ex-Kommilitone und ich hatten versuchte, ihm aus seiner Dunkelheit herauszuhelfen. Es sah schon so aus, als ginge es wieder aufwärts mit ihm, und er meinte, wir müssten wirklich nicht extra kommen oder jemanden schicken. Dann, zwei Tage nach unserem letzten Gespräch, hat er sich erschossen.

Meine Trauer um meinen Freund schrieb sich ein in einen furchtbaren globalen Trend: Immer mehr Menschen nahmen sich aus Verzweiflung über die von der Pandemie verursachte Isolation das Leben. Nur wenige Monate später sollte eine weitere mir nahestehende Person an einer Überdosis sterben. Eine psychische Pandemie breitete sich ebenso schnell aus wie das Virus. Unzählige Menschen hatten das Gefühl, täglich von einer neuen Krise, von neuem Kummer gebeutelt zu werden.

Janes Gesicht zu sehen, und sei es nur auf einem Bildschirm, war da ein willkommener Hoffnungsschimmer. Ihr graues Haar war zu ihrem typischen Pferdeschwanz gebunden, und sie trug dasselbe grüne Safarihemd wie damals in Tansania. Sie schaute aus, als wolle sie mich gleich durch einen Urwald führen; und tatsächlich hatte sie mich ja während der Arbeit an diesem Buch, immer der Hoffnung auf der Spur und der Verzweiflung trotzend, bereits zu einigen der hellsten und finstersten Stellen dieser Welt und der menschlichen Natur gelotst.

»Es tut richtig gut, dich zu sehen – vor allem nach dieser schrecklichen Beerdigung«, sagte ich gleich zum Einstieg zu ihr.

»Es tut mir so leid für dich, Doug. Jemanden zu verlieren, den man liebt, ist immer sehr hart. Und wenn derjenige Selbstmord verübt hat, ist das besonders schmerzhaft.«

Jane saß an ihrem improvisierten »Schreibtisch«: Eine kleine Kiste lag auf einer etwas größeren, die wiederum auf einem winzigen Tischchen stand. Die Regale hinter ihr enthielten eine bunte Sammlung aus Familienfotos, Reisesouvenirs und einigen der Bücher, die sie als Kind gern gelesen hatte, einschließlich *Dr. Dolittle*, *Tarzan* und des *Dschungelbuchs* über den kleinen Mogli, der in Indien von wilden Tieren aufgezogen wird. Diverse Dichter und Philosophen gab es auch, ein Echo ihrer jugendlichen Neugier.

»Wirklich schade, dass du nicht kommen konntest«, sagte Jane, »aber lass mich dir wenigstens auf diese Art mein kleines Versteck hier oben unter dem Dach zeigen.«

Den Laptop in der Hand ging sie durchs Zimmer, um mir einige der Menschen und Erinnerungsstücke zu präsentieren, die ihr besonders am Herzen lagen.

»Das ist Mum«, sagte sie und hielt das gerahmte Foto ihrer Mutter in die Kamera: dunkles Haar, braunes Hemd. »Und das ist Grub.« Sie zeigte auf ein Foto ihres Sohns. »Da war er ungefähr

Mum.

achtzehn.« Grub hatte kurzes Haar und schien durch seine rahmenlose Brille direkt in die Zukunft zu blicken.

»Und das ist Onkel Eric.« Er hatte dunkles Haar und einen nachdenklichen, durchdringenden Blick. Endlich bekam ich nun also Bilder all der Verwandten zu sehen, denen ich während unserer Gespräche begegnet war. »Das ist meine Großmutter Danny«, sagte Jane und zeigte auf das große Schwarz-Weiß-Foto einer älteren Dame mit sanftem Gesicht, in dem zugleich Entschlossenheit und Weisheit lagen. Gleich daneben stand ein weiteres Bild von ihr, mit Grub als Dreijährigem. Als Nächstes kam Tante »Olly«, eine Kurzform ihres Waliser Namens Olwen. Dann das gerahmte Porträt des Großvaters, den Jane nie kennengelernt hatte, weil er schon vor ihrer Geburt gestorben war: ein ernstes, aber freundliches Gesicht über einem Priesterkragen. Schließlich Aufnahmen ihrer beiden Ehemänner, Hugo und Derek, und ein großes, gerahmtes von Louis Leakey.

Rusty, mein Lehrer.

Janes Fotosammlung enthielt natürlich auch Tiere. »Das hier«, sagte sie nun mit ungewohnt sanfter Stimme, »ist Rusty.« Sie zeigte auf das Foto einer jugendlichen Jane in Reitkleidung neben einem schwarzen Hund mit weißen Brustfleck. »Das musst du dir genauer anschauen.« Sie hielt das Foto vor den Laptop, damit ich seine wachen, klugen Augen sehen konnte.

»Er war was ganz Besonderes«, sagte Jane. »Der klügste Hund, der mir je unterkam. Er brachte mir bei, dass Tiere die nötige Intelligenz haben, um Probleme zu lösen, und außerdem Emotionen und Persönlichkeit. Das war mir eine große Hilfe, als ich anfing, die Schimpansen zu beobachten.«

»Und hier ist David Greybeard.« Ich sah den ehrwürdigen, weißen Kinnbart des ersten Schimpansen, der Zutrauen zu Jane gefasst und ihr gezeigt hatte, dass nicht nur Menschen Werkzeuge benutzen und herstellen.

Eines der schönsten Erlebnisse meines Lebens: Wounda umarmte mich so lange, dabei hatten wir uns gerade erst kennengelernt.

»Und hier ist Wounda«, fuhr Jane fort.

Ich erkannte das Bild aus dem viralen Video von dieser liebevollen Umarmung zwischen den Arten sofort wieder. Wounda war von Wilderern entführt worden. Als sie nach ihrer Rettung in eine JGI-Auffangstation gebracht wurde, hing ihr Leben an einem seidenen Faden. Sie bekam als erster Schimpanse in ganz Afrika eine Bluttransfusion, wurde gesund gepflegt und auf eine geschützte Waldinsel in der Republik Kongo gebracht. Als sie dort aus ihrer Reisebox kam, drehte sie sich sofort um und fiel Jane um den Hals. Für die war das eine der unglaublichsten Erfahrungen ihres Lebens. Wounda stieg später zum Alphaweibchen auf und brachte ein Junges namens Hope zur Welt.

Wounda, vorher und nachher.

»Und hier oben«, sagte Jane, indem sie ihren Laptop etwas kippte, »habe ich ein paar ganz besondere Stofftiere. Ich bekomme oft welche geschenkt – meistens natürlich Schimpansen!« Sie nahm eines davon in die Hand, die Plüschversion eines Chathamschnäppers, der Vogelart die wie durch ein Wunder vor dem Aussterben gerettet worden war. Auch von anderen bedrohten Tierarten besaß sie Plüschtiere.

Dann nahm sie von einem Stuhl neben dem Schreibtisch einen Affen mit einer Banane in der Hand. Ich erkannte ihn sofort: Es war der berühmte Mr. H.

Einige der Stofftiere, die ich auf meinen Reisen um die Welt geschenkt bekam.

»Den hat mir Gary Haun vor fünfundzwanzig Jahren geschenkt«, erklärte sie. »Gary war bei den Marines und hat dort mit einundzwanzig bei einem Unfall sein Augenlicht verloren. Aus irgendeinem Grund beschloss er danach, Zauberer zu werden. ›Ein Blinder kann doch kein Zauberer werden!‹, sagten damals alle. Tatsächlich wurde er jedoch so gut, dass die Kinder, vor denen er auftritt, nicht einmal merken, dass er blind ist. Nach der Vorstellung verrät er es ihnen und ermahnt sie, niemals aufzugeben, egal wie schlecht die Dinge zu stehen scheinen. Er geht gern tauchen und fallschirmspringen und hat sich sogar das Malen beigebracht.« Jane griff nach einem Buch mit dem Titel *Blind Artist* und schlug ein Bild von Mr. H auf, gemalt von einem Mann, der das Plüschtier nie gesehen, sondern nur berührt hatte. Ich war baff.

»Gary dachte, Mr. H sei ein Schimpanse«, erzählte Jane, »aber ich ließ ihn den Schwanz fühlen, und den haben Schimpansen natürlich nicht. ›Macht nichts‹, sagte er, ›hab ihn einfach immer bei

Gary Haun, der blinde Zauberer, der mir Mr. H geschenkt hat. Er nennt sich selbst »The Amazing Haundini«.

dir, dann bin auch ich im Geiste dabei.‹ Inzwischen hat Mr. H einundsechzig Länder mit mir bereist und wurde von mindestens zwei Millionen Leuten berührt, weil ich stets sage, Garys Kraft würde abfärben. Und die Kinder weihe ich jedes Mal in ein Geheimnis ein: Mr. H isst jeden Abend eine Banane, aber es ist eine Zauberbanane, die am nächsten Morgen wieder da ist.« Sie ließ ihr verschmitztes, wissendes Lächeln aufblitzen.

Dann zeigte sie mir vier weitere Plüschtiere. »Außerdem will ich dir Piglet, Cow, Ratty und Octavia den Oktopus vorstellen. Auch die begleiten mich auf all meinen Reisen.«

Ich fragte sie, was so besonders an diesen Tieren sei. »Sie dienen mir zur Illustration meiner Vorträge«, erklärte sie. »Cow benutze ich beim Thema Massentierhaltung. Insbesondere, um Kindern zu erklären, wie Rinder Methan erzeugen, das gefährliche Treibhaus-

Mr. H ist weltberühmt. Vor allem Kinder wollen ihn unbedingt anfassen.

gas.« Lachend hielt sie die Kuh hoch und machte es mir vor. »Hier kommt das Futter rein« – sie zeigte auf das Maul – »und wenn das verdaut wird, entsteht Methan.« Dann hob sie den Schwanz der Kuh an, um zu zeigen, wo das Gas rauskommt. »Und ich erzähle ihnen, dass auch Kühe rülpsen. Da gibt es immer großes Gekicher. Ratty setze ich ein, um zu erklären, wie intelligent Ratten sind – vor allem, wie die Gambia-Riesenhamsterratte darauf trainiert wird, Landminen zu finden.« Auch Piglet und Octavia dienten ihr als Anschauungsmaterial, wenn sie über die Intelligenz von Tieren sprach – insbesondere bei Schweinen und Oktopussen.

Jane zeigte mir auch mehrere Erinnerungsstücke aus ihrem Leben »auf Achse«, den vielen Jahren, in denen sie rund um die Welt gereist war, um die Leute aufzuklären und Hoffnung zu verbreiten. »Kostbare Geschenke, und zu jedem einzelnen gibt es eine

Eines meiner Hoffnungssymbole, ein Glöckchen aus dem Metall einer entschärften Landmine. Die läute ich immer am Weltfriedenstag.

Geschichte«, sagte sie und schwenkte die Laptopkamera langsam vorbei an den vollgepackten Regalen.

Zu guter Letzt ging sie zu einer Holzkiste, in deren Deckel zwei wunderschöne Schimpansen geschnitzt waren. »Da drin«, sagte sie, »bewahre ich die meisten meiner Hoffnungssymbole auf. Die benutze ich auch manchmal bei meinen Vorträgen.«

Sie ging zurück in ihr Arbeitszimmer, stellte den Laptop wieder auf den wackeligen Schreibtisch und zeigte mir nacheinander verschiedene kleine Gegenstände. Zuerst ein etwas grob gearbeitetes, leicht scheppernd klingendes Glöckchen. »Dieses Glöckchen wurde aus einer der vielen nach dem Bürgerkrieg in Mosambik im Boden zurückgelassenen Landminen gemacht. Hunderte Frauen und Kinder verloren ihre Füße, weil sie bei der Feldarbeit auf eins dieser Dinger getreten sind. Außerdem wurde diese spezielle Mine von einer der trainierten Ratten gefunden, von denen ich eben sprach. Wunderbare Kerlchen sind das – ich habe in Tansania zugesehen, wie man sie trainiert, und sie werden immer noch in verschiedensten Regionen Afrikas eingesetzt.«

Als Nächstes hielt sie ein Stück Stoff vor die Kamera. Als ein gewisser Chris Moon für eine Hilfsorganisation die Räumung von Landminen in Mosambik überwachte, trat er auf eine Mine. Er verlor den rechten Unterschenkel und den rechten Unterarm. Danach hat er nicht nur gelernt, mit einer speziellen Leichtprothese zu rennen, sondern hat nicht einmal ein Jahr nach seiner Entlassung aus dem Krankenhaus am London Marathon teilgenommen, seinem ersten Marathon von vielen. »Das war früher mal eine der Socken, die Chris sich dabei immer über seinen Beinstumpf zieht, um ein Wundscheuern zu vermeiden«, erklärte Jane. »Diesen hier trug er beim härtesten Marathon der Welt, dem Marathon des Sables. Er ist die ganzen zweihundertdreißig Kilometer gelaufen, quer durch die Sahara.«

Dann hielt Jane einen Steinbrocken in die Kamera, den ein Freund aus Deutschland mit dem Taschenmesser aus der Berliner Mauer gebrochen hatte. Außerdem besaß sie ein Stück Kalkstein aus dem Steinbruch, in dem Nelson Mandela während seiner Haft auf Robben Island zur Arbeit gezwungen worden war.

»Und hier ist was ganz Besonderes«, sagte Jane und griff nach einer kleinen Grußkarte. Darin lagen zwei winzige schwarze Federn, die Don Merton ihr geschickt hatte – der Don Merton, der den Chathamschnäpper vor dem Aussterben gerettet hat. »Die hier«, sagte Jane, indem sie liebevoll auf die kleinen Federn zeigte, »stammen von Baby Blue, der Tochter von Old Blue und Yellow.«

Sie sagte, sie besitze auch eine Feder vom Flügel eines Kalifornischen Kondors, der ebenfalls vom Aussterben gerettet worden war, doch die liege in ihrem JGI-Büro in Amerika. Beinah siebzig Zentimeter sei die lang, erzählte sie. »Wann immer ich einen

Der Kalifornische Kondor wäre beinahe ausgestorben. Dank engagierter Biologen kommt er heute wieder öfter vor. Bei meinen Vorträgen ziehe ich gern langsam eine lange Hauptfeder eines dieser Vögel aus einer Röhre. Auch die ist eines meiner Symbole der Hoffnung.

Vortrag in den Staaten halte, ziehe ich sie ganz langsam aus einer Pappröhre. Das sorgt jedes Mal für großes Staunen – und ein wenig Ehrfurcht, glaube ich.«

Vorsichtig verstaute Jane ihre Schätze wieder in der Kiste. Wir setzten unser Gespräch fort, und ich blickte wieder einmal in diese bohrenden Augen. Ich machte eine diesbezügliche Bemerkung, und sie grinste, weil ihr etwas einfiel. »Als ich klein war, so etwa ein Jahr alt, ging meine Großmutter gern mit mir im Kinderwagen im Park spazieren. Offenbar traf sie dabei häufig Bekannte – damals kannte ja noch jeder jeden. Eine ältere Dame aber wollte mich nie ansehen. ›Wegen ihrer Augen‹, erklärte sie meiner Großmutter. ›Sie sieht aus, als könnte sie direkt in meinen Kopf gucken. Dieses Kind hat eine alte Seele, das verwirrt mich. Darum schaue ich lieber weg.‹

Oh, einen Moment bitte«, sagte Jane plötzlich und verschwand vom Laptop. »Ich habe vergessen, mein Netzteil einzustecken – mir geht gleich der Saft aus.« Während sie ihr Kabel suchte, gingen mir verschiedenste Gedanken durch den Kopf. Es gab so viel Anlass zur Sorge, dass unsere Art ihre besten Zeiten bereits hinter sich hatte. Politische Wirren und der Erfolg von Populisten bedrohten weltweit die Demokratie. Ungleichheit, Unrecht und Unterdrückung plagten uns noch immer. Ja, unser ganzer Planet war in Gefahr! Doch trotz alledem hatte Jane mir einige gute Gründe zur Hoffnung gezeigt. Das Wunder unseres Intellekts, die Widerstandskraft der Natur, die Energie und das Engagement der heutigen Jugend. Ganz zu schweigen vom unbeugsamen Kampfgeist des Menschen. Was gab Jane nur die Fähigkeit, so viel Grausamkeit und Leid von Mensch und Tier auf der ganzen Welt zu erleben, so viel Zerstörung der Natur – und dabei doch ein Leuchtturm der Hoffnung zu bleiben? War sie damit bereits auf die Welt gekommen?

Als Jane wieder vor dem Bildschirm saß, sagte ich, wie sehr mich ihre Fähigkeit erstaunte, nicht nur selbst die Hoffnung zu bewahren, sondern auch anderen welche zu machen. »Wie wurde aus dem Baby mit der alten Seele eine Botschafterin der Hoffnung?«, fragte ich sie.

»Hm, ich glaube, zum Teil liegen die Gründe dafür schon in meiner Kindheit«, sagte sie. »Ich habe ja bereits erzählt, wie viel Selbstbewusstsein mir die Unterstützung meiner Mutter gab. Und überhaupt meine ganze wunderbare Familie, in der ich aufwuchs: Meine Großmutter Danny hatte die Familie praktisch ohne einen Penny in der Tasche über Wasser halten müssen, nachdem mein Großvater an Krebs gestorben war. Schade, dass wir nicht die Zeit haben, länger über sie zu sprechen. Olly und Onkel Eric waren ebenfalls wundervolle Vorbilder. Olly war Physiotherapeutin, hatte viel mit Kindern mit Polio, Klumpfüßen, Rachitis und so weiter zu tun; gleich nach meiner Sekretärinnenausbildung in London stenografierte ich eine Zeit lang für den Orthopäden, der einmal die Woche vorbeikam, um die Kinder zu untersuchen. Dabei lernte ich, wie grausam das Leben sein kann, mit welch schrecklichem Leid es unschuldige Kinder und ihre Familien manchmal schlägt. Ich war aber auch immer wieder aufs Neue beeindruckt von ihrem Mut, ihrer Gelassenheit. Ich bin jeden Tag dankbar dafür, dass ich gesund sein darf. Für mich ist das nicht selbstverständlich.«

Sie berichtete mir von den Geschichten über Tapferkeit, die ihr Onkel Eric am Wochenende immer in Bournemouth erzählte, nachdem er die Woche über Opfer des Blitzkriegs operiert hatte. »Wie schon gesagt, während des Zweiten Weltkriegs aufzuwachsen, hat mich vieles gelehrt. Ich lernte Nahrung und Kleidung zu schätzen, weil ja alles rationiert war. Und ich lernte den Tod und die manchmal wirklich krasse Widersprüchlichkeit der menschlichen Natur kennen: auf der einen Seite Liebe, Mitgefühl und Mut, auf der anderen Brutalität und unfassbare Grausamkeit. Diese dunkle Seite wurde mir bereits in jungen Jahren deutlich offenbart, als man die ersten Fotos und Berichte der ausgezehrten Überlebenden des Holocaust veröffentlichte.

Und dann der Sieg über Nazideutschland … Ein besseres Beispiel konnte es ja gar nicht dafür geben, dass man noch in der aussichtslosesten Lage triumphieren kann, wenn man dem Gegner tapfer die Stirn bietet.«

Langsam verstand ich, welche Rolle Janes Familie und die historischen Umstände dabei gespielt hatten, sie zu der Frau zu machen, die sie heute ist. Allerdings fiel mir auch auf, dass sie ihren Vater gar nicht erwähnt hatte.

»Ja, mein Vater kommt in meinen Kindheitserinnerungen kaum vor, weil er zu Beginn des Krieges zum Ingenieurkorps der Armee

Mein Vater, Mum, Judy und ich, als ich mit dem Ordenskreuz eines CBE (Commander of the Order of the British Empire) ausgezeichnet wurde.

gegangen war und Mum und er sich gleich danach scheiden ließen. Aber meine Rossnatur habe ich definitiv von ihm.«

»Stimmt, du hast dich mehrfach von einer üblen Malaria erholt, und die vielen Schrammen und Blessuren, die du dir beim Herumklettern im Wald zuzogst, verheilten immer schnell. Wie kam das, wo du doch in deiner Kindheit so kränklich warst?«

Jane lachte. »O ja, das war ich wirklich! In der Schule fehlte ich ja oft wegen schlimmer Migräne – meistens pünktlich zu den Abschlussprüfungen, was mich furchtbar nervte, weil ich jedes Mal fleißig gelernt hatte und mich auf die Herausforderung freute. Außerdem waren meine Mandeln oft entzündet, was häufig mit Mandelabszessen einherging.«

»Was ist das denn?«, fragte ich.

»Na ja, Abszesse an den Mandeln eben – ausgesprochen schmerzhaft, bis sie irgendwann platzen. Außer Mumps habe ich auch sämtliche Kinderkrankheiten mitgenommen: Masern, Windpocken, Röteln – Judy und ich wären beide fast an Scharlach gestorben.

Ich habe ja auch schon erzählt, wie ich mit fünfzehn meinte, mein Gehirn würde im Schädel wackeln. Ich hatte eine Heidenangst. Irgendwann hat Onkel Eric mich untersuchen lassen. Natürlich war mit meinem Hirn alles in Ordnung, aber ich wagte trotzdem nicht, den Kopf zu schütteln, weil ich immer noch glaubte zu hören, wie sich mein Gehirn darin bewegt. Wegen all dieser Zipperlein hat mein Onkel mir dann ja auch den Spitznamen Weary Willy verpasst. Eines Tages hörte ich ihn mit Mum darüber sprechen, ob ich nicht zu kränklich sei, um nach Afrika zu gehen. Das spornte mich natürlich an: Wenn ich meinen Traum verwirklichen wollte, Tiere in Afrika zu beobachten, musste ich ihm beweisen, dass ich fit genug dafür war.«

»Das ist dir ja offenbar gelungen. Aber wie?«

»Im Rückblick fällt mir auf, dass ich nie während der Ferien krank war. Ich war zwar gut in der Schule, wollte aber lieber draußen in der Natur sein. Meine Krankheiten müssen wohl eine unbewusste Methode gewesen sein, mir die Schule zu ersparen, denn während der Ferien war ich ein richtiger Wildfang, stieg auf die höchsten Bäume, ging selbst bei Schnee noch schwimmen und durfte in der Reitschule das bockigste Pferd reiten, das ständig buckelte und versuchte auszubüxen.«

Ich lachte. »Vielleicht hat dich all das ja für die Gefahren Afrikas vorbereitet.«

»Gut möglich, denn da gab es durchaus ein paar haarige Momente«, sagte Jane. Sie erzählte, wie sie Büffeln und Leoparden in die Augen sah, die sie aus Versehen im Urwald überrascht hatte. Doch die Tiere krümmten ihr nie ein Haar. Einmal wurde ihr am Strand eine giftige Gebänderte Wasserkobra vor die Füße gespült, die sie aus »schwarzen, ausdruckslosen Augen« anblickte.

Jane lachte. »Da hatte ich schon etwas Muffensausen. Es gab kein Gegengift, und Fischer, denen aus Versehen so eine Kobra ins Netz gegangen war, starben oft an ihrem Biss. Ich stand stocksteif da, und als die nächste Welle die Schlange wieder fortspülte, fiel mir ein riesiger Stein vom Herzen.

Aber all das war auch sehr aufregend. Das Schlimmste war, als die Schimpansen vor mir flohen und ich nicht wusste, ob mir genug Zeit blieb, ihr Vertrauen zu gewinnen, ehe mir das Geld ausging. Ich werde oft gefragt, ob ich zu Beginn nicht manchmal einfach alles hinschmeißen wollte. Aber wie du dir inzwischen sicher denken kannst, kam Aufgeben für mich niemals infrage.«

»Und wie war das, als man an der Cambridge University deine Methoden kritisierte?«, fragte ich. »Du hattest ja nicht studiert, hattest keine wissenschaftliche Ausbildung. Hat dich das nicht eingeschüchtert?«

»Anfangs schon … also die Vorstellung, an diese renommierte Universität zu gehen, deren Studenten sich ihren Abschluss so mühsam verdienen mussten. Aber als es hieß, ich dürfe nicht davon sprechen, dass Schimpansen eigene Persönlichkeiten, Verstand und Emotionen haben … Das war wirklich ein Schlag vor den Kopf. Von Rusty und all meinen anderen Haustieren hatte ich bereits als Kind gelernt, ganz ohne Schimpansen, dass meine Professoren da komplett danebenlagen. Ich wusste genau, dass wir nicht die einzigen Lebewesen mit Persönlichkeit, Verstand und Emotionen waren, dass auch wir, genau wie all die anderen, zum wunderbaren Königreich der Tiere gehören.«

»Wie bist du mit diesen Professoren umgegangen?«

»Ich habe mich nicht mit Ihnen angelegt. Ich schrieb einfach still und heimlich weiter über die Schimpansen, wie sie nun mal sind, zeigte den Film, den Hugo in Gombe gedreht hatte, und lud meinen Betreuer nach Gombe ein. Dank meiner Beobachtungen und Hugos wunderbarem Film, dank all der neueren Erkenntnisse über die biologische Ähnlichkeit der Schimpansen mit uns … Nun, nach und nach hörten die meisten Wissenschaftler damit auf, meine unorthodoxe Vorgehensweise zu kritisieren. Wie gesagt, ich bin ziemlich stur und lasse mich nicht so schnell kleinkriegen.«

Ich dachte über diesen Triumph nach, der heute eine Schlüsselrolle in unserem Verhältnis zur Tierwelt spielt.

»Jedenfalls«, unterbrach Jane meine Gedanken, »habe ich dann eben promoviert, ging zurück nach Gombe und wäre liebend gern für immer dortgeblieben. Doch dann kam alles anders, als ich 1986 bei dieser Tagung meinen Damaskus-Moment hatte.«

»Wie ging es danach weiter?«, fragte ich.

»Na ja, als Erstes wollte ich dem Albtraum der medizinischen Versuche an Schimpansen ein Ende setzen.«

»Hast du wirklich geglaubt, du könntest den Tieren in diesen

Laboren helfen? Gegen das Establishment der medizinischen Forschung irgendwas ausrichten?«

Jane lachte. »Wenn ich das richtig durchdacht hätte, hätte ich es vermutlich gar nicht erst versucht. Aber diese Videos aus den Versuchslaboren … Ich war einfach so aufgewühlt und wütend, dass ich gar nicht anders konnte. Den Schimpansen zuliebe.

Das Schwierigste war, mich zu überwinden, eins dieser Labore aufzusuchen, um mir selbst ein Bild zu machen. Ich glaube, man kann ein Problem nur richtig angehen, wenn man es aus erster Hand kennt. Mir graute davor, diese klugen, sozialen Geschöpfe so allein und eingesperrt zu sehen, in anderthalb Meter breiten Käfigen. Schließlich besichtigte ich sogar mehrere Labore, aber das erste Mal fiel mir am schwersten. Mum wusste, wie es mir ging, und schickte mir einen Brief mit einer Karte, auf die sie einige Churchill-Zitate geschrieben hatte. Dann kamen wir auf der Fahrt zum ersten dieser Labore doch tatsächlich an der bri-

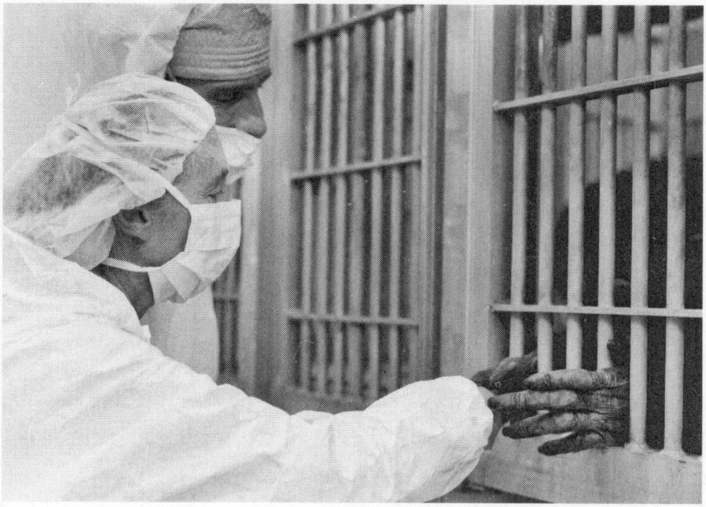

Ein schwer depressiver junger Schimpanse in einem Forschungslabor. Man beachte den winzigen Käfig. (Unten) Ich besuche einen Schimpansen in einem dieser Laborgefängnisse.

tischen Botschaft vorbei, vor der eine Statue von Churchill steht, der sein berühmtes Victory-Zeichen macht. Wie ein Gruß aus der Vergangenheit war das. Wieder mal war dieser beeindruckende Mensch zur Stelle, um mir Mut zu machen, als ich ihn so dringend brauchte.«

»Und wie war es dann im Labor?«

»Noch trauriger, als ich es erwartet hatte. Hinterher war ich umso entschlossener, alles zu tun, um den armen Gefangenen zu helfen. Ich beschloss, ganz ähnlich vorzugehen wie mit den Wissenschaftlern in Cambridge: Ich erzählte vom Verhalten der Schimpansen in Gombe und zeigte ihnen die Filme. Ich bin davon überzeugt, dass vieles, was mir erst wie mutwillige Grausamkeit erschien, letztlich auf Unwissen beruhte. Ich wollte die Herzen dieser Leute ansprechen, und bei manchen hat das auch geklappt. Wir hielten Treffen ab, sie luden mich zu Vorträgen vor der Belegschaft ein und erlaubten immerhin, dass ich ihnen einen Studenten schickte, der für eine etwas artgerechtere Haltung sorgen sollte, irgendwas gegen die quälende Langeweile unternehmen, die ein intelligentes Lebewesen in einer kahlen Zelle erleidet, so ganz allein und ohne jede Abwechslung – mal abgesehen von der Angst und den Schmerzen während der Versuche.

Es war ein langer, zäher Kampf, bei dem viele mithalfen, doch schließlich wurden die Versuche eingestellt – soweit ich zumindest weiß. Und obgleich mein Einsatz sich aus ethischen Bedenken speiste, fiel die endgültige Entscheidung zugunsten der etwa vierhundert Schimpansen im Besitz der National Institutes of Health in Amerika, als ein Forscherteam zu dem Ergebnis kam, dass die Versuche an den Tieren keinerlei Nutzen für die Behandlung von Menschen brachten.«

Ich wusste bereits, dass dieser Kampf nur der erste von vielen war, in die Jane sich stürzen sollte. Als Nächstes wollte ich wissen, wie sie die enormen Herausforderungen beim Schutz ihrer geliebten Schimpansen in Afrika anging.

Herausforderungen in Afrika

»Gut, diese Schlacht hast du nach vielen Jahren und mit der Hilfe vieler anderer schließlich gewonnen. Aber zugleich wolltest du ja auch etwas gegen die Probleme in Afrika unternehmen, stimmt's? War das nicht noch schwieriger? Hast du wirklich geglaubt, du könntest da etwas bewirken?«

»Ach Doug, ich hatte keinen Schimmer! Das war eben nach dieser Tagung 1986, auf der ich die heimlich gefilmten Laborschimpansen sah. Ich hatte keine Ahnung, wie ich ihnen helfen sollte, musste es aber unbedingt versuchen. Bei der Tagung gab es auch eine Sektion über Naturschutz, und auch die war schockierend. Bilder von zerstörten Wäldern in ganz Afrika, Horrorstorys über Schimpansen, die wegen ihres Fleisches erschossen wurden, Jungtiere, die aus den Armen ihrer toten Mütter gerissen wurden, um sie zu verkaufen, und Anzeichen für einen drastischen Rückgang der Schimpansenpopulationen insgesamt. Ich wusste einfach, dass ich was tun musste, mehr nicht. Nichtstun kam jedenfalls nicht infrage.

Auch von der Situation in Afrika wollte ich mir zunächst ein eigenes Bild machen. Also trieb ich das Geld auf, um sechs der Länder zu besuchen, in denen man Schimpansen in freier Wildbahn erforschte. Eins der ersten Probleme, auf die ich stieß, waren die vielen Waisen, deren Mütter von Buschfleischwilderern getötet worden waren. Oft wurden diese Jungen auf Märkten als Haustiere verkauft. Das war zwar illegal, aber die Menschen hatten andere Sorgen – und die Korruption grassierte.

Die erste Waise, die ich zu Gesicht bekam, werde ich nie vergessen. Der Schimpanse war etwa anderthalb Jahre alt und mit einem Stück Seil an den Deckel eines winzigen Metallkäfigs festgebunden. Ringsherum standen große, lachende Kongolesen. Er lag eingerollt da, blickte ausdruckslos ins Leere. Doch als ich näher kam und den leisen Grußlaut der Schimpansen machte, setzte er sich auf, streckte mir eine Hand entgegen und sah mich an.

Noch mal: Ich musste einfach etwas tun. *Irgendwas.* Und ich hatte Glück. Kurz vor meiner Abreise nach Afrika wurde ich zu einem Mittagessen bei James Baker eingeladen, der damals Außenminister unter George Bush senior war. Er bot mir seine Hilfe an. Er schickte Telex-Nachrichten an die US-Botschafter der Länder, die ich besuchen wollte, und wies sie an, mir zu helfen. So konnte ich mich an den Botschafter in Kinshasa wenden, der wiederum mit dem dortigen Umweltminister sprach. Dieser stellte uns einen

Polizisten an die Seite, mit dem wir am Abend abermals auf den Markt gingen, wo ich den jungen Schimpansen entdeckt hatte. Außer dem kleinen Schimpansen war niemand mehr da – wahrscheinlich hatte man die Polizei gewittert. Wir kappten das Seil, und Little Jim, wie wir ihn tauften, sprang mir auf den Arm und hielt sich an mir fest. Natürlich konnte ich mich nicht selbst um ihn kümmern, aber er wurde der liebevollen Fürsorge von Graziella Cotman übergeben, die mich nach Kinshasa geholt hatte. Das war die Geburtsstunde unseres Programms mit Auffangstationen für verwaiste Schimpansen.

Wir sprachen ja auch schon darüber, wie ich erkannte, dass den Schimpansen in freier Wildbahn nur geholfen werden konnte, indem man die Lebenssituation der Einheimischen verbesserte, von denen viele unter extremer Armut litten – das gab den Anstoß zu Tacare.«

Von der schüchternen jungen Frau zur weltbekannten Rednerin

Langsam wurde mir immer klarer, wie es Jane gelungen war, Probleme anzupacken, die so viele für unlösbar hielten: mit Entschlossenheit und ihrer Fähigkeit, diejenigen Menschen mitzureißen und zum Helfen zu bewegen, die durch ihren Einfluss am besten in der Lage waren, etwas zu bewirken. Aber was war mit ihrem Wandel von der Feldforscherin, die viele Stunden allein im Wald zubrachte, zur weltreisenden Rednerin, die dreihundert Tage im Jahr Vorträge vor großem Publikum hielt?

»Was hat diesen Wandel ermöglicht?«, fragte ich sie. »Du meintest ja, du warst ein eher schüchternes Kind. Hättest du es mit Mitte zwanzig geglaubt, wenn jemand dir diese Zukunft prophezeit hätte?«

»Hätte mir jemand bei meiner ersten Reise nach Afrika gesagt, dass ich irgendwann Vorträge vor voll besetzten Sälen halten würde … Nein, das hätte ich nie für möglich gehalten. Ich hatte noch nie öffentlich gesprochen. Und als man mich zum ersten Mal dazu aufforderte, machte mir das eine Heidenangst.

Während der ersten fünf Minuten meines ersten Vortrags konnte ich kaum atmen. Irgendwann ging es dann aber. Ich bekam wieder Luft. Da erkannte ich zum ersten Mal, dass ich eine Gabe besaß: die Gabe, mit Menschen zu kommunizieren. In Wort und Schrift ihre Herzen zu erreichen. Natürlich habe ich auch hart an mir gearbeitet. Als ich meinen ersten Vortrag vor meiner armen Familie einübte, schwor ich mir, nie eine Rede abzulesen – und niemals ›ähm‹ oder ›äh‹ zu sagen.«

»Wieso das?«

»Weil ich abgelesene Vorträge immer schon todlangweilig fand. Und weil zu viele ›ähms‹ und ›ähs‹ einfach nerven.«

Ich fand es grandios, wie diese legendäre Rednerin über ihren ersten Vortrag sprach – und über ihren Entschluss, fleißig zu üben und ihr Bestes zu geben.

»Jedenfalls war mir klar, dass ich aus dieser Gabe etwas machen musste. Meinen dritten Vortrag hielt ich an der Royal Institution in London, wo schon viele berühmte britische Wissenschaftler gesprochen haben. Traditionell wird man dort nicht vorgestellt und auch nicht unter Applaus aufs Podium gebeten – wenn die Uhr acht schlägt, geht man einfach vor zum Pult und fängt beim letzten Schlag zu sprechen an. Punkt neun, exakt auf den ersten Schlag, muss man wieder aufhören. Mir schlotterten die Knie. Vorher gab es noch ein kleines Dinner, dann musste ich eine Stunde lang allein in einem Zimmer auf meinen Auftritt warten.«

»Ich könnte mir vorstellen, so hast du es am liebsten – Zeit für dich zu haben, um dich einzustimmen.«

»Ja, heute schon, aber damals … Da wuchs in dieser Stunde nur mein Lampenfieber. Und auf dem Weg zum Wartezimmer bemerkte ich auch noch zu meinem großen Entsetzen, dass ich meine Notizen vergessen hatte! Panisch bat ich irgendwen, meine Mutter anzurufen, die sie mir zum Glück rechtzeitig brachte. Das beruhigte mich etwas. Trotzdem tigerte ich nervös in dem kleinen Zimmer auf und ab.«

»Und wie es ist dann gelaufen?«, fragte ich.

»Ich kam mir vor wie ein Lamm auf dem Weg zur Schlachtbank. Ich weiß noch gut, wie die alte Uhr surrte, kurz bevor sie acht schlug. Genau auf den achten Schlag fing ich an und hörte eine Stunde später beim ersten Schlag wieder auf, exakt da, wo ich es vorgehabt hatte.

Danach bat einer der Mitarbeiter dieser Institution mich um mein Manuskript, und ich wusste gar nicht, was er meinte. Verdutzt erwiderte er: ›Na, ihre Vorlage. Von der Sie abgelesen haben?‹

Er wirkte einigermaßen verwirrt, als ich ihm meinen Zettel reichte, auf dem nur fünf, sechs krakelige Zeilen in roter Tinte standen.«

»Inzwischen sprichst du seit Jahrzehnten regelmäßig vor riesigem Publikum«, sagte ich. »Hast du damals irgendwie geahnt, dass diesen ersten Reden noch so viele folgen würden?«

»Zumindest wusste ich schon immer, dass ich Talent zum Schreiben habe«, antwortete Jane. »Ich schrieb schon als Kind gern – Geschichten, Essays und Gedichte. Aber ich hätte nie gedacht, dass ich auch Talent zur Rednerin hätte. Erst als ich notgedrungen meinen ersten Vortrag hielt und die Leute zuhörten, mir am Ende sogar applaudierten, merkte ich, dass ich mich offenbar ganz gut geschlagen hatte. Ich glaube, viele Menschen haben Talente, von denen sie gar nichts ahnen, weil sie nie in die Verlegenheit kommen, sie einsetzen zu müssen.«

Darüber dachte ich einen Augenblick nach, bevor ich Jane fragte, ob sie glaubte, sie hätte diese Gabe aus einem bestimmten Grund erhalten.

»Ja, das muss ich wohl annehmen«, sagte sie. »Ich weiß, dass ich bestimmte Talente habe, und das wohl nicht ohne tieferen Sinn. Letztlich ist das aber egal, ich habe einfach das Gefühl, sie nutzen zu müssen, um die Welt ein bisschen besser zu machen und etwas für zukünftige Generationen zu tun. Trotzdem, auch wenn das jetzt vielleicht komisch klingt – auch für mich selbst –, irgendwo glaube ich schon, dass ich nicht grundlos auf der Welt bin. Wenn ich auf mein Leben zurückblicke, kann ich gar nicht anders, als zu glauben, dass mein Weg gewissermaßen vorherbestimmt war. Ich bekam Gelegenheiten und musste sie einfach nur beim Schopf packen.«

»Und so hat die schüchterne Jane sich also einen Lebensweg als Rednerin ausgesucht …«

»Na, von ausgesucht kann keine Rede sein«, fiel Jane mir ins Wort. »Ich wurde eher in diese Richtung geschubst und dann weiter vorangetrieben.«

»Okay, aber ja wohl nicht gegen deinen Willen. Du hast dich doch darauf eingelassen.«

»Was blieb mir denn anderes übrig?«

»Du fühltest dich berufen?«

»Ganz so würde ich es nicht ausdrücken … Ich dachte eher, na ja, die Schimpansen haben mir so viel gegeben, jetzt muss ich auch mal was für sie tun. Die Leute glauben immer, es müsse mir sehr schwergefallen sein, Gombe zu verlassen. Ist es aber nicht. Das sagte ich ja schon. Ich fühlte mich wie Paulus auf der Straße nach Damaskus. Er hat auch nicht darum gebeten, was ihm da widerfuhr. Er hat sich nicht entschieden, wenigstens nicht laut der Geschichte. Es ist einfach passiert – vom Christenverfolger wurde er zum Missionar. Ein ganz schön radikaler Wandel, und deshalb auch das beste Beispiel, das mir einfällt.«

»Und hat diese Berufung …«

»Nennen wir es einfach eine Aufgabe«, unterbrach Jane erneut.

»Akzeptiert. Hat dieses Gefühl, eine Aufgabe zu haben, dir deine Selbstzweifel genommen? Oder dachtest du manchmal, diesen Vortrag kann ich unmöglich halten, mit diesem Premierminister oder Wirtschaftsboss kann ich unmöglich sprechen?«

»Na klar! Das geht mir noch heute so. Als ich zum ersten Mal an einer dieser großen Klimakonferenzen der UN teilnehmen sollte, stieß mich das meilenweit aus meiner Komfortzone, die darin besteht, vor Studierenden oder einem Saal voll ganz normaler Menschen zu sprechen. Mein Freund Jeff Horowitz, der unermüdlich Wälder schützt, um die Erderwärmung abzubremsen, bat mich, an einer Podiumsdiskussion mit Klimaexperten, Vorständen großer Unternehmen und Regierungsvertretern teilzunehmen. Ich sagte ihm, ich könne das auf keinen Fall tun.«

»Wieso das?«, fragte ich.

»Weil ich keine Klimaexpertin bin. Doch Jeff wollte davon nichts wissen. Am Ende dachte ich mir: Na schön, wenn Jeff glaubt, ich bin dazu in der Lage und es hilft, tu ich eben, was ich kann. Inzwischen ist mir klar, dass die Leute einfach hören wollen, wie jemand offen über unsere Fehler spricht – vor allem, wenn dieser jemand ihnen zugleich versichert, dass es noch einen Ausweg gibt. Sie wollen Leute hören, die ehrlich sagen, was sie denken. Und die ihnen einen Grund zur Hoffnung geben. Trotzdem, Lampenfieber habe ich noch immer.«

Es war verblüffend – und dabei auch irgendwie ermutigend –,
von den Selbstzweifeln einer der berühmtesten Naturschützerinnen der Welt zu hören. Wenn Jane wirklich aus einem bestimmten Grund auf dieser Welt war, dann war ihr jedenfalls ein schwerer, hürdenreicher Weg zuteilgeworden. Doch ich erkannte auch, dass nichts sie aufhalten konnte, wenn sie sich erst mal etwas in den Kopf gesetzt hatte. Auch sie besaß definitiv unbeugsamen Kampfgeist.

»Du musstest so viele Hürden überwinden«, sagte ich. »Du sagtest ja schon, du seist stur und nicht leicht kleinzukriegen. Und offensichtlich verfügst du über viele förderliche Talente, allen voran deine Fähigkeit, die Menschen zu erreichen. Hat dir noch etwas dabei geholfen, eine Botschafterin der Hoffnung zu werden?«

»Ja, ich hatte riesiges Glück: Ich konnte immer auf den Rückhalt wunderbarer Menschen zählen. Nichts von dem, was ich durchgesetzt habe, hätte ich allein schaffen können. Zuerst war da natürlich meine Familie, und später ist es mir irgendwie gelungen, unzählige andere zum Mithelfen zu bewegen. Ein Mensch war ganz besonders für mich da, einer, mit dem ich auch meine Traurigkeit und Wut teilen kann: Mary Lewis. Seit dreißig Jahren arbeiten wir beide nun schon zusammen. Und Anthony Collins war eine große Hilfe in Afrika und ist mir schon genauso lange ein kluger Freund und Ratgeber. Wo ich auch hingehe, immer greift mir dort jemand unter die Arme, isst und lacht mit mir – und trinkt mit mir Whisky! Ohne diese Menschen hätte ich all das niemals zustande gebracht. Jeder einzelne meiner Erfolge war Teamarbeit.«

Ich dachte an unser letztes Gespräch zurück, an die Bedeutung sozialen Rückhalts in schweren Zeiten.

»Geholfen hat mir oft auch die liebste Bibelstelle meiner Großmutter: ›Solange du lebst, währe deine Kraft.‹ Wenn ich nachts vor einem Vortrag wachliege, sage ich mir das immer vor. Das beruhigt mich.«

»Was bedeutet diese Stelle deiner Meinung nach?«

»Dass man Tag für Tag die nötige Kraft bekommt, den Herausforderungen des Lebens zu begegnen. An Tagen, vor denen ich mich fürchte – vor einem Auftritt vor einschüchterndem Publikum oder sogar vor einem Zahnarztbesuch – denke ich oft: Klar schaffst du das, bleibt dir ja gar nichts anderes übrig. Die nötige Kraft findest du dann schon. Und morgen Abend ist alles schon wieder vorbei.

Und noch was anderes kommt dazu: Wenn ich mich richtig am Boden fühle, wenn ich so hundemüde und erledigt bin, dass ich glaube, ich könne im ganzen Leben keinen Vortrag mehr halten, finde ich immer noch eine verborgene Kraft in mir, die mir erlaubt zu tun, was man von mir erwartet.«

Ich wollte wissen, woher diese verborgene Kraft stammt und wie sie sie entdeckt hat.

»Ich öffne meinen Geist einfach für eine äußere Macht«, erklärte Jane. »Ich entspanne mich und beschwöre die Quelle dieser Kraft, die spirituelle Macht, die mir meine Lebensaufgabe zugewiesen hat. In Gedanken sage ich zu ihr: ›Hör mal, du hast mich da reingeritten, also hilf mir da jetzt bitte schön auch wieder raus.‹ Und ich finde, das werden oft meine besten Vorträge! Schon seltsam: Manchmal habe ich mir in diesen Situationen regelrecht von außen beim Sprechen auf dem Podium zugesehen.«

»Als du von der äußeren Macht sprachst«, sagte ich, »hast du nach oben geschaut.«

»Na, da unten ist sie sicher nicht«, erwiderte Jane und zeigte grinsend auf den Boden.

»Dann leerst du also quasi deinen Kopf und vertraust einfach darauf, dass diese Macht, was immer sie auch sein mag, dir durch deinen Vortrag hilft?«, hakte ich nach. »Du machst dich sozusagen zum Sprachrohr für eine höhere Weisheit?«

»Auf jeden Fall gibt es eine Weisheit, die meine bei Weitem übersteigt. Ich war begeistert, als ich erfuhr, dass der große Albert Einstein, einer der klügsten Köpfe des 20. Jahrhunderts, rein wissenschaftlich zu demselben Schluss kam. Er sprach von der Harmonie der Naturgesetze – ein herrlicher Gedanke.«

Ich wollte etwas erwidern, doch Jane blickte mit einem Mal besorgt zur Seite. »Doug, bitte entschuldige, ich muss kurz fort. Das Rotkehlchen sitzt auf dem Futterplatz und schaut zum Fenster rein. Das wird stinkig, wenn ich ihm nichts gebe.«

»Auf dem Futterplatz?«, fragte ich.

»Ja, ein Brett vor meinem Fenster«, sagte Jane, den Blick noch immer abgewandt. »Vielleicht kannst du ja inzwischen dieses Einstein-Zitat googeln. Es stammt aus seinem Buch *Mein Weltbild*.«

Während Jane den Vogel fütterte, suchte ich nach dem Zitat und fand es auch, genau in dem Buch, das Jane mir genannt hatte:

»Religiosität liegt im verzückten Staunen über die Harmonie der Naturgesetzlichkeit, in der sich eine so überlegene Vernunft offenbart, dass alles Sinnvolle menschlichen Denkens und Anordnens dagegen ein gänzlich nichtiger Abglanz ist.«

Ich dachte über diesen Satz im Kontext unseres Gesprächs nach. Offensichtlich war Janes außergewöhnlicher Lebensweg entweder von sehr glücklichen Zufällen geprägt worden – oder gelenkt von der überlegenen Vernunft, an die Einstein glaubte. Als Jane wiederkam, las ich ihr die ganze Stelle vor und fragte: »Glaubst du, dass eine überlegene Vernunft dich lenkt? Oder bestimmt der gute alte Zufall deinen Weg – unser aller Wege?«

War es Zufall?

»An Zufall kann ich einfach nicht mehr glauben«, antwortete Jane wie aus der Pistole geschossen.

»Wieso nicht?«

»Na ja, ein Zufall impliziert ein willkürliches Ereignis, das mit etwas im eigenen Leben zusammenhängt, und ich kann einfach nicht glauben, dass all die scheinbaren Zufälle im Leben bloß willkürlich passieren. Mir kommen sie eher vor wie angebotene Gelegenheiten. Ich habe so viele verrückte Sachen erlebt.«

»Was denn zum Beispiel?«

»Eines dieser Dinge hat mir sogar das Leben gerettet: Während des Krieges fuhr Mum mit Judy und mir in den Urlaub – nicht weit weg, aber es gab dort ein Fleckchen Strand mit einer kleinen Lücke in den Stacheldrahtbarrieren, sodass wir sogar baden konnten. Wir wohnten in einer kleinen Pension; Punkt zwölf gab es Mittagessen, und wer zu spät kam – Pech gehabt! Einmal wollte Mum unbedingt einen weiten Umweg zurück zur Pension nehmen, bei dem wir unter anderem ein paar Dünen überqueren und durch einen kleinen Wald mussten. Judy und ich jammerten wegen des Mittagessens, doch Mum blieb standhaft.

Auf halbem Weg blickte ich in den strahlend blauen Himmel und sah ganz weit oben ein Flugzeug. Noch heute sehe ich es genau vor mir. Plötzlich fiel von jeder Seite des Fliegers ein zigarrenförmiges Etwas. Mum rief uns zu, wir sollten uns auf den Boden werfen, sie selbst legte sich so gut sie konnte auf uns drauf. Kurz darauf gab es zwei ohrenbetäubende Explosionen. Der Schreck fuhr uns in alle Glieder. Hinterher fanden wir einen Bombenkrater mitten auf dem Pfad, über den wir normalerweise immer gingen.

War das nun Zufall, dass Mum an diesem Tag unbedingt einen anderen Weg nehmen wollte? Sie war herzkrank und ging normalerweise nicht so weit zu Fuß.«

»Hat sie euch je verraten, was sie darauf gebracht hat?«, wollte ich wissen.

»Nein, sie sprach nicht gern darüber. Aber sie hatte ohnehin eine Art sechsten Sinn. Ein andermal fuhr sie während des Blitzkriegs mitten durch London, um ihre Schwester Olly aus dem Krankenhaus abzuholen – Olly war operiert worden, ihre Beine waren eingegipst. Mum hatte ihre liebe Not, sie quer durch das kriegsgeplagte Land nach Bournemouth zu bringen. Alle hielten sie deswegen für verrückt. Einen Tag später fiel eine Bombe auf das Krankenhaus … oder war es ein Pflegeheim? Tja, das kann ich jetzt wohl leider niemanden mehr fragen.«

»Kannst du dir diesen sechsten Sinn erklären?«

»Nicht ganz, nein – irgendwie hatte es was von Telepathie. Vielleicht hat Mum die deutschen Bomberpiloten gespürt, oder sie hatte eine Vorahnung von der Bombe, die Olly hätte töten können. Und noch eine Sache: Sie hatte den Bruder meines Vaters sehr gern, und eines Abends, sie lag hier in Bournemouth gerade in der

Badewanne, schrie sie plötzlich seinen Namen und fing an zu weinen. Später erfuhr sie, dass sein Flugzeug genau zu diesem Zeitpunkt abgeschossen und er ums Leben gekommen war.«

Ich fragte mich, wieso Janes Mutter über ihren sechsten Sinn nicht reden wollte. Jane jedenfalls fand ihn unheimlich.

»Was solche vermeintlichen Zufälle betrifft, fällt mir gerade noch eine weitere Geschichte ein. Als mein Mann Derek starb, weit weg in Tansania, war Grub hier in England auf dem Internat. Auch er hatte eine Art Vorahnung, auf ganz seltsame Weise. Immer wieder schreckte er aus einem Albtraum hoch, in dem Olly an die Schule kam und sagte, sie habe eine traurige Nachricht für ihn. Nach dem dritten Mal ging er zur Hausmutter und erzählte ihr davon. Am nächsten Morgen tauchte Olly an der Schule auf und nahm ihn mit in den Garten. ›Grub‹, sagte sie, ›ich habe eine traurige Nachricht.‹ – ›Ich weiß schon‹, antwortete Grub, ›Derek ist tot.‹«

Den Bereich der Wissenschaft hatten wir inzwischen zwar weit hinter uns gelassen, aber ich war trotzdem fasziniert.

»Und noch ein ›Zufall‹ hatte eine riesige Bedeutung für mein Leben. Auf einem Swissair-Flug von Zürich nach London gab es genau einen freien Platz. Eigentlich hätte ich eine spätere Maschine nehmen sollen, aber mein Flug aus Tansania kam früher an, und ich habe umgebucht. Der einzige freie Sitz war jedenfalls der neben mir. Der Mann, der darauf Platz nahm, stieg zu, gerade bevor die Tür verriegelt wurde. Er meinte, er hätte eigentlich eine frühere Maschine nehmen sollen, aber sein Flug nach Zürich habe Verspätung gehabt. Er wirkte beschäftigt, und ich sprach ihn erst nach dem Essen wieder an. Ich war unterwegs zu einer Fernsehdebatte mit dem Chef eines Pharmaunternehmens namens Immuno, das Schimpansen in der HIV-Forschung einsetzte. Damals war ich noch ziemlich grün hinter den Ohren und hatte großen Bammel. Die Firma hatte bereits einundsiebzig Leute und Organisationen verklagt, die ihre Laborbedingungen kritisiert hatten. Es war 1987, und ich war entweder dumm oder verrückt genug, mich auf diese Konfrontation einzulassen. Wie sich herausstellte, war mein Sitznachbar, ein gewisser Karsten Schmidt, damals der Chef – glaube ich – der berühmten Kanzlei Baker McKenzie. Er meinte, ich solle mir keine Sorgen machen: Falls die mich verklagten, würde er meinen Fall pro bono übernehmen. Später wurde Karsten Vorstandsmitglied bei JGI UK, setzte unsere Statuten auf und war viele Jahre unser Vorsitzender. War es Zufall, dass wir nebeneinander in einem Flugzeug saßen, in dem wir *beide* gar nicht hätten sitzen sollen? Dass wir die letzten beiden Plätze bekamen? Hätte ich ihn nicht angesprochen, wäre diese Gelegenheit allerdings verstrichen.«

»Hältst du immer Ausschau nach Gelegenheiten?«

»Ja, sogar wenn ich todmüde bin, frage ich mich, ob ich vielleicht aus einem bestimmten Grund neben jemandem im Flugzeug sitze. Oder bei einer Tagung. Einen Versuch ist es immer wert. Zumindest habe ich auf diese Art schon viele interessante Leute kennengelernt, von denen wiederum einige zu Freunden oder Unterstützern wurden.«

»Du glaubst also, man begegnet sich nicht ohne Grund?«

»Ich weiß es nicht. Ich denk nur gern darüber nach, wie sich die Dinge fügen. Überleg nur mal, all die Ereignisse und Begegnungen, die zur Geburt eines jeden einzelnen Menschen geführt haben. Churchill beispielsweise. Irgendwann in grauer Vorzeit hat ein Mann eine bestimmte Frau getroffen. Sie haben geheiratet, ein Kind gekriegt, und das hat dann wieder jemanden kennengelernt und ein Kind gekriegt, und immer so weiter, bis all diese Begegnungen irgendwann einen Churchill hervorbrachten.«

»Oder einen Hitler«, ätzte ich, etwas skeptisch angesichts von Janes Glauben an das Schicksal. Das sagte ich ihr auch.

»Aber ich glaube ja gar nicht an Schicksal! Ich glaube an Wahlfreiheit«, entgegnete sie. »Shakespeare hat das wunderschön ausgedrückt: ›Nicht durch die Schuld der Sterne, lieber Brutus, durch eigne Schuld nur sind wir Schwächlinge.‹ Ich glaube daran, dass sich Gelegenheiten ergeben, die man ergreifen kann oder nicht – oder einfach nicht bemerken. Hätten bestimmte Menschen im Laufe der Jahrhunderte andere Entscheidungen getroffen, hätte es weder Churchill noch Hitler gegeben.«

»Und auch uns beide nicht«, fügte ich hinzu und ließ diesen Gedanken einen Moment sacken. Er gab mir das Gefühl, Teil einer langen Geschichte aus Liebe und Herzschmerz, Leid und Sehnsucht zu sein, die meine persönlichen Kämpfe in eine neue Perspektive rückte. Es ist doch tröstlich zu wissen, dass ich nicht allein bin, nicht bloß für mich selbst lebe. Ich bin Teil von etwas Größerem, auch wenn ich keine Ahnung habe, ob es einem Plan folgt.

»Mir scheint, dein Glaube an eine ›große spirituelle Macht‹ ist eine wichtige Quelle für deine immense Energie und Entschlossenheit«, sagte ich. »Wie vereinbarst du diese Spiritualität mit deinem wissenschaftlichen Verstand?«

Spirituelle Evolution

»Nimmt man das Wort Spiritualität in den Mund, verschreckt das immer viele. Sie denken dann gleich an gefühlsduselige Hippies oder dergleichen. Und doch erkennen mehr und mehr Menschen, dass wir viel zu materialistisch geworden sind und wieder einen spirituelleren Zugang zur Natur finden müssen. Ich finde das auch. Ich bin davon überzeugt, dass es eine große Sehnsucht nach etwas anderem als stumpfem Konsum gibt. In gewisser Hinsicht ist unsere Entfremdung von der Natur brandgefährlich. Wir glauben, wir könnten die Natur beherrschen, wo sie doch in Wahrheit uns beherrscht.«

Plötzlich fiel Jane auf, dass es bereits halb zwei war – um diese Zeit machte sie normalerweise einen Mittagsspaziergang mit ihrem alten Hund, einem Whippet namens Bean. »Er könnte ja auch selbst raus in den Garten«, erklärte sie, »aber er ist eben ein Gewohnheitstier. Dauert nicht lange. Allerdings könnte ich auch einen Keks und einen Kaffee vertragen. Lass uns eine halbe Stunde Pause machen, ja?« Mir war das nur recht, weil ich so ebenfalls etwas essen, mich sammeln und meine letzten Fragen vorbereiten konnte.

Wie versprochen saß Jane exakt dreißig Minuten später wieder vor ihrem Laptop. Ich sagte ihr, ich wolle gern noch ein wenig beim Thema moralische und spirituelle Entwicklung bleiben.

Jane nahm den Faden sofort wieder auf.

»Also, zum einen durchläuft die Menschheit insgesamt eine moralische Evolution, findet heraus, was richtig und was falsch ist, wie wir uns untereinander und in Bezug auf die Gesellschaft verhalten sollten, wie wir Demokratie gestalten können. Und dann machen manche Leute auch noch eine spirituelle Evolution durch.«

»Und worin unterscheiden sich die moralische und die spirituelle Evolution?«, fragte ich.

»Bei der moralischen geht es darum, wie wir uns verhalten und unsere Mitmenschen behandeln sollen – darum, Gerechtigkeit und die Notwendigkeit von Gleichheit zu verstehen. Die spirituelle dreht sich eher um die Mysterien der Schöpfung, um die Frage, was uns ausmacht, weshalb wir auf der Welt sind und was unsere Rolle in dieser herrlichen Natur ist, zu der wir gehören – wieder in Shakespeares schönen Worten ausgedrückt, findet man ›Schrift im Bach, in Steinen Lehre, Gutes überall‹. All das spüre ich, wenn ich einen Sonnenuntergang bestaune, oder wenn die Sonne durch das Blätterdach scheint und ein Vogel dazu singt, oder wenn ich an einem ruhigen Plätzchen liege und hoch in den Himmel blicke, wo die Sterne langsam aus dem fahlen Tageslicht auftauchen.«

Jane war eindeutig tief in die Schönheit der Erlebnisse versunken, die sie beschrieb. Als sie mich wieder ansah, fragte ich sie, ob Schimpansen ihrer Meinung nach etwas Vergleichbares empfinden.

»Wenn es genug Futter gibt und sie satt und zufrieden sind, haben die sicher auch Zeit nachzudenken. Wenn ich sehe, wie sie dann nach oben durch die Baumkronen blicken oder sich zum Schlafen einkuscheln, frage ich mich immer, was sie wohl denken mögen, jetzt, wo sie mal einen Augenblick nicht überlegen müssen, wo sie ihre nächste Mahlzeit herbekommen. Und ich halte es durchaus für möglich, dass sie auch staunen und sinnieren. Wenn ja, wäre das womöglich eine ausgesprochen reine Form der Spiritualität – oder wenigstens eine Vorform der Spiritualität, von der
 wir hier sprechen, eine, die völlig ohne Worte auskommt.

In Gombe gibt es einen herrlichen Wasserfall, die sogenannten Kakombe-Fälle, wo der kleine Bach durch eine steile Rinne, die das Wasser in den harten, grauen Fels gegraben hat, fünfundzwanzig Meter in die Tiefe stürzt. Das Wasser donnert in das steinige Bachbett darunter und erzeugt dabei eine konstante Brise, weil es die Luft verdrängt. Manchmal, wenn eine Gruppe Schimpansen dorthin kommt, stellen sich vor Aufregung ihre Haare auf, und sie zeigen ein seltsames Verhalten. Sie stehen aufrecht da, schwanken hin und her und werfen Steine in den Bach, klettern an Lianen hoch und schwingen sich in die Gischt. Das geht oft gute zehn Minuten so, und hinterher sitzen sie da und sehen dem fallenden und davonströmenden Wasser nach. Empfinden sie da womöglich etwas Ähnliches wie wir, wenn wir vor diesem spektakulären Wasserfall sitzen und seinem Tosen lauschen?

Mir wird dabei jedes Mal aufs Neue die Bedeutung unserer

Die Kakombe-Fälle.

Sprache bewusst. Falls die Schimpansen wirklich dasselbe wie wir empfänden und sich darüber austauschen könnten … Verstehst du, was das heißen würde? Sie würden einander eventuell fragen, was das für ein wundersames Ding ist, das so lebendig scheint, das ständig kommt und ständig geht und dennoch immer da ist. Meinst du nicht auch, dass genau solche Fragen die Naturreligionen hervorgebracht haben könnten, die Anbetung des Wasserfalls, des Regenbogens, des Mondes und der Sterne?«

»Und du nimmst an, dass die abstrakteren Religionen vielleicht aus solchen Naturreligionen entstanden sind?«, fragte ich.

»Das kann ich nicht beantworten. Ich bin ja keine Theologin.«

»Aber du glaubst an eine spirituelle Macht, an einen Schöpfer, an Gott – und dass du aus einem ganz bestimmten Grund auf der Welt bist, nicht wahr?«

»Sieht ganz so aus, ja. Es gibt eigentlich nur zwei Möglichkeiten, unser Dasein auf der Erde zu betrachten. Entweder glaubt man mit Macbeth, dass Leben sei nichts weiter als ein Märchen, ›erzählt von einem Dummkopf, voller Klang und Wut, das nichts bedeutet‹ – so sah das wohl auch der Zyniker, der meinte, der Mensch sei bloß ein ›Patzer der Evolution‹. Oder man hält es mit dem französischen Jesuiten Pierre Teilhard de Chardin, der einst sagte, dass wir keine menschlichen Wesen mit einer spirituellen Erfahrung sind, sondern spirituelle Wesen mit einer menschlichen Erfahrung,«

Obwohl ich mich nicht gerade für religiös halte, rührten Janes Worte mich doch, und ich wollte mehr darüber wissen, wie sie als Wissenschaftlerin das alles sieht – der Tod meines Vaters hatte viele Fragen in mir aufgeworfen. Also bat ich Jane, mir mehr darüber zu erzählen.

»Na ja, ich will niemanden dazu überreden, so wie ich daran zu glauben, dass die Schöpfung einem Plan folgt, dass eine spirituelle Macht dahintersteht, in der wir ›leben, weben und sind‹, wie es in der Bibel heißt. Ich kann auch nicht erklären, wieso ich das glaube – ich tue es einfach. Mir gibt das den nötigen Mut, um weiterzumachen. Aber es gibt viele Menschen, die ethisch gute Leben führen und sich für andere einsetzen, ohne religiös oder spirituell zu sein. Ich erzähle einfach nur, woran ich eben glaube.«

Jane erklärte, viele Wissenschaftler seien wie Einstein zu dem Schluss gelangt, dass ein »Plan« hinter der Schöpfung stecke. Sie meinte, die meisten würden sich eher als Agnostiker denn als Atheisten bezeichnen. Francis Collins, der Direktor der National Institutes of Health, dessen Team an der Entschlüsselung des Humangenoms gearbeitet hat, war zu Anfang seiner Forschung noch Agnostiker, doch die unglaubliche Komplexität der Informationen, die jeder einzelnen Zelle des menschlichen Embryos übermittelt wird, zwang ihn schließlich doch, an Gott zu glauben.

Sie vertraute mir an, dass diese Annäherung der Wissenschaft an Religion und Spiritualität sie freute.

»Weißt du, Doug, für manche Menschen bedeutet Religion ihre einzige Hoffnung. Stell dir vor, du hast deine ganze Familie in einem Krieg oder einer anderen Katastrophe verloren. Du hast keinen Penny in der Tasche. Du kommst in ein fremdes Land, das dich freundlicherweise aufnimmt. Du kennst niemanden. Du sprichst die Landessprache nicht. Solchen Menschen kann ihr Glaube wirklich helfen. Der feste Glaube an Gott – oder Allah oder wie sie ihn auch nennen mögen – gibt ihnen die Kraft, nicht aufzugeben. Meine weise Mutter sagte mir einmal, ich sei in eine christliche Familie hineingeboren worden und deshalb sprächen wir von Gott, aber wenn wir zufälligerweise Moslems wären, würden wir zu Allah beten. Sie meinte, es könne eben nur ein einziges höchstes Wesen geben, nur einen Schöpfer ›des Himmels und der Erde‹, und wie wir ihn nennen, sei letztlich ganz egal.«

»Dann glaubst du also an den Himmel?«

Sie lachte. »Kommt darauf an, wie man den definiert. Ich glaube jedenfalls nicht an Harfe spielende Engel und dergleichen, aber ich glaube schon, dass nach dem Tod noch etwas kommt. Ganz bestimmt werden wir unsere Lieben wiedersehen – auch die Tiere, versteht sich! Und wir werden die Mysterien der Welt begreifen, weil wir dann Teil davon sind, ein integraler Teil des großen Gewebes der Dinge. Alleine in der Natur habe ich nahezu mystische Momente erlebt, die vielleicht ein Vorgeschmack auf den Himmel waren, wie ich ihn mir gern vorstelle.«

Ohne es zu ahnen, hatte ich mit meiner Frage nach dem Himmel die Vorlage zu einem unserer letzten großen Themen geliefert, einem zugleich höchst rätselhaften und hoffnungsvollen, besonders für mich, der noch immer um seinen Vater trauerte.

Schon öfter war mir Janes verschmitztes, wissendes Lächeln aufgefallen, das wirkte, als kenne sie ein Geheimnis. Genau so lächelte sie auch jetzt.

»2020, nach einem Vortrag, fragte eine Frau: ›Was wird Ihr nächstes großes Abenteuer?‹ Ich dachte kurz darüber nach, dann fiel mir plötzlich ein, was es gut sein könnte. ›Sterben‹, sagte ich.

Mit einem Schlag wurde es *toten*still im Saal, nur hier und da wurde nervös gekichert, und ich sagte: ›Wenn man stirbt, kommt entweder gar nichts, oder es kommt eben doch was. Und wenn doch, woran ich persönlich glaube: Welches Abenteuer könnte größer sein, als herauszufinden, was das ist?‹

Hinterher kam die Frau zu mir nach vorn und sagte: ›Ich wollte bisher nie an meinen Tod denken, aber dank Ihnen sehe ich ihn jetzt mit ganz anderen Augen.‹ Seither habe ich das Thema in vielen Vorträgen angesprochen, und die Reaktion ist immer sehr positiv. Übrigens stelle ich aber jedes Mal klar, dass

das nur meine Sicht der Dinge ist und ich von niemandem erwarte, sie zu teilen.«

Wieder dachte ich an die Krankheit und den qualvollen Tod meines Vaters, während der Krebs sich durch seine Wirbelsäule und sein Hirn fraß.

»Würdest du sagen, die Leute fürchten sich eher vor dem Sterben als vor dem eigentlichen Tod?«, fragte ich.

»Absolut«, bejahte Jane. »Angst haben wir davor, *woran* wir sterben, vor schlimmer Krankheit, Demenz, Bettlägerigkeit und Abhängigkeit von anderen. Der Tod selbst ist etwas völlig anderes. Meine Großmutter Danny war mit neunundsiebzig nach einer Lungenentzündung mehr oder weniger ans Bett gefesselt. Eines Abends brachte Mum ihr eine Tasse Tee ans Bett, wo sie gerade Briefe ihres verstorbenen Manns las – sie nannte ihn Boxer –, der schon seit fünfzig Jahren tot war. Lächelnd sagte sie zu meiner Mutter: ›Ich glaube, du solltest langsam meinen Nachruf schreiben, Liebes.‹ Am nächsten Morgen lag sie friedlich im Bett – tot. Auf ihrer Brust lagen Boxers Briefe, verschnürt mit einer roten Schleife, dazu ein Zettel, auf dem stand: ›Bitte gebt mir die auf meine letzte Reise mit.‹«

Wir schwiegen einen Augenblick, und ich sah, wie Janes Augen feucht wurden.

»Jane«, fuhr ich behutsam fort, immer noch darauf aus, über den Tod und das Abenteuer des Sterbens zu sprechen. »Heißt das, du glaubst an Reinkarnation?«

»Es gibt viele Religionen, die von einer fortbestehenden Seele ausgehen«, sagte Jane nachdenklich. »Die Buddhisten glauben, wir können auch als Tiere wiedergeboren werden – je nachdem, wo wir auf dem Weg zur Erleuchtung gerade stehen. Und sowohl Hindus als auch Buddhisten verfolgen das Konzept von Karma: Geht es einem schlecht, ist das die Buße für Sünden in einem früheren Leben.

Ehrlich gesagt, ich weiß auch nicht, ob das zutrifft. Aber ich habe das Gefühl, wenn es wirklich einen Grund gibt, aus dem wir auf der Welt sind, würde man uns nicht nur eine einzige Chance zugestehen. Im Vergleich zur Ewigkeit wäre ein so kurzes Menschenleben doch schlicht und einfach unfair!« Jane grinste. »Manchmal denke ich, was im Diesseits geschieht, ist nur ein Test. Vielleicht zieht Petrus an der Himmelspforte irgendwann mal einen Computerausdruck aus der Tasche und guckt nach, ob wir aus dem, was uns auf Erden mitgegeben wurde, was Ordentliches gemacht haben!« Sie lachte.

Bei der Vorstellung, wie Petrus unser Abschneiden beim irdischen Experiment beurteilt, musste auch ich lachen. Ich dachte an meinen Vater, der im Leben einen großen Bildungsplan sah, und an die berühmte jüdische Geschichte von Rabbi Zusha, der auf seinem Sterbebett weinte. Als man ihn fragte, wieso, sagte er: »Weil ich weiß, dass Gott mich nicht fragen wird, wieso ich nicht mehr wie Moses oder König David war. Er wird wissen wollen, weshalb ich nicht mehr wie Zusha war. Und was soll ich ihm darauf antworten?« Ich mochte diese Geschichte sehr, weil sie daran erinnert, dass wir alle ein ganz eigenes Leben führen und auf unsere ganz eigenen Weisen unsere Rolle zu spielen haben. Jane hatte über diese Dinge offensichtlich schon viel nachgedacht und zweifelte nicht daran, dass nach dem Tod noch irgendetwas kam.

»Weißt du, bevor mein Vater starb, dankte er mir dafür, dass ich ihm bei seiner ›großen Reise in den Tod‹ Gesellschaft leistete«, sagte ich. »Er war sich ebenfalls sicher, dass da noch etwas kommen würde.« Ich erzählte Jane, wie mein Sohn und ich per FaceTime mit meinem Vater sprachen, wenn ich nicht bei ihm im Krankenhaus sein konnte. Jesse meinte, das würde ihm später sicher fehlen. Mein Vater erwiderte, er solle sich keine Sorgen machen, sie würden dann einfach per SpaceTime weiterreden.

Jane lachte über das Wortspiel. »Da haben wir ihn wieder, diesen unschätzbaren Sinn für Humor in schwierigen Zeiten«, sagte sie.

»Was sagst du Menschen, die nicht glauben, dass nach dem Tod noch etwas kommt?«, fragte ich.

»Also, zunächst einmal zwinge ich, wie schon gesagt, niemandem meinen Glauben auf. Allerdings erzähle ich ihnen gern ein paar verrückte Geschichten über Nahtoderfahrungen. Elisabeth Kübler-Ross, die Psychiaterin, die darüber viel geforscht hat, schreibt über eine Frau, die man auf dem OP-Tisch erst für hirntot erklärt, dann aber doch wiederbelebt hat. Als sie wieder zu sich kam, konnte sie genau beschreiben, was Leute im OP getan hatten, die sie aus ihrer Lage unmöglich hätte wahrnehmen können. Sie meinte, sie hätte über allem geschwebt und auf sie hinabgesehen.«

Ich erzählte Jane von Bruce Greyson, der sich seit über vierzig

Jahren mit Nahtoderfahrungen beschäftigt und zahlreiche interessante Geschichten über Leute zu berichten hat, deren Bewusstsein nach ihrem Tod irgendwie jenseits ihres Hirns fortbestand.

»Einmal, als er noch ein junger Assistenzarzt war, hat er sich beim Mittagessen in der Krankenhaus-Cafeteria Tomatensoße auf seine Krawatte gekleckert«, erzählte ich. »Als er sich später um eine junge Studentin kümmern sollte, die bewusstlos mit einer Überdosis eingeliefert worden war, knöpfte er schnell seinen Arztkittel zu, damit man den Fleck nicht sah. Als die Patientin wieder zu sich kam, sagte sie, sie habe ihn in der Cafeteria gesehen, auch konnte sie den Fleck auf der Krawatte ganz genau beschreiben. Dabei hatte sie die ganze Zeit bewusstlos und beaufsichtigt in ihrem Bett gelegen.

Von da an untersuchte er zahlreiche Menschen, die während einer Nahtoderfahrung Dinge wahrgenommen oder erlebt hatten, die eigentlich unmöglich waren – Treffen mit Verwandten, zum Beispiel, von deren Existenz sie gar nicht wussten. Er meinte, nach diesen Erfahrungen waren fast alle überzeugt, dass man den Tod nicht fürchten müsse und das Leben danach in irgendeiner Form noch weiterginge. Außerdem krempelten sie oft ihr ganzes Leben um, weil sie nun an einen Sinn hinter den Dingen glaubten.«

Was Jane eben im Scherz gesagt hatte, dass das Leben vielleicht nur ein Test sei, hielt Greyson durchaus für möglich.

»Er sagte, viele der Leute, mit denen er sprach, hätten eine Art abschließender Rückschau erfahren, in der ihr ganzes Leben noch mal an ihnen vorüberzog, und dass ihnen das geholfen habe, gewisse Dinge einzuordnen. Oft beobachteten sie einen Streit aus der Perspektive des anderen oder begriffen die Motive hinter den Handlungen eines Mitmenschen. Er erzählte von einem Trucker, der einen Betrunkenen verprügelt hatte, weil der ihn beschimpft hatte. Bei seiner Nahtoderfahrung sah der Trucker, dass der andere kurz zuvor seine Frau verloren hatte. Sein gebrochenes Herz hatte ihn zur Flasche getrieben, was wiederum der Grund für sein aggressives Verhalten gewesen war.«

»Faszinierend, nicht wahr?«, sagte Jane. Aus ihren Augen strahlte Neugier: Sie war ganz Naturforscherin, angezogen von diesem beinah völlig unbekannten Terrain. »Dummerweise muss dieses Abenteuer aber wohl noch warten, bis ich tot bin.

Allerdings habe ich tatsächlich eine Art Beweis, wenn auch nicht im wissenschaftlichen Sinne. Nur ein Erlebnis, das mir aber als Beweis genügt, und mir ist ganz egal, ob mir das jemand glaubt. Das war etwa drei Wochen nach Dereks Tod, und ich war zurück in Gombe, wo Derek, Grub und ich so viel Spaß gehabt hatten. Auf die Wellen und die Grillen lauschend lag ich im Bett und schlief irgendwann ein. Dann bin ich plötzlich aufgewacht, glaubte ich wenigstens, und sah Derek vor mir stehen. Er lächelte und sprach mit mir – ziemlich lange sogar, wie mir vorkam. Dann verschwand er einfach, und ich hatte das Gefühl, ich müsste dringend aufschreiben, was er gesagt hatte, aber noch während ich das dachte, rauschte es in meinem Kopf, als fiele ich in Ohnmacht. Das Rauschen ließ nach, ich wollte erneut alles aufschreiben, doch da rauschte es sofort wieder. Als es abermals aufhörte, konnte ich mich an keines von Dereks Worten mehr erinnern. Seltsam war das. Ich versuchte verzweifelt, mich zu entsinnen, weil ich wusste, dass es wichtig war. Vermutlich ging es darum, was mit ihm passiert war. Geblieben ist aber das beruhigende Gefühl, dass er an einem guten Ort war.«

Jane sagte, sie habe eine Frau kennengelernt, die etwas Ähnliches erlebt hatte, und die habe ihr geraten: »Falls das noch mal passiert, stehen Sie auf keinen Fall auf! Als mein Mann mich nach seinem Tod besuchte, wollte ich auch unbedingt gleich alles aufschreiben, also stieg ich aus dem Bett, um einen Stift zu holen.

Dann hörte ich genau das Rauschen, das Sie beschrieben haben – und am nächsten Morgen fand man mich im Koma.«

Ich wollte wissen, was Jane darüber dachte. »Ich weiß es nicht«, sagte sie. »Aber diese Frau glaubte jedenfalls, dass Verstorbene in einer anderen Sphäre existieren, in die wir erst übertreten müssen, wenn wir sie hören wollen. Und wenn man hinterher zur Erde zurückkehrt, dauert das eben seine Zeit.

Das Seltsame ist aber, nach diesem Erlebnis mit Derek hatte ich ganz stark das Gefühl, dass ich, wenn ich die Dinge richtig ansah, die Derek am Herzen lagen – das Meer, ein Sturm, fliegende Vögel –, wenn ich sie richtig *fühlte*, dann würde er sie auch sehen. So als könnte er aus seiner anderen Sphäre, wie diese Frau es nannte, irdische Dinge durch die Augen einer Lebenden wahrnehmen. Das war schon eine verrückte Zeit.«

Normalerweise würde sie über all das nie mit irgendwem reden, meinte Jane – es war so seltsam, und doch auch so real.

»Eine Frage hätte ich noch«, sagte ich. »Was glaubst du, weshalb so viele Leute sagen, du würdest ihnen Hoffnung machen?« Ich dachte an meinen Ex-Kommilitonen, der sich das Leben genommen hatte, an die vielen Menschen, die litten und völlig ohne jede Hoffnung waren.

»Ich habe nicht die geringste Ahnung – ich wünschte, ich wüsste es. Vielleicht spüren sie einfach, dass ich wirklich daran glaube, was ich sage. Ich erkläre ihnen ohne mit der Wimper zu zucken die Fakten, weil sie die hören müssen. Wenn ich ihnen dann aber meine Gründe zur Hoffnung präsentiere, so wie auch in diesem Buch, geht ihnen ein Licht auf, und sie erkennen, dass wir die Welt doch noch verbessern können, wenn wir uns rechtzeitig zusammentun. Sobald ihnen klar wird, dass sie etwas bewirken können, haben sie eine Aufgabe im Leben, einen Sinn. Und wie gesagt, das ändert alles.«

Ich auf Buche, einer meiner besten Freundinnen aus meiner Kindheit.

»Ich würde sagen, dann ist es jetzt wohl an der Zeit, uns zu verabschieden – wenigstens fürs Erste«, sagte ich. »Vielen Dank, Jane – es war wunderbar, mit dir über Hoffnung zu sprechen.«

»Es war mir ein Vergnügen«, sagte sie. »Ich finde es immer gut, wenn jemand mein Denken herausfordert.«

»Du hast mein Denken herausgefordert, mein Herz geöffnet und meiner Hoffnung neue Kraft gegeben«, erwiderte ich.

»Ach, eins noch«, sagte Jane und ging mit dem Laptop ans Fenster. »Ich will dir noch jemanden zeigen. Eine alte Freundin, die mich schon begleitet, seit ich mit fünf hierherkam. Da – siehst du?«

Und da war sie: Buche, der Baum, den ihre Großmutter ihr in dem handgeschriebenen Testament vererbt hatte, das sie sie hatte unterzeichnen lassen. Draußen im dämmerigen Garten konnte ich ihre Umrisse ausmachen. Ich fand ausgesprochen passend, dass wir mit einer Buche endeten, der Königin der Bäume Englands, die seit der letzten Eiszeit überall im Land gedeiht.

»Ich weiß schon, es ist zu dunkel, du kannst sie nicht richtig sehen«, sagte Jane. »Aber ich will sie dir beschreiben. Ihre Rinde ist grau und glatt, ihre grünen Blätter haben kürzlich ein zartes, herbstliches Gelb und Orange angenommen. Mittlerweile fallen schon die ersten.

Aber sie steht noch, und sie ist viel größer als zu meiner Kindheit. Raufklettern kann ich jetzt zwar nicht mehr, aber mittags setze ich mich gern mit einem Sandwich in ihren Schatten.«

»Vielleicht können wir, wenn diese Pandemie vorbei ist, ja mal zusammen unter ihr ein Sandwich essen«, schlug ich vor.

»Hoffen wir das Beste«, sagte Jane.

»Okay, ein besseres Schlusswort für dieses Gespräch könnte man sich ja wohl kaum wünschen.«

Nachdem wir uns verabschiedet und unsere Laptops zugeklappt hatten, dachte ich an Jane dort drüben auf der anderen Seite der Erde. Für heute hatte sie Feierabend, aber ich wusste, dass es morgen für sie weitergehen würde: Gespräche via Zoom und Skype, mit denen sie ihre Botschaft der Hoffnung in eine Welt trug, die sie so dringend nötig hatte. Viel Glück, Jane, dachte ich. Und dann spürte ich eine neue Hoffnung in mir aufsteigen: die, dass sie noch viele Jahre weitermachen könnte. Und ich wusste, dass sie irgendwann ihr nächstes großes Abenteuer in Angriff nehmen würde, bewaffnet mit Fernglas und Notizbuch. Doch der unbeugsame Kampfgeist in uns allen würde ihr Lebenswerk auch ohne sie vollenden.

Mein »Arbeitszimmer« unter dem Dach meines Elternhauses The Birches, wo ich während der Pandemie festsaß. Zugleich ist dieser Raum mein Schlafzimmer.

FAZIT

EINE BOTSCHAFT DER HOFFNUNG VON JANE

Lieber Leser, liebe Leserin,

ich schreibe Ihnen aus meinem Zuhause in Bournemouth an einem bitterkalten, windigen Februarmorgen. Zufälligerweise ist heute Mond-Neujahr, und mich haben bereits Nachrichten von all meinen chinesischen Freunden erreicht – sie alle waren voller Hoffnung, dass dieses Jahr besser würde als das letzte. Vor anderthalb Jahren begannen Doug und ich dieses Gespräch über Hoffnung in meinem Hause in Tansania. Seither ist allerhand passiert. Erst konnte Doug nicht nach Gombe kommen, weil er zurück nach Amerika zu seinem kranken Vater musste. Unser zweites Treffen, in den Niederlanden, verlief zum Glück wie geplant. Doch das dritte, hier in Bournemouth, wo Doug mein Elternhaus hätte sehen sollen, wurde wegen der Pandemie erst verschoben und dann abgesagt.

Das Tragische ist, dass die Forscher, die zoonotische Krankheiten untersuchen, Infektionskrankheiten, die wechselseitig zwischen Menschen und Tieren übertragen werden können, eine solche Pandemie längst vorausgesagt hatten. Etwa 75 Prozent aller neuen Krankheiten des Menschen stammen aus unserem Umgang mit Tieren. Das gilt wahrscheinlich auch für COVID-19. Sie entstehen, wenn ein Erreger – also ein Bakterium oder ein Virus – von einem Tier zu einem Menschen überspringt und an einer seiner Zellen andockt. Daraus kann dann eine völlig neue Krankheit werden. Zu unserem Pech ist COVID-19 hochansteckend und verbreitet sich rasend schnell, sodass bald sämtliche Länder der Erde betroffen waren.

Hätten wir doch nur auf die Wissenschaftler gehört, die schon so lange warnten, eine solche Pandemie sei unausweichlich, wenn wir weiterhin so respektlos mit Natur und Tieren umgehen! Leider stießen sie jedoch immer nur auf taube Ohren. Wir haben nicht zugehört, und jetzt bezahlen wir teuer dafür.

Indem wir natürliche Lebensräume zerstören, zwingen wir die Tiere zu einem engeren Kontakt mit Menschen, was wiederum den Nährboden für neue Krankheiten bereitet. Und mit wachsender Bevölkerung dringen die Menschen und ihr Nutzvieh immer weiter in die verbleibenden wilden Gebiete vor, weil sie Platz für ihre Dörfer und Farmen brauchen. Tiere werden gejagt, getötet und gegessen – und um die ganze Welt geschmuggelt, sei es ganz oder in Teilen, mitsamt ihren Erregern. Sie werden als Lieferanten von Nahrung, Kleidung oder Medizin und als exotische Haustiere auf Wildtiermärkten verkauft. Die Bedingungen auf den meisten dieser Märkte sind nicht nur grausam, sondern obendrein extrem unhygienisch: überall Blut, Urin und die Fäkalien gestresster Tiere. Der perfekte Ort für ein Virus, um einen Menschen zu befallen, und tatsächlich gehen viele davon aus, dass die COVID-19 Pandemie genau wie SARS auf einem chinesischen Wildtiermarkt begonnen hat. HIV-1 und HIV-2 stammen von Schimpansen, deren Fleisch auf Wildtiermärkten in Zentralafrika verkauft wurde. Ebola verdanken wir womöglich dem Verzehr von Gorillafleisch.

Auch die haarsträubenden Bedingungen, unter denen Milliarden Nutztiere wegen ihres Fleisches, ihrer Milch und ihrer Eier gehalten werden, haben neue Krankheiten erzeugt: die Schweinegrippe beispielsweise, die aus einer Massentierhaltung in Mexiko stammt, aber ebenso nicht ansteckende Krankheiten wie Escherichia coli, MRSA und Salmonellen. Und vergessen wir weiterhin nicht, dass all diese Tiere Individuen mit eigener Persönlichkeit sind. Viele von ihnen – besonders die Schweine – sind hochintelligent, und sie alle verspüren Angst, Leid und Schmerz.

Man muss allerdings auch das Positive sehen: Während der Lockdowns auf der ganzen Welt sanken – dank reduzierten Verkehrs und stillstehender Fabriken – die Emissionen aus fossilen Treibstoffen deutlich. Den Einwohnern so mancher Großstadt war – vielleicht zum ersten Mal im Leben – der Luxus vergönnt, saubere Luft zu atmen und den Sternenhimmel zu sehen. Viele Leute erzählten von ihrer Freude darüber, die Vögel singen zu hören, als alles andere verstummte. Wildtiere ließen sich auf den Straßen kleinerer und größerer Städte blicken. Und obgleich all das nicht lange vorhalten sollte, zeigte es doch vielen, wie unsere Welt sein könnte – ja, wie sie eigentlich sein sollte!

Außerdem hat die Pandemie zahlreiche Helden und Heldinnen hervorgebracht: etwa die Ärztinnen und Pfleger, die im nimmermüden Einsatz für das Leben anderer ihr eigenes riskieren – und es dabei allzu oft verlieren. Vielerorts entstand großer Gemeinschaftsgeist, man half sich gegenseitig aus. In einer Stadt in Italien sangen die Menschen gemeinsam auf ihren Balkonen, um sich Mut zu machen. Großartiges Fernsehen wurde produziert. Besonders gefiel mir, als ein namhaftes Orchester vor Pflanzen spielte – die »Zuhörer« und »Zuhörerinnen« wurden in ihren Töpfen aus den botanischen Gärten geholt und auf die Sitze verteilt. Die Krönung war, als die Musiker sich erhoben und sich respektvoll vor ihrem Gartenpublikum verneigten. Ein Zoo ließ seine Pinguine durch eine Kunstgalerie spazieren.

Der wunderbare menschliche Intellekt tat, was er konnte, um Möglichkeiten zu entwickeln, die Menschen virtuell zusammenzubringen. Das JGI hielt zum ersten Mal ein weltweites Online-

Treffen ab. Ich war anfangs zwar skeptisch, aber auch wenn uns der direkte Kontakt, der Spaß, die Umarmungen und die Geselligkeit fehlten, lief schließlich alles glatt – und wir sparten eine Menge Geld. Inzwischen ist es ganz normal, Konferenzen und Geschäftstreffen mithilfe von Zoom oder einem der vielen anderen fantastischen Programme abzuhalten. All das zeigt auf wunderbare Weise unsere Anpassungsfähigkeit und Kreativität.

Natürlich gerieten Hotels und Fluggesellschaften in große Schwierigkeiten; und in manchen Ländern wurde deutlich mehr gewildert, weil die Einnahmen aus dem Tourismus wegbrachen und man die Wildhüter nicht mehr bezahlen konnte, die sonst in den Schutzgebieten patrouillierten. Man sieht also, wie wichtig es ist, unsere Kreativität, unseren Grips, unser Verständnis und unser Mitgefühl dafür zu verwenden, eine nachhaltigere, ethischere Welt zu schaffen, in der alle ein ordentliches Auskommen haben und im Einklang mit der Natur leben können.

Tatsächlich haben heute viel mehr Menschen diese Notwendigkeit eines respektvolleren Umgangs mit Tieren und der Natur sowie einer umweltverträglichen, grünen Wirtschaftsweise erkannt. Entsprechende Änderungen deuten sich schon an. Unternehmen überlegen, wie sie ihre Rohstoffe möglichst unter Berücksichtigung ethischer Standards beziehen können, Konsumenten machen sich öfter Gedanken über ihren ökologischen Fußabdruck. China hat den Verzehr von Wildtieren verboten, und es gibt Anlass zur Hoffnung, dass auch ihre Verwendung für Arzneien bald ein Ende haben wird. Jetzt schon hat die chinesische Regierung die Schuppen des Schuppentiers von der Liste erlaubter Inhaltsstoffe für die Traditionelle Chinesische Medizin genommen. Und es gibt große weltweite Bemühungen, den illegalen Handel mit wilden Tieren und Pflanzen zu unterbinden. Doch vor uns liegt immer noch ein weiter Weg.

Pip, Judy und ich vor Buche, im Frühlingsgarten von The Birches.

Sehr erfreulich sind außerdem die vielen Kampagnen in diversen Ländern, die ihre Regierungen zu einem Ausstieg aus der Massentierhaltung drängen. Es wird weniger Fleisch konsumiert, und immer mehr Menschen stellen auf eine pflanzliche Ernährung um.

Über ein Jahr saß ich in Bournemouth fest, verbrachte meine Zeit mit meiner Schwester Judy, ihrer Tochter Pip und ihren Enkeln Alex und Nickolai, zweiundzwanzig und zwanzig Jahre alt. Meistens saß ich oben in meinem kleinen Schlafzimmer, das zugleich mein Arbeitszimmer und mein Studio war. Dort habe ich auch das Zoom-Gespräch mit Doug geführt.

Anfangs war ich noch frustriert und wütend, weil ich meine Vorträge absagen und all die Leute enttäuschen musste. Doch bald sah ich ein, dass ich das Unausweichliche akzeptieren musste, und beschloss, mithilfe eines kleinen Teams eine virtuelle Jane zu kreieren. So viele Menschen haben mir geschrieben und ihre Hoffnung zum Ausdruck gebracht, die viele Zeit zu Hause würde mir Gelegenheit geben, in Ruhe nachzudenken und neue Kraft zu tanken. Tatsächlich war ich in meinem ganzen Leben noch nie so beschäftigt und erschöpft wie heute. Ich habe Videobotschaften in alle Welt verschickt, per Zoom, Skype et cetera, an Konferenzen und Webinaren teilgenommen, war zu Gast in Podcasts – und habe sogar meinen eigenen Hopecast auf die Beine gestellt!

Am anstrengendsten sind die virtuellen Vorträge – irgendwie muss man dabei die richtige Energie in die Präsentation legen, um ein unsichtbares Publikum mitzureißen. Statt zu einem Saal voll interessierter Zuhörer spricht man zu dem kleinen grünen Lämpchen neben der Kamera am Laptop. Noch schwerer fällt es mir, das grüne Lämpchen anzublicken, wenn Leute auf dem Bildschirm zu sehen sind, damit es aus ihrer Perspektive so wirkt, als schaue ich sie an.

Natürlich fehlen mir auch meine Freunde schrecklich, all die lustigen Abende zwischen Vorträgen, Pressekonferenzen und Meetings mit Führungskräften, wenn wir uns was vom Inder bestellten und Rotwein tranken – und Whisky, versteht sich! Ebenso die Möglichkeit, so viele wunderbare Orte zu besuchen und faszinierende Menschen kennenzulernen, fehlt mir. Stattdessen gönnt ihr gnadenloser Terminplan der virtuellen Jane nie eine Atempause – tagein, tagaus guckt sie auf einen Bildschirm und spricht in den Cyberäther.

Aber all das hat auch eine gute Seite: Ich konnte Millionen mehr Menschen an weitaus mehr Orten auf der ganzen Welt erreichen als bei meinen üblichen Reisen.

Bei meinem letzten Zoom-Gespräch mit Doug habe ich ihn durchs Zimmer geführt und ihm Fotos und Souvenirs von meinen Reisen gezeigt. Doch es steckt noch so viel mehr in beinahe jedem Zimmer von The Birches! Ich bin umgeben von Andenken aus verschiedenen Abschnitten meines Lebens. In diesem geliebten, 1872 erbauten Haus erinnert mich alles an meinen Lebensweg, an die Menschen und Dinge, die mich geprägt haben. Hier liegen meine Wurzeln, die ein schüchternes Kind mit großer Liebe zur Natur zu einer Botschafterin der Hoffnung werden ließen.

Während ich an diesem nasskalten Tag im Jahr 2021 diese Zeilen schreibe, breiten sich in vielen Ländern neue, ansteckendere Varianten des Virus aus, allesamt mit ahnungslosen menschlichen Wirten um die Welt gereist, um noch mehr Unheil zu stiften. Es ist also kaum überraschend, dass wir uns derzeit hauptsächlich darauf konzentrieren, dieser Pandemie Einhalt zu gebieten.

Doch als Botschafterin habe ich etwas sehr Wichtiges mitzuteilen: Wir dürfen uns durch das Virus auf keinen Fall von der ungleich größeren Gefahr der Klimakrise und des Artensterbens ablenken lassen, denn wenn wir die nicht bannen, ist es mit dem Leben auf der Erde ganz vorbei, auch mit unserem. Stirbt die Natur, können wir nicht überleben.

Im Laufe meines Lebens haben wir den Nationalsozialismus bezwungen, selbst wenn der Faschismus heute erneut sein hässliches Haupt erhebt. Wir haben die Gefahr eines nuklearen Armageddon entschärft, obwohl die Waffen von damals uns auch aktuell noch bedrohen. Jetzt müssen wir nicht nur COVID-19 und seine Mutanten aufhalten, sondern ebenso den Klimawandel und das Artensterben.

Seltsam, dass mein Leben von zwei Weltkriegen begrenzt wird. Der erste, während meiner Kindheit, wurde gegen menschliche Gegner ausgetragen: gegen Hitler und die Nazis. Heute, wo ich auf die neunzig zugehe, müssen wir gleich zwei Feinde auf einmal besiegen – der eine ist unsichtbar und mikroskopisch klein, der andere zeigt sich im Gewand unserer eigenen Dummheit, Selbstsucht und Gier.

Meine Botschaft der Hoffnung lautet wie folgt: Jetzt, wo Sie dieses Buch gelesen haben, wissen Sie, dass wir den Kampf gewinnen können, dass es noch Hoffnung gibt – für unsere Zukunft, für unsere Erde, unsere Gesellschaften und unsere Kinder. Allerdings nur, wenn wir mit vereinten Kräften kämpfen! Ich hoffe auch, dass Ihnen klar ist, wie wichtig es ist, dass wir *alle* etwas tun, jeder und jede für sich. Bitte glauben Sie daran, dass wir alle Widerstände überwinden können, denn wenn Sie das nicht tun, werden Sie die Hoffnung fahren lassen, verzweifelt und apathisch werden – und keinen Finger rühren.

Wir können diese Pandemie überstehen. Dank des *Wunders des menschlichen Intellekts* haben Wissenschaftler in Rekordgeschwindigkeit Impfstoffe entwickelt.

Und wenn wir uns zusammentun, unseren Grips benutzen und alle unseren Beitrag leisten, können wir auch den Klimawandel und das Artensterben aufhalten. Vergessen Sie nicht, dass jeder von uns jeden Tag etwas bewirken kann und dass Millionen einzelner Entscheidungen uns einer nachhaltigen Welt jedes Mal ein Stückchen näher bringen.

Wir sollten unendlich dankbar für die *Widerstandskraft der Natur* sein. Und wir können der Umwelt dabei helfen, sich zu regenerieren – nicht nur mit großen Projekten, sondern auch ganz persönlich, dadurch, wie wir unser Leben gestalten und dabei unseren ökologischen Fußabdruck bedenken.

Jede Menge Hoffnung für die Zukunft steckt ebenfalls in den Taten, der Entschlossenheit und der Energie der *Jugend* auf der ganzen Welt. Wir alle können sie ermutigen und dabei unterstützen, sich dem Klimawandel sowie sozialer und ökonomischer Ungerechtigkeit entgegenzustellen.

Und zu guter Letzt vergessen Sie nicht, dass uns nicht nur ein leistungsfähiges Gehirn und eine hoch entwickelte Fähigkeit zu Liebe und Mitgefühl geschenkt wurden, sondern obendrein ein *unbeugsamer Kampfgeist*. Den haben wir alle, ob wir es wissen oder nicht. Wir können ihn fördern, ihm die Chance geben, seine Schwingen auszubreiten und in die Welt hinauszufliegen, um anderen Menschen Mut und Hoffnung zu machen.

Die Probleme zu leugnen, wäre Unfug. Es schadet gar nichts, sich bewusst zu machen, was wir angerichtet haben. Aber nur, wenn man sich dann auch darauf konzentriert, was man dagegen tun kann, wird sich etwas ändern.

Bei einem meiner Besuche in Tansania, wo Roots & Shoots geboren wurde, nahm ich an einer Veranstaltung teil, bei der die

Gruppen aus der Gegend einander kennenlernten und von ihren Projekten berichteten. Es wurde viel gelacht und geredet.

Am Ende kamen alle zusammen und riefen: »Together we can«, was heißen sollte, gemeinsam können sie die Welt retten. Ich nahm das Mikro in die Hand und sagte: »Klar *können* wir, aber *werden* wir auch?« Das brachte sie kurz aus dem Konzept, doch dann begriffen sie, was ich meinte. Gemeinsam riefen wir nun: »Together we *can*. Together we *will*!« Seither beenden sie so all ihre Treffen, und Gruppen in anderen Ländern haben es von ihnen übernommen. Manchmal schließe ich damit auch meine Vorträge. Einmal sprach ich auf dem zweitgrößten Musikfestival Europas vor sechzehntausend Leuten und bat sie, mit mir zusammen diesen Weckruf anzustimmen. Sie machten mit, aber beeindruckend war es nicht gerade. Ich sagte ihnen, jede Grundschulklasse könne das besser, und wir versuchten es ein weiteres Mal. Noch heute bekomme ich Gänsehaut, wenn ich daran denke, wie das ganze Publikum aufstand und diese Worte in die warme Abendluft schallen ließen.

Doch als sich das gleiche Spiel Anfang 2020 in Davos wiederholte, als ich dort vor den mächtigen CEOs einiger großer Unternehmen sowie einer Handvoll Politiker und anderer Teilnehmer sprach … nun, das war sogar fast umwerfender! Wieder war der erste Versuch schwach. Aber als ich ihnen sagte, ich hätte mir doch mehr Begeisterung für ihre selbst bekundete Absicht erhofft, etwas zu tun, und sie dann alle aufstanden, aus voller Kehle riefen und hinterher ausgiebig applaudierten, traten mir die Tränen in die Augen.

Together we CAN! Together we WILL!

Yes, we can – und wir werden, weil wir müssen. Lassen Sie uns das Geschenk des Lebens nutzen, um eine bessere Welt zu schaffen. Unseren Kindern und Kindeskindern zuliebe. Den Armen zuliebe. Den Einsamen zuliebe. Und unseren Geschwistern in der Natur zuliebe, den Tieren, Pflanzen und Bäumen.

Bitte, stellen Sie sich der Herausforderung, reißen Sie die Menschen um sich mit und helfen Sie ihnen. Leisten Sie Ihren Beitrag. Finden Sie Ihre eigenen Gründe zur Hoffnung und lassen Sie sich davon leiten.

Vielen Dank
Jane Goodall

Danksagung

Von Jane:

Wie soll ich nach siebenundachtzig Lebensjahren all den Menschen angemessen danken, die mir halfen, die mich durch schwere Zeiten brachten, mich zu Dingen ermutigten, die ich mir niemals zugetraut hätte?

Beginnen muss ich selbstverständlich mit meiner lieben Mutter und dem Rest meiner Familie. Was sie mir bedeuten, habe ich in diesem Buch beschrieben. Rusty, der mir beigebracht hat, dass auch wir Menschen Teil des Tierreichs sind. Louis Leakey, der mir die Chance gab, meine Träume zu verwirklichen, und an ein junges Mädchen glaubte, das kaum mehr zu bieten hatte als den leidenschaftlichen Wunsch, das Verhalten von Schimpansen zu studieren. Leighton Wilkie, der das erste halbe Jahr Feldforschung finanziert hat. David Greybeard, der mir erlaubte, ihm dabei zuzusehen, wie er Werkzeuge herstellte und nutzte – was die National Geographic Society interessant genug fand, um meine weitere Forschung zu finanzieren. VIELEN DANK! Und auch meinem ersten Mann Hugo van Lawick verdanke ich viel: Seine Fotos und Filmaufnahmen ermöglichten es mir, die damaligen Verhaltensforscher davon zu überzeugen, dass wir nicht die einzigen Wesen mit Persönlichkeit, Verstand und Emotionen sind.

So viele Menschen und Tiere haben mir geholfen, die Welt um uns herum zu verstehen – zu viele, um sie alle aufzuzählen, darunter die Studenten und Wissenschaftler, die nach Gombe kamen und unser Verständnis über das Verhalten von Schimpansen und Pavianen bereicherten. Ich will besonders Dr. Anthony Collins hervorheben, der mich schon seit 1972 begleitet, Gombe am Laufen hielt und immer für mich da ist, wenn ich nach Tansania, Burundi, Uganda oder in die Demokratische Republik Kongo reise. Auch mein zweiter Mann Derek Bryceson spielte eine wichtige Rolle dabei, dass die Arbeit in Gombe fortgesetzt werden konnte. Seine Beziehungen zur tansanischen Regierung ermöglichten uns eine Stippvisite in Gombe, sogar als das Camp nach der Entführung der Studenten eigentlich abgeriegelt worden war – man flog uns in einem Militärhubschrauber hin. Großartig auch, dass die Assistenten vor Ort die Schimpansen und Paviane noch weiter beobachteten, als ich eine ganze Weile kaum dabei sein konnte.

Mein herzlicher Dank gilt ebenso den Mitarbeitern und Mitarbeiterinnen sowie all den Freiwilligen in den Jane Goodall Institutes und unseren Programmen in Tansania, Uganda, der Demokratischen Republik Kongo, der Republik Kongo, in Burundi, Senegal, Guinea und Mali. Und auch allen, die sich um Tiere in Gefangenschaft kümmern, insbesondere in unseren Auffangstationen Tchimpounga, Chimp Eden, Ngamba Island, Sweetwaters und Tacugama.

Und dann gibt es da noch die Leute, die mich während der Pandemie unterstützt und mir ermöglicht haben, mit technischer Hilfe weiterhin die Menschen auf der ganzen Welt zu erreichen: Dan DuPont, Lilian Pintea, Bill Wallauer, Shawn Sweeney, Ray Clark und das fleißige Team im GOOF (dem Global Office of the Founder), Mary Lewis, Susana Name und Chris Hildreth. Sehr dankbar bin ich Carol Irwin für ihren Rat in schweren Zeiten. Und Mary Paris, die ein großes Archiv meiner Fotos hütet und deren Geduld und Zauberkräfte es ermöglichten, einige davon in diesem

Buch unterzubringen. Ein besonderes Dankeschön gilt all den jungen und weniger jungen Menschen, die sich in unseren Roots & Shoots-Organisationen auf der ganzen Welt engagieren. Diese Bewegung macht mir die größte Hoffnung auf die Zukunft.

Schließlich komme ich zu denen, die die Entstehung dieses Buchs ermöglichten. Ich danke allen, die Fotos und Geschichten beigetragen haben – es sind ebenfalls zu viele, um sie aufzuzählen. Das letzte Live-Gespräch mit Doug fand in den Niederlanden statt, und wir waren Patrick und Daniëlle van Veen sehr dankbar, dass sie diese herrliche Hütte im Wald gefunden und uns mit Wein und Daniëlles köstlichem Essen versorgt haben. Vielen, vielen Dank.

Und die Leute, die die eigentliche Arbeit machen, einschließlich des wunderbaren Teams bei Celadon Books, besonders Cecily van Buren-Freedman und der Verlegerin Jamie Raab, die dieses Buch

so sorgfältig betreut hat und dank meines schrecklichen Terminplans ständig Verspätungen erdulden musste. Unendlich dankbar bin ich Gail Hudson, mit der ich schon oft zusammengearbeitet habe und die mir sehr geholfen hat, als mir das Schreiben neben allem anderen schwerfiel. Danke, Gail. Auch meiner Schwester Judy und ihrer Tochter Pip habe ich zu danken. Die beiden haben für mich eingekauft und gekocht, sodass ich mich ganz auf die Arbeit konzentrieren konnte. Ich danke Adrian Sington, der mich ermuntert hat, mit Doug Abrams an einem Buch über Hoffnung zu arbeiten. Und zu guter Letzt natürlich auch Doug selbst: Das Buch war seine Idee, und mit seinen bohrenden Fragen kitzelte er meine verborgensten Gedanken aus mir heraus. Und er passte sich geduldig meinem immer verrückteren Terminplan an, während wir per Zoom unsere letzten Gespräche führten.

Von Douglas:

Bei der Arbeit an diesem Buch habe ich gelernt, dass Hoffnung ein Geschenk unserer Mitmenschen ist. Wir alle haben ein Netzwerk der Hoffnung, das uns unterstützt, ermutigt, uns durchs Leben trägt. Ich bin mit unzähligen Menschen gesegnet, die mir auf unzählige Weisen geholfen haben.

Zuerst danke ich meiner Mutter Patricia und meinem verstorbenen Vater Richard, die selbst dann an mich glaubten, wenn ich das selbst nicht tat. Außerdem meinem Bruder Joe und meiner Schwester Karen, die für mich nicht nur Geschwister, sondern Freunde fürs Leben sind.

Auch meine erweiterte Familie, meine Lehrer, Freunde und Kollegen haben mich mein Leben lang begleitet – ganz besonders bei der Arbeit an diesem Buch, während mein Vater im Sterben lag und mein Sohn seine Hirnverletzung auskurierte. Vor allem möchte ich meinen Freunden Don Kendall, Rudy Lohmeyer, Mark Nicolson, Gordon Wheeler, Charlie Bloom, Richard Sonnenblick, Ben Saltzman, Matt Chapman und Diana Chapman danken. Außerdem meinen Freunden und Kollegen bei Idea Architects, die mir halfen, dieses Buch zu konzipieren und zu schreiben: Boo Prince, Cody Love, Staci Bruce, Mariah Sanford, Jordan Jacks, Stacie Sheftel und insbesondere Esmé Schwall Weigand, die nimmermüde recherchiert und lektoriert hat, sowie Lara Love Hardin und Rachel Neumann, meine beiden Guides durch den Dschungel der Bücherwelt und Partnerinnen beim Aufbau einer weiseren, gesünderen und gerechteren Agentur und Welt. Ich hätte mir kein besseres Team als Boo und Cody als Begleitung nach Tansania wünschen können, und sie hätten nicht verständnisvoller sein können, als ich mittendrin nach Hause musste, weil mein Vater ins Krankenhaus kam. Danken möchte ich auch unserem Auslandsrechte-Team, Camilla Ferrier, Jemma McDonagh und Britanny Poulin von The Marsh Agency sowie Caspian Dennis und Sandy Violette von Abner Stein, die halfen, dieses Buch mit der Welt zu teilen. Das ganze Projekt wäre nie zustande gekommen ohne die Liebe und Kuppelei meiner lieben Freunde, der Autoren Christiana Figueres und Tom Carmac, zwei der Architekten des Pariser Klimaabkommens und damit zwei der Personen, die in die Geschichte eingehen werden, weil sie der Menschheit eine letzte Chance verschafft haben. Die beiden haben mich Jane vorgestellt und das Projekt von Beginn an unterstützt.

Ohne die Liebe und den Rückhalt meiner Frau Rachel und unserer Kinder Jesse, Kayla und Eliana würde ich eingehen. Letztere drei schenken mir am meisten Hoffnung in die Zukunft und beweisen auf ihre je eigene Weise die Kraft der Jugend.

Wie Jane schon schrieb, war die Zusammenarbeit mit Celadon ein einziges Vergnügen. Das ganze Team erkannte gleich das Potenzial des Buchs, und ich danke Cecily van Buren-Freedman, Christine Mykityshyn, Anne Belle Hindenland, Rachel Chou, Don Weisberg, Deb Futter und vor allem Jamie Raab. Jamie bewundere ich schon lange als eine der klügsten und kreativsten Verlegerinnen der Welt, und es war herrlich, mit ihr zu tun zu haben. Sie hat das Projekt mit ihrer Weisheit, ihrer Güte und ihrer tiefen Einsicht in die Wünsche der Leserschaft gelenkt.

Danken möchte ich auch den Leuten vom Jane Goodall Institute, die mir von Anfang an geholfen haben, von meinen ersten Gesprächen mit Susana Name bis hin zu dem fröhlichen Mittagessen mit Mary Lewis, die mit ihrem freundlichen Wesen, ihrer Sachkenntnis und ihrer Fähigkeit, trotz Janes übervollem Terminkalender das Unmögliche möglich zu machen, jederzeit zur Stelle war. Adrian Sington, Janes Literaturagent, hat zur Realisierung dieses Projekts trotz aller Widrigkeiten – einschließlich der Pandemie – beigetragen und war mir ein geschätzter Kollege. Unser erstes Treffen auf der Londoner Buchmesse ist eine der schönsten Erinnerungen meines Lebens. Gail Hudson, Janes langjährige Freundin und Mitarbeiterin, war eine große Hilfe dabei, unsere Dialoge zusammenzustricken. Ihre Unterstützung war entscheidend, und sie ist auch mir eine gute Freundin und Ratgeberin geworden.

Schließlich möchte ich Jane dafür danken, dass sie der Welt mit diesem Buch sich selbst geschenkt hat. Ich habe mich an sie gewandt, weil sie eine Naturforscherin ist, die über seltenes, aber notwendiges Wissen über die Welt verfügt, doch gefunden habe ich auch eine weise Menschenfreundin, die für uns und für die Erde spricht. Wie sie darauf bedacht war, jedes Wort tiefste Wahrheit ausdrücken zu lassen, war beflügelnd. Der Einblick in ihre Einsichten über das menschliche Wesen und die rettende Kraft der Hoffnung, war eines der wunderbarsten Erlebnisse, die mir je vergönnt waren. Trotz der gewaltigen Anforderungen einer Welt, die dringend ihren Beistand braucht, war sie unglaublich großzügig mit ihrer Zeit, ihrer Weisheit und Freundschaft, zuerst während meines persönlichen Wegs durch das steinige Terrain der Trauer und dann während einer Pandemie, die uns allen zeigte, wie verletzlich und kostbar unsere Welt ist.

Weiterführende Literatur

I Was ist Hoffnung?

Für einen tieferen Einblick in Janes Leben und die Erfahrungen, die ihre Ansichten geprägt haben, siehe ihre Autobiografie: *Grund zur Hoffnung* (Riemann 1999). Für weitere Informationen über ihre Arbeit mit Schimpansen, siehe: *Wilde Schimpansen* (Rowohlt 1991) und *Ein Herz für Schimpansen. Meine 30 Jahre am Gombe-Strom* (Rowohlt 1996).

Allen, die sich ausführlicher mit der Hoffnungsforschung auseinandersetzen wollen, sei empfohlen: Charles Snyders *Psychology of Hope: You Can Get There from Here* (Free Press 1994), Shane Lopez' *Making Hope Happen: Create the Future You Want for Yourself and Others* (Atria Paperback 2014) sowie Casey Gwinns und Chan Hellmans Buch *Hope Rising: How the Science of HOPE Can Change Your Life* (Morgan James 2019). Kirsten Weir hat außerdem einen hervorragenden kurzen Artikel für die American Psychological Association geschrieben (»Mission Impossible«, in: *Monitor on Psychology* 44, Nr. 9 [Oktober 2013]; www.apa.org/monitor/2013/10/mission-impossible).

Die Idee, dass wir beim Gedanken an die Zukunft entweder fantasieren, grübeln oder hoffen, sowie die Metaanalyse der Bedeutung von Hoffnung für akademischen Erfolg, Produktivität am Arbeitsplatz und allgemeines Glück stammen aus Lopez' Buch.

In einer anderen Studie haben Psychologen der University of

Leicester drei Jahre lang Studierende beobachtet und herausgefunden, dass diejenigen, die mehr Hoffnung hatten, insgesamt besser abschnitten. Tatsächlich spielte Hoffnung eine größere Rolle als Intelligenz, Charakter und vorherige akademische Leistungen (»Hope Uniquely Predicts Objective Academic Achievement Above Intelligence, Personality, and Previous Academic Achievement«, in: *Journal of Research in Personality*, 44 [August 2010], S. 550 ff.; https://doi.org/10.1016/j.jrp.2010.05.009). Eine weitere Studie untersuchte das Verhältnis von Hoffnung und Produktivität, indem sie fünfundvierzig Studien auswertete, die elftausend Angestellte in verschiedensten Berufsfeldern betrachtet hatten (»Having the Will and Finding the Way: A Review and Meta-Analysis of Hope at Work«, *Journal of Positive Psychology* 8, Nr. 4 [Mai 2013], S. 292 ff., https://doi.org/10.1080/17439760.2013.800903). Die Analyse ergab, dass Hoffnung ganze 14 Prozent der Produktivität am Arbeitsplatz bedingt – mehr als Faktoren wie Intelligenz oder Optimismus.

Hoffnung kann uns auch kollektiv beeinflussen. Chan Hellmans Befragung von tausend Einwohnern einer mittelgroßen Stadt ergab kollektive Hoffnung als signifikantesten Prädiktor für allgemeine Zufriedenheit. Ein Vergleich mit den Gesundheitsdaten der Stadt zeigte weiter einen Zusammenhang von individueller und kollektiver Hoffnung mit der Lebenserwartung (Chan Hellman und Shawn Schaefer: »How Hopeful is Tulsa? A Community Wide Assessment of Hope and Well-Being«, unveröffentlichtes Manuskript).

Andere Forschungsergebnisse zeigen einen Zusammenhang zwischen Hoffnung und körperlicher Gesundheit. Stephen Stern, Mediziner am Health Science Center der University of Texas in San Antonio führte mit seinem Team eine Sterblichkeitsstudie mit knapp achthundert mexikanischen und europäischen Amerikanern durch (Stephen L. Stern, Rahul Dhanda und Helen P.

Hazuda: »Hopelessness Predicts Mortality in Older Mexican and European Americans«, in: *Psychosomatic Medicine* 63, Nr. 3 [Mai/Juni 2001], S. 344 ff.). Wurden Geschlecht, Bildung, ethnische Zugehörigkeit, Blutdruck, Body-Mass-Index und Umgang mit Alkohol herausgerechnet, war es für Menschen mit weniger Hoffnung doppelt so wahrscheinlich, innerhalb der nächsten drei Jahre an Krebs oder einer Herzkrankheit zu sterben. Stern ist überzeugt, dass Hoffnung auf die Zukunft unser Verhalten in der Gegenwart beeinflusst, und die Entscheidungen der Gegenwart wiederum sind ein wesentlicher Faktor für die Länge unseres Lebens.

Die Elemente eines Hoffnungszyklus gehen auf Charles Snyder zurück, der sie in seinem Buch *The Psychology of Hope* (Simon & Schuster 2010) als Ziele Willenskraft (oft Tatkraft oder Zuversicht genannt) und *waypower*, »Wegekraft« (realistische Wege, um gesteckte Ziele zu erreichen) identifiziert. Andere – wie zum Beispiel Kaye Herth, die den Herth Hope Index entwickelt hat – nennen außerdem sozialen Rückhalt als Baustein der Hoffnung (»Abbreviated Instrument to Measure Hope: Development and Psychometric Evaluation«, in: *Journal of Advanced Nursing* 17, Nr. 10 [Oktober 1992], S. 1251 ff.).

Wer mehr über Edith Eger erfahren will, siehe ihre Bücher *Ich bin hier, und alles ist jetzt. Warum wir uns jederzeit für die Freiheit entscheiden können* (btb 2018) und *Das Geschenk. 12 Lektionen für ein besseres Leben* (btb 2021).

Grund 1: Das Wunder des menschlichen Intellekts

Für eine Erklärung der neurowissenschaftlichen Aspekte von Hoffnung und Optimismus, siehe Tali Sharots Buch *The Optimism Bias: A Tour of the Irrationally Positive Brain* (Pantheon 2011). Laut Sharot ist der frontale Cortex, der bei Menschen stärker ausgeprägt ist als bei anderen Primaten (was vermutlich die neurale Basis für den von Jane erwähnten menschlichen Intellekt darstellt), wesentlich für Sprache und Zielsetzungen – und wahrscheinlich auch für Hoffnung und Optimismus. Die Neurowissenschaftlerin hat einen speziellen Teil dieses frontalen Cortex identifiziert, den rostralen anterioren cingulären Cortex (rACC), der Emotionen und Motivationen beeinflusst und womöglich auch für Hoffnung eine Rolle spielt. Laut Sharots Forschung stellt sich eine Person, je optimistischer sie ist, positive zukünftige Ereignisse umso wahrscheinlicher, lebhafter und detailreicher vor. Während die Testpersonen sich solche positiven Ereignisse ausmalen sollten, war dieses Hirnareal deutlich aktiver und schien auch auf die Amygdala einzuwirken, einen uralten Teil des Gehirns, dem man vor allem Emotionen wie Angst und Aufregung zuschreibt. Der rACC optimistischer Personen scheint die Angst bei der Vorstellung negativer Ereignisse abzudämpfen und ihre Aufregung zu steigern, wenn sie sich Positives ausmalen. Das könnte der neurale Hintergrund von Lopez' treffender Wendung vom Menschen als Hoffnung-Angst-Hybridwesen sein (vgl. Lopez, S. 112).

Für weitere Informationen über die Intelligenz und Kommunikation von Bäumen, siehe Suzanne Simards Buch *Finding the Mother Tree: Discovering the Wisdom oft he Forest* (Alfred A. Knopf 2021) und Peter Wohllebens *Das geheime Leben der Bäume. Was sie fühlen, wie sie kommunizieren – die Entdeckung einer verborgenen Welt* (Ludwig 2015).

Grund 2: Die Widerstandskraft der Natur

Für weitere Geschichten über die Widerstandskraft der Natur und Genaueres über die Geschichten, die Jane mir erzählt hat, siehe Janes Bücher *Die Erde gehört uns nicht allein. Meine Hoffnung für die*

Tiere und ihre Welt (Giger 2020) und *Seeds of Hope: Wisdom and Wonder from the World of Plants* (Grand Central Publishing 2014).

Für Informationen über den dramatischen Verlust von Biodiversität und das rasante Artensterben siehe den im Mai 2019 erschienenen UN-Bericht »Nature's Dangerous Decline ›Unprecedented‹; Species Extinction Rates ›Accelerating‹«; www.un.org/sustainabledevelopment/blog/2019/05/nature-decline-unprecedented-report/.

Zum APA-Bericht über die Auswirkungen des Klimawandels auf seelische Gesundheit siehe Susan Clayton Whitmore-Williams, Christie Manning, Kirra Krygsman u. a.: »Mental Health and Our Changing Climate: Impacts, Implications, and Guidance«, März 2017; www.apa.org/news/press/releases/2017/03/mental-health-climate.pdf.

Für mehr Informationen über die Fähigkeit von Ökosystemen, sich zu regenerieren, siehe die Studie »Rapid Recovery of Damaged Ecosystems« von Holly P. Jones und Oswald J. Schmitz von der School of Forestry and Environmental Sciences der Yale University (in: *PLOS ONE*, 27. Mai 2009; https://doi.org/10.1371/journal.pone.0005653). Der Auswertung von 240 unabhängigen, über einhundert Jahre hinweg durchgeführten Studien entnahmen die beiden Wissenschaftler, dass Ökosysteme sich regenerieren können, sobald Verschmutzung und Zerstörung eingestellt werden. Die untersuchten Ökosysteme erholten sich in einem Zeitraum von zehn bis fünfzig Jahren, wobei Wälder durchschnittlich zweiundvierzig Jahre benötigten und Meeresböden zehn. Mehrfach geschädigte Regionen erneuern sich im Schnitt nach sechsundfünfzig Jahren, einige allerdings gar nicht mehr – obwohl auch diese sich vielleicht in Zeitspannen erholen, in denen wir Menschen schon längst keine Rolle mehr spielen. Die Forscher schränkten ihre Ergebnisse mit dem Zusatz ein, dass selbst diese schwer geschädigten Ökosysteme sich regenerieren könnten, »wenn die Menschen es so wollen«.

Weiterführendes darüber, wie wichtig die Natur für menschliche Gesundheit und Wohlbefinden ist, findet sich in Caoimhe Twohig-Bennetts und Andy Jones' Metastudie »The Health Benefits of the Great Outdoors: A Systematic Review and Meta-Analysis of Greenspace Exposure and Health Outcomes« nachzulesen, in dem über 140 Studien mit über 290 Millionen Menschen in zwanzig Ländern analysiert werden. Ergebnis dieser Untersuchung war, dass in der Natur verbrachte Zeit oder ein naturnaher Wohnsitz verschiedenste signifikante Vorteile mit sich brachten, einschließlich einer geringeren Wahrscheinlichkeit, Diabetes Typ 2 zu bekommen, an Erkrankungen der Herzkranzgefäße zu leiden, ebenso scheinen frühzeitiger Tod und Frühgeburten seltener aufzutreten (in: *Environmental Research* 166 [Oktober 2018], S. 628 ff.; https://doi.org/10.106/j.envres.2018.06.030). Der Grund für diesen enormen Einfluss der Natur ist unklar, aber aufgrund von Messungen des Cortisolspiegels nimmt man unter anderem an, dass Aufenthalte in der Natur Stress reduzieren.

Der Neurowissenschaftler Marc Berman und seine Kollegen an der University of Chicago haben festgestellt, dass die Anzahl der Bäume in einer Straße mit höherer Gesundheit der Anwohner korreliert (Omid Kardan, Peter Gozdyra, Bratislav Misic u. a.: »Neighborhood Greenspace and Health in a Large Urban Center«, in: *Scientific Reports* 5, 11610 [9. Juli 2015]; https://doi.org/10.1038/srep11610). Menschen, die in einer Straße mit mindestens zehn Bäumen lebten, erfreuten sich einer Gesundheit, die im Vergleich zu den Anwohnern einer weniger baumreichen Straße einem sieben Jahre niedrigeren Lebensalter entsprach, selbst wenn man Faktoren wie Einkommen und Bildungsgrad herausrechnete. Berman weiß noch nicht, woran das liegen könnte, vermutet aber einerseits einen Zusammenhang mit besserer Luft, andererseits eine ästhetisch beruhigende Wirkung der Bäume. In einer anderen Studie fand er heraus, dass ein simpler Spaziergang in der Natur die Aufmerksamkeit und das Arbeitsgedächtnis um 20 Prozent verbessert. Außerdem zeigten sich sogar kognitive Verbesserungen durch Bilder, Töne und Videos von Naturmotiven (Marc Berman, John Jonides und Stephen Kaplan: »The Cognitive Benefits of Interacting with Nature«, in: *Psychological Science* 19, Nr. 12 [Dezember 2008], S. 1207 ff.; https://doi.org/10.1111/j.1467–9280.2008.02225.x; Marc Berman, Ethan Kross, Katherine M. Krpan u. a.: »Interacting with Nature Improves Cognition and Affect for Individuals with Depression«, in: *Journal of Affective Disorders* 140, Nr. 3 [November 2012], S. 300 ff.; https://doi.org/10.1016/j.jad.2012.03.012).

Mehr über die Baumpflanz-Initiative vom Weltwirtschaftsforum in Davos findet sich hier: »A Platform for the Trillion Tree Community«; www.1t.org/. Der Artikel »The Global Tree Restoration Potential« von Thomas W. Crowther u a., der diesem Projekt zugrunde liegt, erschien in der Zeitschrift *Science* (365, Nr. 6448 [5. Juli 2019], S. 76 ff.; https://science.sciencemag.org/content/365/6448/76).

Grund 3: Die Kraft der Jugend

Mehr über Roots & Shoots gibt es auf: http://rootsandshoots.org/.

Chan Hellman erzählte mir seine Geschichte bei einem Telefongespräch. Sie findet sich jedoch auch in seinem Buch *Hope Rising* (Morgan James 2019).

Grund 4: Der unbeugsame menschliche Kampfgeist

Ein wunderbares Video über die Freundschaft von Jia Haixia und Jia Wenqi und ihre Bäume gibt es auf YouTube: *GoPro: A Blind Man and His Armless Friend Plant a Forest in China* (www.youtube.com/watch?v=Mx6hBgNNacE&t=2s). Mehr Infos finden sich unter: https://gopro.com/en/us/goproforacause/brothers.

Der Weg zu einer Botschafterin der Hoffnung

Wer mehr über Nahtoderfahrungen und ihre Bedeutung für die Frage nach einem Leben nach dem Tod will, dem ist Elisabeth Kübler-Ross' Klassiker *Über den Tod und das Leben danach* (Silberschnur 2002) zu empfehlen. Auch Bruce Greysons Werk *Nahtod. Grenzerfahrungen zwischen den Welten. Bahnbrechende Erkenntnisse eines Arztes über das Leben nach dem Tod* (Ansata 2021). Greyson ist der führende Wissenschaftler auf dem Gebiet der Nahtodstudien und erforscht solche Erlebnisse seit mehr als vierzig Jahren. Zu
den faszinierendsten Geschichten in Greysons Buch zählen solche, die zu Janes Scherz über das Leben als Prüfung, als Test passen. Greyson zufolge erleben viele Menschen bei Nahtoderfahrungen eine Art Rückschau auf ihr Leben, bei der ihnen vieles klarer wird.

Genaueres über Francis Collins' Ansichten findet sich in seinem Buch *The Language of God: A Scientist Presents Evidence for Belief* (Free Press 2006).

Weitere Bücher aus der Serie »Global Icons« finden Sie auf: www.ideaarchitects.com/global-icons-series/.

Weitere Informationen über Jane Goodalls Arbeit unter: www.janegoodall.global und www.rootsandshoots.global.

Die Jane Goodall Institute in Deutschland, Österreich und der Schweiz

Jane Goodall Institut Schweiz
c/o Anthropologisches Institut
Universität Zürich
Winterthurerstrasse 190
8057 Zürich
E-Mail: info@janegoodall.ch
Homepage: www.janegoodall.ch

Jane Goodall Institute Austria
Belvederegasse 26, A 1040 Wien
E-Mail: office@janegoodall.at
Homepage: www.janegoodall.at

Jane Goodall Institut Deutschland
Neureutherstr. 28, 80799 München
E-Mail: kontakt@janegoodall.de
Homepage: www.janegoodall.de

Sach- und Personenregister

Bildnachweis

S. 8 Jane Goodall Institute / Bill Wallauer
S. 14 Jane Goodall Institute / Hugo van Lawick
S. 20 Jane Goodall Institute / Mit freundlicher Genehmigung der Familie Goodall
S. 21 K15 Photos / Femina Hip
S. 28 Jane Goodall Institute / Joan Travis
S. 31 Jane Goodall Institute / Hugo van Lawick
S. 33 Jane Goodall Institute / Jane Goodall
S. 36 Jane Goodall Institute / Judy Goodall
S. 38 ABC News Publicity Photo
S. 40 Jane Goodall Institute / Mit freundlicher Genehmigung der Familie Goodall
S. 54 Catalin und Daniela Mitrache
S. 56 Michael Neugebauer / www.minephoto.com
S. 58 Foto: Michael Garber
S. 61 www.pigcasso.org
S. 78 Jane Goodall Institute / Chase Pickering
S. 82 Michael Browne (Foto oben)
9/11 Memorial and Museum / Amy Dreher (Foto unten)
S. 86 Meghan Deutscher
S. 92 Dr. Roger Minkow
S. 99 Dr. Sarah Sallon
S. 108 Rob Chappell
S. 112 Justin Chuven / Environment-Agency Abu Dhabi
S. 118 Jane Goodall Institute / George Strunden
S. 120 Jane Goodall Institute / Shawn Sweeney
S. 121 Richard Koburg
S. 127 Mark Maglio

S. 128 Jane Goodall Institute / Mary Lewis
S. 138 Jason Schoch
S. 140 Jason Schoch
S. 141 Jane Goodall Institute / Chase Pickering
S. 142 Jane Goodall Institute Roots & Shoots, Peking
S. 147 Jane Goodall Institute / Mie Horiuchi
S. 151 Jane Goodall Institute / Chase Pickering
S. 159 Jane Goodall Institute / Fernando Turmo
S. 165 TK
S. 166 Jane Goodall Institute / Mit freundlicher Genehmigung der Familie Goodall
S. 168 Jane Goodall Institute / Susana Name
S. 174 Einzelbild aus einem YouTube-Video
S. 185 Xinhua News Agency, China Global Photo Collection
S. 190 Jane Goodall Institute / Mit freundlicher Genehmigung meines Onkels Eric Joseph
S. 195 Michael Neugebauer / www.minephoto.com
S. 196 Jane Goodall Institute / Mit freundlicher Genehmigung der Familie Goodall
S. 197 Jane Goodall Institute / Fernando Turmo
S. 198 Jane Goodall Institute / Fernando Turmo
S. 199 Jane Goodall Institute / Jane Goodall
S. 200 Roger Kyler
S. 201 Robert Ratzer
S. 202 Mark Maglio
S. 204 Ron Henggeler
S. 207 Jane Goodall Institute / Mary Lewis
S. 211 Linda Koebner (Foto oben)
Susan Farley (Foto unten)
S. 229 Jane Goodall Institute / Chase Pickering
S. 238 Jane Goodall Institute / Mit freundlicher Genehmigung der Familie Goodall
S. 240 Ray Clark
S. 246 Tom Gozney